国家社会科学基金重大项目《支撑未来中国经济增长的新战略区域研究》（批准号14ZDA024）研究成果

创新发展丛书
丛书主编　洪银兴

全球价值链演变与中国长三角创新实践

吴福象 等 著

Evolution of Global Value Chains and Innovation Practice in Yangtze River Delta of China

南京大学出版社

丛书总序

创新,是近年来国内外使用频率最高的概念之一,尤其是党的十八大以后,我国的经济发展由要素和投资驱动转向创新驱动阶段,创新已成为经济社会发展的第一动力。

创新理论的提出可追溯到奥地利经济学家熊彼特,创新思想的提出则可再往前追溯至马克思。梳理创新理论的产生和发展,不仅可以准确理解创新经济学的演进,还能深刻理解创新发展理念的创新价值。

最早提及“创新”思想的是马克思的《资本论》。根据马克思的概括,“智力劳动,特别是自然科学的发展”是社会生产力发展的重要来源。[①]

而最早在经济学领域使用“创新”概念的则是熊彼特。他在20世纪20—30年代发表的论著中多次提及“创新”概念。在他那里,创新即生产要素的“新组合”,包括五个方面创新:(1) 采用一种新的产品;(2) 采用一种新的生产方法;(3) 开辟一个新的市场;(4) 掠取或控制原材料或半成品的一种新的供应来源;(5) 实现任何一种工业的新的组织。简单地说就是:产品创新、技术创新、市场创新和组织制度创新。在此之后,创新理论随着科技进步和经济发展而不断演化,弗里曼在解释“创新”概念时,把熊彼特创新概念的内涵概括为新发明、新产品、新工艺、新方法或新制度第一次运用到经济中去。

基于创新定义,熊彼特把新组合的实现称为“企业”,把职能是实现新组合的经营

---

① 马克思:《资本论》第3卷,人民出版社2004年版,第97页。

者们称为“企业家”。企业家是创新活动的倡导者和实行者。经营者只有在从事创新活动时才能称为企业家,“每一个人只有当他实际上‘实现新组合’时才是一个企业家;一旦当他建立起他的企业,也就是当他安定下来经营这个企业,就像其他人经营他们的企业一样时,他就失去了这种资格。这自然是一条规则”①。熊彼特指出,创新就像一个“创造性毁灭”过程,也就是说,一个技术创新使前一个创新变得过时了。新进入厂商的威胁使原有厂商不能原地不动,不能坐享其成,竞争的压力使他们必须不断地进行研究开发。因此创新企业有了连续创新的动力,市场就具有了连续的暂时性垄断的特征。熊彼特凭借其对“创新”的定义及“创造性毁灭”“企业家精神”等创新理论在国际学术界树立了崇高的地位。后续的学者在熊彼特的基础上,对创新理论不断进行继承和拓展,其中较杰出的研究包括 Chris Freeman 的国家创新体系学说、Richard Nelson 和 Sedney Winter 的演化经济学以及 Henry Chesbrough 的开放式创新理论。

诺贝尔经济学奖得主索罗在 20 世纪 50 年代提出的经济增长模型包含了技术进步的作用。根据他对增长原因测度的结果,促进人均收入增长的主要因素是资本投资和技术进步。在这两者之间,技术进步的影响更为显著。根据他的统计分析,美国经济增长大约有 80%源于技术创新,仅 20%源于资本积累。这意味着带来更多产出的原因是“技术的进步以及工人技能的提高”②。可见技术创新在现代经济增长中的作用十分显著。

最早将创新驱动作为一个发展阶段提出来的是波特,他把经济发展划分为四个阶段:第一阶段是要素驱动阶段;第二阶段是投资驱动阶段;第三阶段是创新驱动阶段;第四阶段是财富驱动阶段。其中,企业具有消化吸收和创新改造外国先进技术的能力是一国产业达到创新驱动阶段的关键,也是创新驱动与投资驱动的根本区别。

20 世纪 90 年代针对发达国家进入知识经济时代的趋势,国际经济合作组织(OECD)发表《以知识为基础的经济》报告,明确提出国家创新体系的概念,不仅区分

---

① 熊彼特:《经济发展理论》,商务印书馆 1990 年版,第 87 页。

② 索罗:《论经济增长》,载廖理等:《探求智慧之旅》,北京大学出版社 2000 年版,第 196 页。

了知识创新和技术创新,还揭示了两者在国家创新体系中的相互关系。

2016 年 G20 杭州峰会通过的《二十国集团创新增长蓝图》对创新含义有个完整的阐述:创新是指在技术、产品或流程中体现的新的和能创造价值的理念。创新包括推出新的或明显改进的产品、商品或服务,源自创意和技术进步的工艺流程,在商业实践、生产方式或对外关系中采用的新的营销或组织方式。创新涵盖了以科技创新为核心的广泛领域,是推动全球可持续发展的主要动力之一,在诸多领域发挥着重要作用,包括促进经济增长、就业、创业和结构性改革,提高生产力和竞争力,为民众提供更好的服务并应对全球性挑战。

现在,根据新发展理念,把创新放在国家发展全局的核心位置,既有必要性又有紧迫性。首先,面对日益激烈的国际竞争,只有创新才能创造国际竞争力,抢占国际科技和产业的制高点。其次,面对国内"两个一百年"奋斗目标,只有依靠创新,才能在已有发展的基础上,全面建成小康社会,实现第一个百年奋斗目标,而且能够推动国家持续健康发展,在更高层次上实现第二个百年奋斗目标。中国近年来的创新实践把创新理论大大向前推进了一步。

把创新作为经济发展的新动力,意味着经济发展更多依靠科技进步、劳动者素质提高和管理创新驱动。转向创新驱动,涉及经济发展方式的重大转变。我国长期依靠物质要素投入推动的经济增长方式,属于由投资带动的要素驱动阶段,这种增长方式不可避免而且已经遭遇资源和环境不可持续供给的极限。随着物质资源和低成本劳动力的供给不断接近极限,经济发展正在由要素和投资驱动阶段转向创新驱动阶段。所谓创新驱动就是利用知识、技术、企业组织制度和商业模式等创新要素对现有的资本、劳动力、物质资源等有形要素进行新组合,以创新的知识和技术改造物质资本、提高劳动者素质和进行科学管理。各种物质要素经过新知识和新发明的介入和组合提高了创新能力,形成内生性增长。

创新是转变经济发展方式的抓手。第一,现有的资源容量难以支撑经济的持续增长,必须要寻求经济增长新的驱动力。创新实际上是创造新的发展要素,或者是节省物质要素的投入、提高要素使用效率。因此创新驱动可以在减少物质资源投入的基础上实现经济增长。第二,我国的产业结构处于低水准、缺乏国际竞争力阶段,必须要提高产业创新能力。产业创新能力关乎国家竞争力，因此成为创新的着力点，只有依靠科技和产业创新，推动产业转向中高端，才能占领世界经济科技的制高点。第三，针对已有的工业化所产生的严重的环境污染和生态平衡的破坏以及世界范围的高碳排放量造成全球气候异常，发展方式需要控制环境污染。减少碳排放，其路径不是控制和放慢工业化进程，而是要依靠科技创新发展绿色技术，开发低碳技术、能源清洁化技术、循环经济技术，发展环保产业。显然，这些创新的绿色技术得到广泛采用，将对高排放、高能耗产业和技术强制进行淘汰和替代。

驱动发展的先进技术有外生和内生之分。引进和模仿的技术创新基本上属于国外创新技术对我国的扩散，创新的源头在国外，采用的新技术是国外已经成熟的技术，核心技术、关键技术不在我们这里。这种技术创新的意义在于缩短技术的国际差距，但无法进入国际前沿。我国在成为世界第二大经济体后，一方面已经具备了自主研发新技术的能力，另一方面西方发达国家不愿意看到中国成为经济强国，他们会在"中国威胁论"的幌子下竭力打压中国的经济发展，对中国的高技术封锁和贸易摩擦会明显加大。这就迫使我国努力推进科技创新，发展具有自主知识产权的技术和产业，也就是立足于自主创新，形成具有自主知识产权的关键技术和核心技术，当然，即使是自主创新还是开放的。

经济发展的每一个时期都会产生反映当时最新科技水平的新产业和新动能，被称为新经济。时代的发展、科技的进步、新经济的出现，可以说是每个经济时代的新动能。"新经济"概念最早出现在 20 世纪 80 年代，是对当时美国在信息技术革命推动下所产生的信息产业和信息经济的概括，包含信息经济、网络经济、数字化经济等。信息技术的发展对人们的工作、学习和生活方式产生了全新的革命性影响，它不仅丰富了人们获取信息的途径，而且为企业内或企业间的信息交流提供了快捷而价廉的通信工具，还给工商企业和消费者之间的信息沟通提供了新的渠道。网上教育、网上通信、网上新闻、网上交易、网上娱乐等，使网络成为人们经济活动的主要场所。现在所讲的"新经济"则是指在互联网和智能化技术推动下产生的新兴产业，涉及高端服务业中的"互联网＋"、物联网、云计算、电子商务等新兴产业和业态，先进制造业中的智能制造、大规模的定制化生产等。以信息技术和信息产业为代表的第一轮"新经济”中国没有能够领先，只能跟随；如今的“新经济”中国不能只是跟随，必须要同发达国家站在同一创新起跑线，并占领制高点。这是我国经济发展和经济转型的新动能。

习近平总书记指出：“谁牵住了科技创新这个牛鼻子，谁走好了科技创新这步先手棋，谁就能占领先机、赢得优势。”显然，创新能否成为引领发展的第一动力，关键在科技创新。现在提出的创新发展理念明确提出科技创新是创新发展的核心，正是建立在科学技术是第一生产力的理论判断基础上的，当然，它的理论和实践意义又更进了一步。

首先，新一轮科技革命和产业变革蓄势待发，信息科技、生物科技、新材料技术、新能源技术广泛渗透。在新科技革命的推动下，美国实施的再工业化战略，希望通过技术创新与制度创新，重振制造业中高端和高附加值的领域，尤其是大型、复杂、精密、高度系统整合的产品，实现“经济中心”的回归；德国推出的“工业 4.0”计划，是继机械化、电气化和信息技术之后，以智能制造为主导的第四次工业革命，主要是指通过信息通信技术和虚拟网络－实体物理网络系统(CPS)的结合，将制造业向智能化转型。《第三次工业革命》的作者里夫金认为，第三次工业革命的标志为移动互联网＋清洁能源。所有这些都是新科技和产业革命的动向。过去每一场新科技革命都是首先在西方发达国家产生，当今时代，经济全球化、信息化和网络化使新科技和产业革命的机会对各个国家都是均等的。这次新科技和产业革命的机会我们绝不能再错过。就我国现阶段的科技创新水平来说，既需要补工业 3.0(信息化)的课，又需要迎头赶上工业 4.0(智能化)。

其次，技术进步路径发生了革命性变化。过去常用的概念是技术创新，现在突出强调科技创新，这实际上反映了创新源头的改变。技术创新相当多的是源于生产中经验的积累、技术的改进、企业内的新技术研发。即使是由科学发现所推动的技术进步，也会间隔很长的时间，需要几十年甚至上百年。现在的技术进步更多来源于科学的发明，特别是在 20 世纪后期产生“新经济”以来，科学上的重大发现到生产上的使用，转化为现实生产力的时间越来越缩短，缩短到十几年，甚至几年。现在一个科学发现到生产上应用(尤其是产业创新)几乎是同时进行的，这意味着利用当代最新的科学发现成果迅速转化为新技术可以实现大的技术跨越。例如，新材料的发现、信息技术和生物技术的突破都可以迅速转化为相应的新技术。这种建立在科技创新基础上,以科学发现为源头的科技进步模式,体现了知识创新(科学发现)和技术创新的密切衔接和融合。

第三,产业创新是科技创新的目标。过去的技术创新着重在产品和工艺创新上,现在,竞争力是以产业水准作为度量单位的,国家的竞争力在于其产业创新与升级的能力。产业创新依托科技创新,科技创新是先导,产业创新成为创新的终端目标。现代经济增长的实践证明,先行国家的产业结构转型升级都是在科学技术取得重大突破基础上实现的。这意味着科学技术不仅是第一生产力,还是产业结构转型升级的第一推动力。科技创新及其成果的高速扩散是推动产业结构高度化的重要因素。没有科学技术的突破就不会有新产业的产生,没有新技术的扩散就不可能有产业结构整体水准的提升。顺应现代经济发展的趋势,我国实施创新驱动的发展战略需要解决好科技创新和产业创新的对接问题,利用当代最新的科学技术成果迅速转化为新产业可以实现大的技术跨越。

习近平总书记指出:我国的科技创新已从以跟随为主转向跟随和并跑、领跑并存的新阶段。跟随国际新技术的技术创新无法进入国际前沿,中国成为世界第二大经济体后,技术创新不能再停留在跟随创新阶段,不仅要同发达国家并跑,更要领跑。这就需要立足于自主创新,形成具有自主知识产权的关键技术和核心技术,其前提是提高知识创新能力。这是提升科技创新能力的基础。由跟随转向并跑和领跑的科技创新关键是在创新的源头上提高创新能力,包括科学新发现所产生的原创性创新成果,对引进的先进技术的再创新,从而形成拥有自主知识产权的核心技术和关键技术。着力点就是加大进入世界前沿的基础研究的力度,提高知识创新能力。其路径包括实施一批国家重大科技项目,在重大创新领域组建一批国家实验室,中国的科学家提出并牵头组织国际大科学计划和大科学工程。依托这些项目和载体,可以产生突破性重大知识创新成果。不仅如此,由于新技术的知识产权限制,新技术的国际流动性明显弱于科学和知识的国际流动性,大学利用国际最新科学发现进行技术创新,可能实现技术的跨越,依托大学的知识创新,企业的技术创新就可能在许多领域得到当今世界最新科学技术的推动。

明确了科技创新的源头,紧接着的问题就是推动知识创新和技术创新的无缝对接,从而使科学发现成果向产品和技术及时并有效转化,推动新技术、新产业、新业态蓬勃发展。产学研协同意味着大学与企业分别作为知识创新主体和技术创新主体在孵化新技术领域中的协同关系。大学进入孵化新技术领域从一定意义上说是将"顶天"的成果"立地"。企业作为技术创新的主体进入孵化新技术领域,不仅仅是在采用新技术方面成为主体,更是在孵化新技术方面成为主体。科学家和企业家在同一创新平台上直接交汇和协同,需要两个方面的转型。一方面通过科技体制改革推动大学的知识创新延伸到孵化阶段,大学的创新不应限于创造知识还应往前走一步,将科学研究成果推向应用,参与孵化新技术;另一方面通过企业改革推动企业的技术创新不仅仅停留在接受新技术转移的水平上,而是要将技术创新环节延伸到新技术的孵化创新阶段。这样就形成企业家和科学家的互动合作。在同一个协同创新平台上,科学家和企业家相互导向,使创新成果既有高的科技含量,又有好的市场前景。进入研发平台的新思想、新创意不只是进入平台的科学家的原创性科研成果,进入平台的科学家还会根据企业家的需求利用国内外的创新资源为之提供科学思想,从而在平台上产生源源不断的新技术。

实施创新驱动发展战略,最根本的是要增强自主创新能力,最紧迫的是要破除体制机制障碍,最大限度解放和激发科技作为第一生产力所蕴藏的巨大潜能。这些都要求我们不断探讨转向创新驱动发展方式的指导思想;同时,这也是编写本丛书的目的所在。

洪银兴

前 言

本书是作者作为首席专家主持的国家社会科学基金重大项目《支撑未来中国经济增长的新战略区域研究》(批准号:14ZDA024)的系列研究成果之二。目前,该项目已经顺利结项(证书号:2018&J135),但对项目的研究仍然会持续下去。本书围绕全球价值链演变与长三角区域实践这一主题,对全球化背景下经济效率、空间公平与区域经济一体化问题,以及"一带一路"倡议下全球价值链的嵌入、重构及长三角区域经济发展等相关议题展开分析。

伴随着各种空间层面上一体化的推进,区域不平衡发展现象愈发普遍,进而衍生了经济效率与空间公平之间的讨论。本书第一章利用新经济地理学的理论架构,引入密度、距离、分割三维视角将理论与现实联结,对经济效率、空间公平与区域经济一体化之间的交互关系进行了理论上的分析,并针对长江经济带现状运用 Theil 指数结构分解与计算市场一体化指数,揭示现实中区域一体化的困难与障碍。研究发现:首先,区域经济一体化会通过密度提高、距离缩短、分割减少三个维度的作用,提高经济效率与优化空间公平;其次,经济密度在空间上的不均虽然是发展的必然结果,但可以通过市场上异质性要素的空间分化、要素供给限制和政策上福利补偿这些机制,来实现区域公平和经济效率在区域一体化中的动态耦合;第三,通过对长江经济带多维特征的分析可以发现,沿江东中西三大板块间较长的空间距离是目前空间上的最大困境。因此,面临不同层面上的空间困境时,可以通过侧重一体化的不同维度传导进行缓解。

第二章对跨国公司研发外包与本土企业动态策略跟进进行了理论分析。基于异质性产品线性反需求函数假说，本章构建了一个差异化产品替代弹性下跨国公司研发外包与本土企业最优研发投入的纳什-古诺模型。均衡解显示，跨国公司研发外包的过程，实质上是跨国公司在东道国根据研发产品替代弹性之不同，是与东道国企业平行竞赛、交叉渗透和技术俘获战略实施的过程。长期以来由于跨国公司处于全球价值链的高端地位，东道国与之配套的代工企业则被动地被压制在制造过程的低端环节，使得跨国公司主导的研发过程的技术出现了由制造工厂向公司总部的逆向外溢。东道国代工企业要避免核心技术长期被跨国公司封锁，就必须实行动态技术跟进策略，要针对跨国公司研发产品替代性和互补性的不同特点，动态调整研发投入的差异化定位。

在长江经济带和“一带一路”建设中，企业加入制造业集群，集群成员抱团嵌入全球价值链将成为产业集群竞争的主流模式，竞争形态也会由总部与工厂的单一链式竞争，逐渐演变为复杂的集群之间的平台竞争。第三章基于产品的工序空间可分离视角，构造了差异化要素技能水平和技术复杂度的匹配模型，并引入质量效用方程和种群竞争模型，对中国企业嵌入全球价值链的模式演变进行了理论诠释，并对全球价值链的上游度位置、中间品贸易和附加值贸易进行了测算。研究表明，在一带一路建设中要构建以我为主导的全球价值链、塑造制造业的强国地位，不仅要根据联合国BEC分类标准制定差异化、有针对性的贸易和投资促进政策，还要拓展与主要贸易对象国的双边贸易和投资的领域，并结合中国在重点制造领域的技术和禀赋优势，加大对外战略性投资和贸易的合作空间，实现价值链、技术链、创新链、人才链、就业链的共生共荣。

价值链分工模式会影响企业的品牌化路径。第四章基于Lancaster分析框架，将企业生产行为重构为不完全信息下的性能供给，并引入要素品牌化来分析下游新兴企业的供给决策。研究发现：产品供给质量与信息扩散速度成正比；要素品牌化可以缩小企业间的技术落差、拓展了产品性能信息扩散渠道，使得产业整体规模扩张；当下游企业具备大规模柔性制造能力时，要素品牌化能促进下游产品企业供给更高质量产品。为此，以产业链中游为平台塑造W型价值链，是中国高技术行业实现品牌化的关键。

通过开展国际产能合作，在全球范围内重新配置富余生产能力是现有资产继续发挥效用和加快长三角产业结构调整减少调整阵痛的有效途径。第五章对国际产能合作与长三角企业走出去战略进行了专题研究。长三角优势富余产业走出去，积极开展国际产能合作，推动产业在更广阔的空间进行优化布局，为优势富余产能开拓海外发展空间，有助于实现对外贸易从大进大出转向优进、优出，有助于提升合作对象产业发展水平，提高长三角在国际经济合作中的地位和形象。在世界投资主体正由发达国家转向发展中国家的过程中，长三角走出去的步伐明显加快，不少长三角有实力的企业投资境外工业园区，并且民营企业已成为境外投资的主力军。从走出去的阶段来看，当前长三角正处于产品走出去过渡到产业走出去阶段，制造业、租赁和商务服务业以及批发零售业是长三角对外投资的重点领域，在对外投资总额中占比较大。在产业走出去阶段，长三角在对发达国家投资的同时，开始加快对发展中国家的投资，尤其是在“一带一路”地区对外投资增长明显，亚洲、北美洲和非洲是长三角对外投资的重点地区。

第六章对长三角城市群产业结构演化的最新动向进行了专题分析。在对长三角两省一市制造业 27 个行业规模以上企业 14 年的产值份额偏离数据统计分析之后发现，笼统地评判长三角地区是否存在产业同构是不严谨的。从长三角制造业细分行业来看，非金属矿物、化学纤维和黑色金属等行业存在着较为严重的产业同构问题；相比而言，交通运输、纺织业和通信设备行业产业同构程度较低。本章计量检验的结果进一步发现，市场失灵、体制扭曲是造成长三角产业同构的重要原因。此外，长三角产业结构差异度与投资来源和性质有关：国有及国有控股企业投资比例的上升将导致产业同构比例上升；“蒂伯特”选择机制下的行业基本建设和企业更新改造投资则能有效地降低产业同构。为此，在区域统筹和协调发展中，必须明确政府服务职能，完善企业投资经营环境，科学引导新增行业投资。

十二届全国人大三次会议提出，我国要拓展区域发展新空间，统筹实施“四大板块”和“三个支撑带”战略组合。建设园区飞地，是拓展区域发展新空间、实现区域平衡的重要手段，也是长三角地区实现自身转型的必经之路。第七章通过对全国产业园区的布局现状进行统计分析，再结合目前海外园区飞地的建设情况发现，目前长三角地区园区飞地主要是在区域内部建设，甚至扩散至泛长三角地区。近年来，已开始逐渐向更广的区域扩散。从国内产业布局来说，虽然中西部园区以较快的势头崛起，但与长三角地区合作建设的较少，主要以援助的形式支援相对落后的地区。从国际上讲，长三角地区"走出去"的步伐较早，已在部分发展中国家布局了大量园区飞地。长三角要循序渐进"走出去"，从理念上"走出去"到制度层面上的"走出去"，最后再实现模式上的"走出去"。同时，要注意园区飞地建设与自身产业升级并重，在更大范围整合利用全球资源，主动融入全球产业链、供应链、价值链、资金链，全方位塑造新的比较优势。

改革开放以来，为了加强我国的工业化、城镇化、现代化建设的进程，不断满足人民群众日益增长的公共服务需求，各级地方政府通过发行地方债来筹集资金加强基础设施建设，促进经济快速发展，因此在取得巨大成绩的同时也带来了一系列的问题。第八章通过对我国及长三角地区地方政府债务产生、发展及演变的历史过程进行分析，进一步了解到地方政府债务的成因、风险及特点，对当前地方政府债务普遍存在的新债发行、存量债务的风险识别与管控、即将和已经逾期债务的转置化解及各级人大对债务的发行、管理和制度建设职能的履行等问题进行分析。在此基础上，本章还进一步利用因子分析法对我国30个省(直辖市)的经济实力进行评级及对长三角地区地方政府债务风险进行分析，研究结果表明长三角地区整体评级靠前，各地整体经财政实力较为平衡，债务率低于国际参考水平，但是地方政府债务对于土地出让金依赖较高，存在一定风险。最后，对长三角地区政府债务风险优化路径给出相关建议。

党的十八届三中全会将编制国家资产负债表和自然资源资产负债表写在了大会发布的决定之中，明确了资源与环境保护的重要意义。同时，为了完善对环境的治理和生态的修复，进一步加强各机关和部门对经济发展与自然资源保护的重视，将其作为对领导干部的考核指标并对在其离任时实行自然资源资产审计。十三五规划明确地把自然资源消耗、环境破坏和生态价值等加入社会经济发展指标评价体系中，进一步实现绿色发展的国民经济核算体系，这一点对于长三角地区未来的绿色发展规划具有重要的指导作用。第九章首先对编制自然资源资产负债表的必要性进行了阐述，然后对国家资产负债表和自然资源资产负债表的概念、内容及相关关系进行梳理和介绍，对自然资源资产负债表的编制过程中存在的问题进行分析并提出相关建议。

近年来，受地区出口、投资增速回落，通缩压力加大等因素影响，长三角地区小微企业景气指数一直在下滑，企业发展面临融资贵、用工难、税负重、成本高、利润薄等一系列问题，从客观和主观的综合角度来看，长三角小微企业经营情况有所下滑。互联网的迅猛发展给各行各业带来了机遇与挑战，新技术、新模式、新业态不断涌现，迫切要求企业在"互联网＋"策略下打造核心能力。第十章对大数据时代长三角小微企业经营模式转变问题进行了专题分析。文章指出，小微企业在新时期下，必须紧跟趋势利用互联网思维实现发展模式的转型升级，将"互联网＋"嵌入到企业发展战略中，实现融资模式、研发模式、生产模式、流通模式和服务模式的创新，结合发展现状，制定前瞻性的发展战略，打造新型的经营模式。

随着社会发展、人们生活水平的普遍提高以及人类生活方式的改变，健康产品的总需求急剧增加。正如保罗·皮尔泽在他的专著《财富第五波》中所指出的，引发全球财富第五波的将是未来的明星产业——健康产业。中国国务院也在 2013 年发布了《关于促进健康服务业发展的若干意见》，提出到 2020 年基本建立覆盖全生命周期、内涵丰富、结构合理的健康服务业体系，健康服务业规模将达到 8 万亿元以上。第十一章对供给侧结构性改革下的长三角大健康产业发展问题进行了专题分析。长三角依托其经济发展水平、产业基础、科研与人才支撑等比较优势，在生产型健康产业和服务型健康产业方面都率先得到了较好的发展，但相对于其需求总量与需求结构而言，健康产业供给总量不足，供给质量不高，供给结构不够合理。因此，长三角区域应该依据健康产业发展的需求趋势与资源供给优势，强化顶层设计，协调规划长三角健康产业体系与产业重点发展领域，制定健康行业技术标准，加强行业规范，支持健康产业技术创新。

近年来长三角地区工业企业数量，无论是绝对产值，还是相对增速，都出现了一定程度的下滑趋势。与此同时，集中度过低、企业规模差异过小等现象，严重制约了长三角地区制造业的发展，甚至在资本密集型和技术密集型行业，也很难成长出大型企业。第十二章以长三角地区制造业企业为研究对象，对长三角地区企业集群替代企业集团的新趋势进行了专题分析。本章首先描述了 1998 年以来长三角地区制造业企业的数量变化特征,并对其原因进行分析;其次刻画了长三角制造业的地区分布和产业分布;最后测算了 27 个制造业的绝对和相对产业集中度,并将行业分为四种类型,并对各种类型企业的分布特征进行了分析和比较。在此基础上,本章提出为了实现长三角区域一体化高质量发展,必须避免过度竞争、构建新型集团联盟,以及有地区特色优势的企业集群,建立企业集群与企业集团协同发展的政策建议。

《中国制造 2025》提出,要加快推动新一代信息技术与制造技术融合发展,把智能制造作为两化深度融合的主攻方向;着力发展智能装备和智能产品,推进生产过程智能化,培育新型生产方式,全面提升企业研发、生产、管理和服务的智能化水平。长三角作为全国经济和科技发展的领先区域,智能制造装备的工业基础发达。第十三章对长三角智能制造与智慧制造的最新进展进行了专题分析。通过对智能制造与智慧制造发展情况的统计分析发现,长三角地区的比较优势主要源自雄厚的工业基础与数量众多的企业。从创新投入看,长三角研发力度较大,R&D 经费来源于企业的比例较高;从规模以上工业企业科技活动支出结构看,技术引进与改造支出较大,企业技术对外依存度较高;从创新投入产出效率看,长三角在专利申请与授权总量上优势明显,但发明专利占比较低,创新成果科技含量并不高,创新投入产出效率有待进一步提高。为此,长三角智能制造与智慧制造的发展,要在现有的产业基础上,着力向智能制造转型,提升制造环节的附加值,进一步将"U"形价值链塑造成"W"形价值链。

第十四章对长三角城市群生产性服务业的格局演变进行了专题分析。本章运用探索性空间数据分析方法,研究长三角城市群生产性服务业发展的空间分布格局与演化特征,并采用空间计量模型分析了影响长三角生产性服务业空间集聚的因素。结果表明:长三角城市群生产性服务业发展水平整体上趋于上升,但内部发展水平绝对差距呈扩大趋势,逐渐呈现出以上海、南京、杭州为增长极的"V"字形格局;长三角城市群生产性服务业发展呈现显著的空间正相关,即在空间上集聚分布,且集聚趋势有所增强;生产性服务业发展呈现明显的空间分异格局,表现出北高南低的分布状态;空间关联效应是影响长三角城市群生产性服务业集聚的主要因素之一,集聚程度高的发达地区已经对周边地区形成了很强的辐射效应;经济发展水平与交通运输设施对生产性服务业集聚也具有非常显著的正向效应,而人力资本、对外开放度与城镇化的作用则并不显著。

第十五章对供给侧改革下的长三角经济质量和效益问题进行了分析。文章指出,在我国经济步入由高速增长转向中高速增长乃至中速增长的新常态下,从粗放型发展方式向质量效益型集约发展方式转变,不仅是经济增长的关键,也是提升经济增长质量与效益的根本出路。而在要素禀赋结构转换、技术后发优势减弱、市场机制扭曲、世界经济格局调整等困境下,供给侧结构性改革无疑是解决新常态下经济下行压力与结构性问题凸显的重大举措,也是经济理论联系中国实际的"中国化"的重大创新。为了全面提升经济运行的质量和效益,长三角应采取"供给+需求"双侧有效配合、推进新型城镇化、助力产业结构升级、实施创新驱动、深化体制机制改革等战略性手段,强化供给侧结构性改革。

本书最后基于空间近邻效应对泛长三角城市群俱乐部效应进行了专题分析。为了探究泛长三角 30 个城市投入产出增长是否发生空间俱乐部收敛现象,本章采用空间滞后模型、空间数据探索法、Moran's Ⅰ、σ 收敛指数等,对近 10 年来泛长三角 30 个城市近邻效应和空间俱乐部收敛进行了测算,并通过 Panel Data 进行了实证检验。研究发现:在长三角一体化进行中,上海与杭州的区域空间关系较为紧密,上海对杭州的溢出效应较为显著,而上海与南京、合肥的区域空间关系不够紧密,上海对南京及合肥的溢出效应很弱;泛长三角整体上呈收敛发展格局,只是在发展速度上存在差异性,上海经济发展平稳,具有较大的发展空间、浙江经济发展迅猛、江苏经济发展循序渐进、安徽经济发展相对迟缓。此外,泛长三角 30 个城市人均投资对人均 GDP 的影响较为显著,存在正向的促进作用,这种促进作用较大且具有相同的俱乐部收敛趋势。

以上成果均为 2014 年以来本人主持的国家社会科学基金重大项目的研究成果。本书收录的成果中,除了与刘志彪教授合作的第三章成果之外,参与者都是最近五年来本人指导的博士后、博士研究生和硕士研究生。详细分工如下:

第一章　经济效率、空间公平与区域经济一体化　吴福象　曹　璐

第二章　跨国公司研发外包与本土企业策略跟进　吴福象　蔡　悦

第三章　集群竞争范式下全球价值链的双重嵌入　刘志彪　吴福象

第四章　基于全球价值链的中国制造与中国创造　吴福象　段　巍

第五章　国际产能合作与长三角企业走出去战略　吴福象　刘　琦

第六章　长三角城市群产业结构演化的最新动向　吴福象　邱晓东

第七章　依托园区飞地优化长三角产业空间布局　段　巍　吴福象

第八章　长三角地方政府债务风险的识别与防范　初　春　吴福象

第九章　长三角自然资源资产负债表的编制实践　初　春　吴福象

第十章　大数据下长三角小微企业经营模式转变　吴福象　杨　婧

第十一章　供给侧改革下的长三角大健康产业发展　蔡旺春　吴福象

第十二章　长三角企业集群替代企业集团的新趋势　吴福象　杨　婧

第十三章　长三角智能制造与智慧制造的最新进展　吴福象　刘　琦

第十四章　长三角城市群生产性服务业的格局演变　邓若冰　吴福象

第十五章　供给侧改革下的长三角经济质量和效益　邓若冰　吴福象

第十六章　基于近邻效应的泛长三角城市群俱乐部　葛和平　朱卉雯

吴福象

2019 年 1 月于南京大学安中大楼

目　录

第一章 经济效率、空间公平与区域经济一体化

一、引 言

区域问题的复杂性在于经济效率与空间公平两者难以兼顾。如果说过去区域发展中的问题是没有找到公平和效率之间的平衡点，那么现阶段面临的最大问题可能是，陷入效率和公平皆不可得的困境。我国东南沿海地区，追求经济效率的方式主要是通过国际代工融入跨国公司主导的国际生产体系。虽然东南沿海地区逐渐成为国内的“总部经济”区域，但在全球产业链中却长期处于“工厂经济”地位。随着经济发展进入“新常态”，东部地区要素成本上升，2014 年末出现了苏州万人大企业接连倒闭的现象；同时，东部地区既没有充当好引进、消化和吸收国外先进技术的转换器，也没有发挥好产业向中西部有序转移的二传手功能，却成了不断虹吸中西部廉价要素、再将财富和人才源源不断地输送至海外的传送带，结果加剧了东、中、西部地区的差距，影响社会的和谐与稳定。

种种证据表明，讨论区域经济效率与公平问题，需要围绕“一体化”来展开。所谓“一体化”，是指几个分割的空间组织形成统一的经济制度、政治制度和伦理体系的过程。其中的空间组织，可以是国家也可以是一国内的一个区域（为避免歧义，文中“区域一体化”专指一个国家内的各个区域间或者一个大区域内部的一体化行为）。改革开放后，大量要素向东南沿海地区集聚，以此带动了经济发展。经济效率的提升来自经济集聚，而经济集聚发生的原因，许多学者将其归结于我国与国际市场的一体化（范剑勇，2005；Barry Naught）；而后出于对空间公平的考虑，政府相继出台了“西部大开发”“振兴东北老工业基地”等意图缩小区域差距的战略。但这些政策未能扭转

各类要素往东部集聚的趋势,反而还出现了“中部塌陷”等新的区域问题。一些研究表明,空间公平的实现亦与国内各区域间的一体化水平相关(陆铭、向宽虎,2014)。

当今世界存在全球化与区域一体化的大趋势,在此基础上讨论经济效率和空间公平具有较大的理论意义和现实意义。本章进行分析时将选取两个工具:一是探讨空间演化机制时用到的新经济地理学(New Economic Geography)理论框架,二是空间经济的三维视角——密度(Density)、距离(Distance)、分割(Division)。将二者联立起来,作为分析的起点。而在所分析的空间组织上,近期上升到战略高度的“长江经济带”,是极具分析价值的区域模板。在长江经济带上率先试验经济效率、空间公平的发展战略,而后将其推广至全国,是一条合理的区域发展路径。

本章接下来安排如下:第二部分对新经济地理学的基本原理和研究范畴做一个简述,阐述一体化与经济集聚之间的理论关联;第三部分引入了密度、距离、分割的三维视角,作为理论联系现实问题的纽带,并从三维视角出发,探讨了一体化与经济效率、空间公平之间的关联机制;第四部分在长江经济带的战略背景下,用新经济地理学框架与三维视角分析了现存的问题,并给出了合理的区域发展战略;第五部分为全文总结,并提出了一定的政策建议。

二、集聚经济与区域一体化:新经济地理学框架

“一体化”的经济效应体现在产品市场和要素市场这两者的一体化上。产品市场的一体化会引致贸易成本降低,短期内势必提高贸易量;要素市场的一体化表现为生产所需的劳动力、资本等要素可以跨区域流动。因此,一体化会使得贸易格局发生改变以及资源的重新配置,从而对现有的区域经济格局产生影响。

若以空间视角来审视发展过程,“不平衡”是其最显著的特点,即经济活动在不同国家之间、国家内部分布一直是很不均匀的。经济集聚区有着丰富的要素资源供给及较好的基础设施,在经济效率上有着明显的优势;与此相对应的外围地区则生产要素匮乏,基础设施建设相对落后。如何在这种经济效率与区域公平之间进行权衡,是理论研究的重点。由于效率和公平的选择,涉及经济系统中的各个主体,因而从微观

视角分析,可能会较为片面,宜采用一般均衡框架。

经济增长理论是最为成熟的一般均衡理论。经济增长理论在宏观经济领域中一直占据着举足轻重的地位,其关注的重点是一个经济体如何配置要素使得经济效率最优化。古典的增长理论认为,不同经济主体之间增长速度的差异,可以用增长的“收敛”理论加以解释。即落后主体将有更高的增长速度,随着经济的发展,各主体之间的增长速度将趋于一致。在此框架下,区域间的不平等现象似乎只需要一定的发展时间就能得以解决。然而“空间不可能定理”(Spatial Impossibility Theorem)证明了古典框架在解释空间问题时有很大的局限性。在古典框架中,有“空间是完全均质的”与“不存在产品的运输成本”这两个前提假设。而当放松假设时,平衡增长路径将不存在(Starrett, 1978)。因此,亟须新的理论出现,对区域问题进行研究。

随着20世纪80年代在经济学界开始的垄断竞争(Monopolistic Competition)和报酬递增(Increasing Return)革命,以Krugman(1991)为代表的新经济地理学逐渐浮出水面。新经济地理学认为,经济集聚不需要外生禀赋差异,便能通过经济主体的内生选择而发生。

传统的国际贸易理论,以国家为生产的空间单位,国与国之间的生产要素市场是完全分割的,所以比较优势理论(Comparative Advantage)是研究的基础。新经济地理学则认为,部分生产要素可以在区际流动,集聚经济发生的原因之一是不同空间组织间的一体化行为。比如Martin & Rogers(1995)提出的自由资本模型(Footloose Capital Model)考虑的是资本在区际自由流动,Foslid(1999)、Ottaviano(2001)提出的自由企业家模型(Footloose Entrepreneur Model)则是基于自由流动的人力资本视角。这种流动性使得生产要素集聚在少数地区成为可能。

新经济地理学理论核心机制是,产品市场上的一体化会降低区际的贸易成本,从而改变影响要素流动的作用力的大小。在Krugman(1991)的模型中,存在三种影响作为生产要素的劳动者空间转移的力量:第一种作用力是生产者之间竞争导致的市场拥挤效应(Market Crowding Effect),其作用是促使要素分散分布;另外两种力量为促进要素空间集聚的作用力,分别为需求关联的循环累积因果(Cycle Cumulative Causation)关系和成本关联的循环累积因果关系。在模型中,贸易成本较高时,分散力较强、集聚力较弱,此时生产要素均衡分布为一个稳定均衡;而在贸易成本较低时,分散力较弱、集聚力较强,此时生产要素空间集聚为一个稳定均衡。

值得注意的是,新经济地理学中关于要素市场的流动性问题讲得过于简单,特别是关于要素同质性的假设。不过,研究者们尝试在理论上对其进行完善。比如引入异质性生产要素的假设,即生产要素具有异质性,生产效率不同。由于生产要素初期均涌入高经济密度地区,造成了很强的市场拥挤效应。较低生产率的要素首先因拥挤效应而被“挤出”高密度区,流向低密度地区,从而出现生产率空间分化的现象。最终的均衡状态是,高密度地区集聚着高生产率要素,低密度地区集聚着低生产率要素。在生产率上存在区际差距,但是在经济总量上有所收敛,此时在某种程度上得到了空间公平的结果。

要素流动导致的集聚经济,是新经济地理学中效率与公平问题产生的根源。集聚是生产要素基于利益最大化选择的结果,属于市场效率的选择;而集聚的发生必须要非集聚区持续的要素供给,极易造成集聚区与非集聚区间的不公平。而要素空间集聚与空间组织间的一体化行为密不可分,因此研究区域间经济效率、空间公平时,需要将区域一体化纳入分析范畴。已有一些研究基于此展开,如在一体化与经济效率方面,吴福象和刘志彪(2008)认为,城市群经济增长机制正是通过不同城市间要素流动实现的,要素市场一体化正是城市群经济增长的源泉。吴福象和蔡悦(2014)将福利经济学方法引入新经济地理学框架,认为我国产业空间分布不平衡现象源于市场最优的集聚总是高于社会最优的集聚,产业分散布局更适宜当前的区域一体化水平。

不过,新经济地理学为了模型易于处理,采用了高度抽象的理论假设,与现实对接时难免产生缝隙。为填补理论与现实之间的沟壑,本章下面将结合密度、距离、分割这联系实际空间经济的三维视角分析其传导一体化效应的机制。

三、区域一体化与经济效率、空间公平的关联机制

（一）分析空间问题的现实尺度

阿瑟·奥肯(1988)指出，虽然效率和公平确实存在相互冲突的地方，但是在两者之间进行权衡时，并不意味着凡是有利于其中一方的因素必然有害于另一方；相反，当公平与效率之间发生冲突时，我们必须寻找调和的办法。2009 年世界银行《世界发展报告》以重塑世界经济地理为题，描述了全球经济活动中非均衡发展的现象(World Bank, 2009)，如表 1 - 1 所示。

表 1 - 1　地方、国家和国际层次重要特征表

	地理标度		
	地区或地方	国家	国际
单位	省区或州	国家	区域
案例	广东省(178 000 平方公里)	中国(960 万平方公里)	东亚(1 590 万平方公里)
	里约热内卢(44 000 平方公里)	巴西(850 万平方公里)	南美(1 780 万平方公里)
	拉各斯州(3 600 平方公里)	尼日利亚(933 000 平方公里)	西非(610 万平方公里)
	大开罗区(86 000 平方公里)	阿拉伯埃及共和国(995 000 平方公里)	北非(600 万平方公里)
最重要特征	农村和城市居住区的密度	落后地区和先进地区的距离	国家间分割
第二重要特征	拥挤堵塞导致的距离	落后地区的人口和贫困密度	与世界主要市场的距离
第三重要特征	标准住宅区和贫民窟的分割	国家间分割	密度表现为邻区大国缺位

资料来源：世界银行《2009 年世界发展报告：重塑世界经济地理》p7。

报告提出以密度、距离、分割这三维视角来描述发展过程中的经济变迁。这里的密度指的是经济活动在一个地区的密集程度，距离指的是不同空间组织间的经济活动的距离，分割则是政治、文化等因素导致的市场不统一。在分析不同空间尺度上的问题时，应选取不同的侧重点。

正如报告所言，不平衡的经济增长与和谐的区域发展可以并行不悖，二者相辅相成。根据1935年胡焕庸线(HU Line)所揭示的中国陆地版图的面积和人口比例，可以看出中国地理环境极其复杂。一方面，中国周边局势复杂多变，树欲静而风不止，加之当今全球治理模式的深度演变，未来形势难以把握；另一方面，我国虽然幅员辽阔、地形多样，但贯穿中国陆上版图的胡焕庸线则形象地体现了我国人口和财富在地域面积上不匹配的事实。改革开放之后，虽然我国的区域发展战略取得了许多令人瞩目的成就，但在密度、距离、分割三维视角上仍然存在着过度集聚、落后区与集中区经济距离过远、区际贸易壁垒过高等问题。

密度、距离、分割会随着一体化推进而发生改变，以三维视角来看待当今的中国区域问题，具有一定的科学性。下一部分将具体分析一体化通过三个维度，对经济效率和空间公平产生的影响。

（二）一体化效应的空间传导机制

本部分机制是基于这样一个思路：一体化首先会改变空间经济中密度、距离、分割这三个维度上的现状，然后利用新经济地理学理论分析三维的变化对经济效率和空间公平产生的影响。

1. 效率、公平与密度

一体化带来的最明显效应就是出现密度不均、不平衡的区域发展状况。在此之前，各地区间贸易成本较高，社会以分散的农业生产为主。工业革命后，随着生产率大幅提高和运输成本急剧下降，城市化也同步推进。城市是一种经济密度较高的空间组织，大规模的城市化也意味着密度不均的经济地理开始浮现。

经济发展会带来经济密度不均，而诸如城市等高经济密度空间组织也支撑着经济持续发展，二者相辅相成。高经济密度空间组织能带来经济效率提升的原因，马歇尔将其总结为“金钱外部性(pecuniary externalities)”，由知识溢出(knowledge spillover)、劳动力联合(labor pooling)和要素共享(factor share)三种外部性构成。新经济地理学关注的是要素共享这一外部性，即高密度经济体有着大市场以及低的产品价格，因而身处高密度地区的生产者可以节约大量运输成本，消费者可以低价格购入制成品，进而从生产和消费角度同时提高经济效率；另一方面，一体化加快了知识和劳动力的流动速度，从而加强了知识溢出强度以及扩大了劳动力池，这是另外两种外部性提升经济效率的途径。

经济密度演化对空间公平的影响是一个阶段性过程。发展伊始，必须历经一个不平衡的过程，而后再经历一个再平衡过程。古典的区域平衡理论(Local Equilibrium Theory)认为市场经济条件下，资本、劳动力与技术等生产要素的自由流动，将导致区域间密度均衡化。其平衡机制的基石在于一个可以自由流动的要素市场；新经济地理学理论中，无政府干预的情况下，讨论市场自发的平衡机制有两种途径。一是加入要素约束，如通过把土地要素供给纳入传统的新经济地理学框架，可以发现，一体化导致的贸易成本下降，先会引发产业集聚，而后因经济密度高的地区，土地要素价格上涨，贸易成本下降会对产业布局起分散作用，从而缩小区际经济密度差距。二是异质要素的区际选择。在生产率上存在区际差距，但是在经济总量上有所收敛，此时在一定程度上得到了空间公平的结果。另外，也可通过市场以外的政策机制对空间公平进行干预，主要是通过高密度地区向低密度地区转移支付、通过补贴和税收手段引导的产业转移这两种手段平衡密度差异带来的不公平(Charlot et al.，2006)。

2. 效率、公平与距离

产品市场的统一需要通过缩短经济距离来实现。经济距离缩短可以从两方面途径得以实现：一是通过交通运输基础设施建设，降低运输的金钱成本和时间成本；二是通过降低关税壁垒等制度手段缩短经济距离。全球化这一最大范围内的一体化，是随着运输工具的革命而逐渐出现的。国际贸易使得全球许多港口地区经济发达，美国发达的交通网也支撑着美国经济持续发展。可见，距离对经济地理的影响是至关重要的。

一体化引致的经济距离缩短所带来的经济效率是显著的。产品市场经济距离缩短，贸易成本显著降低，势必导致空间组织间贸易流量增大。短期来看，这一结果将明显增加生产者的利润，从而吸引更多生产者进入市场，提升整体的经济效率；长期来看，新经济地理学中，集聚的发生正是由于运输成本下降所致。因此，经济距离的缩短可能引致集聚，从而通过集聚的外部性获得经济效率。另一方面，经济距离缩短，还有利于诸如知识、技能等无形的生产要素空间流动，从而通过强化正向外部性提升经济效率。

空间公平亦能通过经济距离缩短来实现。根据贸易理论所述，空间组织之间可以通过贸易提升双方的福利水平。经济距离缩短所造成的经济集聚不可避免，但可以通过两种途径进行弥补：一是经济距离缩短，可以强化高密度区的挤出效应，从而低密度地区可以获取部分高密度区转移的生产要素；二是后发优势理论中所描述的追赶路径，即低密度地区可以通过模仿高密度地区的先进技术进行发展，而不必投入高成本进行研发。

3. 效率、公平与分割

在分析国际间经济地理问题时，分割是最重要的因素。不同国家间文化、语言、政治等方面的差异，会阻碍一体化的推进。在中国这样一个人口规模大、民族众多的国家，市场分割同样也不能忽视。一体化的一个目标就是减少各个区域之间的分割，其对经济效率和空间公平的影响举足轻重。

市场分割会导致要素与产品难以穿越市场边界。减少分割对经济效率的影响，首先体现在贸易量的提升。其次，经济效率提高还表现在区域间合作、联动对效率的提升。减少分割可以加强区域间的交流、合理分工，一定程度上避免产业过度同构、产能过剩等地方政府竞争过度的问题。并且建设区域间的基础设施需要双方合作投资，需要减少分割才能实现。

空间公平可以通过减少分割后的公共服务均等化实现。根据前文理论所述，减少分割必然会引起一定程度上的密度不均。而通过减少分割实现治理一体化，可以联合制定合理的福利补偿机制，并且有助于公共服务均等化，从而实现空间公平。

四、中国经济空间上的现实困境与战略选择

我国是一个幅员辽阔、人口众多的大国，若以东、西部这样的简单划分来进行分析，难免出现许多干扰因素。本章选用一个具有代表性的区域“长江经济带”作为分析的对象。原因是，长江经济带覆盖的地区从东部到西部，在密度、距离、分割上情况复杂，很能反映当下中国的区域经济发展状况。并且，2014 年 9 月出台的《国务院关于依托黄金水道推动长江经济带发展的指导意见》，明确了长江经济带战略定位：一是具有全球影响力的内河经济带，二是东中西互动合作的协调发展带，三是沿海沿江沿边全面推进的对内对外开放带，四是生态文明建设的先行示范带。可以看出，长江经济带承担着重塑中国经济地理的任务，并且需要兼顾效率与公平。因此，选取长江经济带作为分析对象，可以较为全面地反映当前中国区域经济中的现实问题，长江经济带上的问题就是全国问题的一个缩影。

（一）长江经济带上的空间困境

本部分就分别从密度、距离、分割上分析长江经济带的现状。长江经济带 2013 年末常住人口 5.82 亿，占全国总人口的 42.74%，而国土总面积仅占全国的 21.39%。2014 年上半年，占全国人口总量的 45.97%。可见，在国家层面上，长江经济带是人口与经济密集的经济带。而长江经济带内部情况也存在着密度不均的情况，上游经济密度明显低于下游。就内部密度的变化趋势来看，以苏州、武汉、重庆三个代表城市作为比较，如图 1－1，可以发现，在 21 世纪初苏州发展速度较快，而近几年武汉、重庆发展速度加快，GDP 总量上趋于收敛。经济密度上来看，已经有开始均衡化的趋势。

就经济距离来说，长江经济带横跨我国版图，突破了以往东、中、西部较为模糊的划分，其串联东西部的战略意图明显。然而地理距离长、经济带内部基础设施不健全等问题，都会拉长经济带内部的经济距离，必须对其予以考虑。另一方面，长江经济带覆盖九省二市，具有明显的市场分割效应。地区间税收竞争、市场保护等人为分割

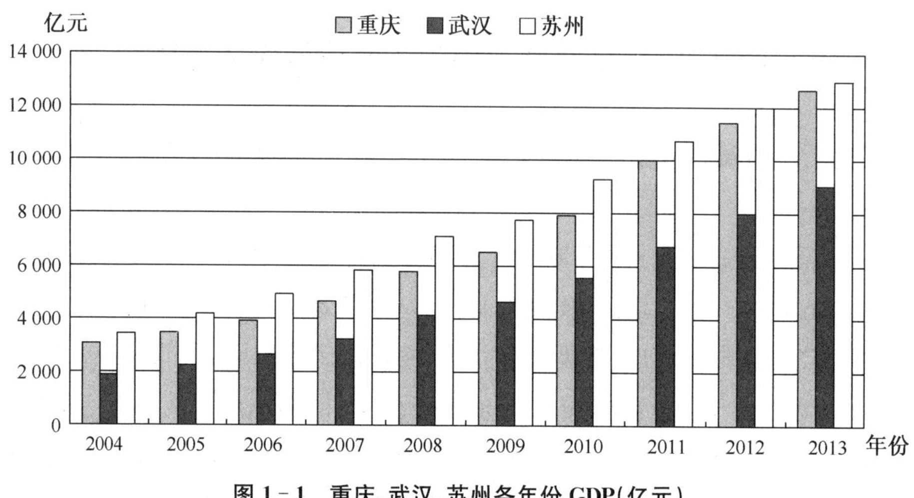

图 1-1 重庆、武汉、苏州各年份 GDP(亿元)

资料来源:重庆、苏州、武汉的统计年鉴。

市场的因素不可忽视。经济距离和市场分割程度较难单独测度,二者往往是交织在一起的,本部分分别从两方面进行反映:一是以各地区商品价格为基础计算价格指数计算市场一体化程度,侧重反映市场分割状况;二是通过对 Theil 指数进行分解,侧重反映经济距离状况。

首先,对长江经济带的 Theil 指数进行计算。Theil 指数实质是反映空间公平的一个指标,但可通过分解将指数分为三部分,分别是长江经济带总体空间公平(T)的演进状况,长三角地区、长江中游地区和成渝经济带三大板块的组间差距(TB)与组内差距(TI)。分解与计算结果参见图 1-2。

依据图 1-2,整体来看,长江经济带的地区差距的演变以 2003 年为拐点,呈现出先上升后下降的态势。组间差距变化趋势与长江经济带总体地区差距的变化趋势相同,而三大板块的组内差距则相对较平稳,整体处于逐年稳步轻微下降的趋势。由图 1-2 还可以清楚地观察到 T、TB 与 TI 三者之间的关系,即 Theil 指数与组间差距值很接近,并且均大幅高于组内差距值,也就反映出长江经济带的组间差距对总体地区差距的影响远远超过了组内差距。可见,长江经济带的整体空间不公平主要是由长三角、长江中游地区和成渝经济带这三大板块之间的不公平性引起的,即组间公

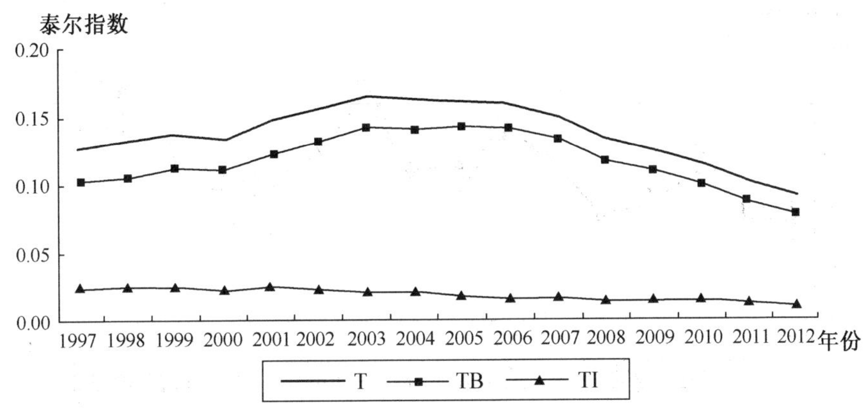

图 1-2 长江经济带的 Theil 指数及其分解

资料来源:1998—2013 年《中国统计年鉴》。

平是影响总体空间公平的主要力量。很显然,这种差异是由较长的经济距离引起的。三大板块内部趋于公平正是因为内部经济距离短,而板块间由于存在较长的经济距离,造成了空间上的分化。

其次,对长江经济带产品市场一体化程度进行测度。参考盛斌和毛其淋(2011)构造的国内市场一体化指标,选取粮食、饮料烟酒、服装鞋帽、药品、书报杂志、文化体育用品①、日用品和燃料 8 类商品,以《中国统计年鉴》中长江经济带九省二市分地区商品零售价格指数为基础,测算并描绘出长江经济带 1997—2012 年共 16 年的区域经济一体化程度的演变趋势,并将样本进一步细分为三大板块进行考察。

图 1-3 显示,长江经济带的市场一体化程度在剧烈波动中提高。三大板块的市场一体化程度及变化趋势基本相同,与整个经济带的变动情形基本相似。特别是 2008 年以来,长江经济带及三大板块的市场一体化演变状态是十分乐观的。在整个样本期间,长江经济带及内部三大板块的市场一体化演化过程大致经历了四个周期,分别在 1999 年、2003 年、2006 年和 2012 年四次达到高峰,并且这四个市场一体化指数的最高值也是逐步提高的,2012 年长江经济带及三大板块的市场一体化程度几乎

① 2003 年以后,文化体育用品的数据由文化办公用品和体育娱乐用品的算术平均值计算得出。

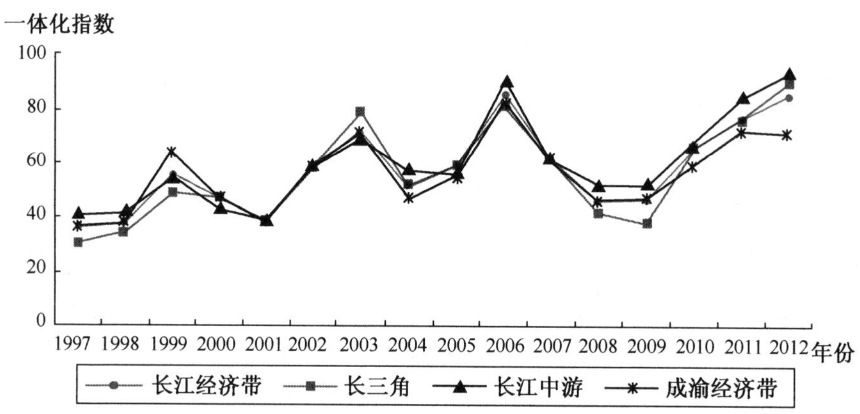

图 1-3　长江经济带区域市场一体化程度变动趋势

资料来源:1998—2013 年《中国统计年鉴》。

都达到了这 16 年来的最高点。

指数波动强烈的一个重要原因是,地方政府竞争导致的市场分割效应。由于往年对地方官员政绩考核的重要指标是 GDP,各地区政府尤其是经济落后地区,都有动机保护本地市场,从而通过政策手段限制其他地区的产品进入本地市场。各地政府实际上在进行着序贯博弈:高分割会损害双方消费者福利、而减少分割会使得本地企业受到冲击,因而各地方政府的分割水平在权衡中波动。

(二)破解困境的战略选择

世行报告提出了科学的区域问题解决方法,一是提高密度,二是缩短距离,三是减少分割。长江经济带区域市场情况具体如下。

密度不均、要素流动受限,是当前困境的根源。虽然从重庆、苏州、武汉三市来看,这三所城市经济总量有所收敛。但整体而言,不论是短期还是长期,“东高西低”的分布状态是无法扭转的。所谓提高密度,并不是继续提高东部地区的经济密度,而是做到两点,一是优化东部地区经济结构,二是提升中西部部分地区的经济密度。就优化东部地区经济结构而言,根据新经济地理学中生产率空间分化的情况来看,要素自由流动条件下,发达地区将集聚更多的高生产率企业,而低生产率企业将集聚于欠发达地区。但中国目前的现实状况是，加工制造等隶属于产业链低端的产业仍然大量集聚在东南沿海地区，而由于经济密度过高导致的房价上涨等原因，也排挤了部分高端要素进入东部地区，降低了产业升级速度。从大的区域视角来看，优化密度的重点在于进一步推进一体化进程，既能加速要素流动，又能节省内陆地区国际贸易的运输成本，形成有梯度的沿海到内陆的国内价值链。东部占据着国内产业链的高端，需要进一步集聚高端要素，利用自身优质要素密度高的特点进行产业升级，以高附加值环节嵌入全球价值链，从而成为带动中国经济发展的龙头。提升西部部分地区经济密度的原因在于，中西部地区产业基础普遍薄弱，即使是发展较好的重庆，在一些经济指标上依旧次于东部的次级中心苏州。经济效率较低是阻碍中西部地区发展的最大问题。中西部地区发展重点在于提高区域内部的集聚水平，合理的城镇化战略是实现方式。亟须提高一些较大城市的经济密度，打造为中西部地区的增长极。实现途径上，由于城镇化必须是产城联动，需要城乡一体化进一步释放农村劳动力的流动性，再通过加大投资城市的基础设施塑造良好的城市条件，从这两方面提升中西部地区的经济密度。

距离上的困境体现在东、中、西部三大板块之间较长的经济距离，即使像长江经济带这样有着天然交通要道的区域，问题依然突出。在国家层面上来说，经济活动集中地区和落后地区的经济距离是重要特征。如何帮助公司和工人减少与经济密集区的距离是政策面临的挑战。加大基础设施投资力度，降低交通运输成本，从而促进劳动力的流通，正是政策的主导性机制。要依托长江这条天然黄金水道，布局沿线的高铁、公路运输网络，实现全方位、立体的交通运输网络。另一方面，东部经济发达地区要依托长江经济带积极展开跨区域合作，统一调度与配置上下游的资源。通过鼓励企业在中西部建设港口，鼓励物流企业走出去在中西部建设网点，与中西部地区企业合作形成“战略联盟”，整合配置长江中上游资源。

长江经济带横跨的区域很大，且上、中、下游之间经济发展水平相差较大。在打造长江经济带的时候，需要以经济地理上分割特征进行分析，需要长江沿岸地区的共同努力和协调配合。长江经济带中城市群独立性较强，缺乏联动合作。基于此，国务院《指导意见》要求，按照沿江集聚、组团发展、互动协作、因地制宜的思路，推进以人为核心的新型城镇化，优化城镇化布局和形态，增强城市可持续发展能力，创新城镇化发展体制机制，全面提高长江经济带城镇化质量。问题的关键是，要突破行政壁垒，实现区域一体化、产业布局一体化、管理一体化。以城市群内部率先一体化布局，继而带动长江经济带各版块之间联动，这是未来的大势所趋。

五、结论与启示

首先，本章以新经济地理学为理论起点，以密度、距离、分割这三维视角为纽带联结理论与现实，分析了一体化对经济效率和空间公平之间的关联机制，密度不均是冲突的源泉，经济距离和市场分割会通过限制要素市场与产品市场的流动性来影响经济密度。其次，经济密度不均是一体化带来的必然结果，但一体化水平较高的要素市场，可以通过异质性要素空间分化、要素供给限制的方式一定程度上均衡密度，并且通过减少分割可以实现政策上合理的福利补偿，以市场和政策这两种机制来兼顾经济效率与空间公平。最后，通过统计方法对长江经济带在密度、距离、分割上存在的问题进行分析，认为目前一体化中最大的挑战在于长三角地区、长江中下游地区、成渝经济带这东、中、西部三大板块间的经济距离较长。针对现实困境，提出了如何通过一体化实现提高密度、缩短距离、减少分割的具体战略选择。

本章研究的启示意义在于，结合国家新一轮区域发展战略规划，充分发挥区域经济一体化的协同作用。首先，经济密度需要优化。东部地区要改变作为国内价值链的"总部经济"但却以"工厂经济"嵌入全球价值链的被动地位，通过集聚高端要素实现在全球价值链上的攀升；欠发达地区要积极承接产业转移，而不是简单被动地接受"腾笼换鸟"，应基于自身的禀赋优势，以实现在部分地区率先提高经济密度的目的。其次，需要通过跨区域的交通网络降低各区域间的经济距离，尤其是低密度地区到高密度地区的距离。最后，制定合理的区域联动机制，改变地方以要素补贴方式维持的粗放型发展。制定跨区域分工协作和合理的福利补偿协调方案，通过强化普通劳动力人才化的战略投入以提高人才与产业的空间匹配能力。

参考文献

[1] 范剑勇. 市场一体化、地区专业化与产业集聚趋势——兼论对地区差距的影响[J]. 中国社会科学，2005(6)：39－51.

[2] 陆铭，向宽虎. 破解效率与平衡的冲突——论中国的区域发展战略[J]. 经济社会体制比较，2014(7).

[3] 吴福象，刘志彪. 城市化群落驱动经济增长的机制研究——来自长三角16个城市的经验证据[J]. 经济研究，2008(11).

[4] 吴福象，蔡悦. 中国产业布局调整的福利经济学分析[J]. 中国社会科学，2014(2)：96－115.

[5] 阿瑟·奥肯. 平等与效率[M]. 成都：四川人民出版社，1988.

[6] Barry Naught. The Chinese economy: Transitions and growth[M]. London: The MIT Press, 2007: 398.

[7] Krugman P. Increasing Returns and Economic Geography[J]. The Journal of Political Economy, 1991, 99(3): 483－499.

[8] World Bank Group. World Development Report 2009: Reshaping Economic Geography [R]. http://joeg.oxfordjournals.org/cgi/10.1093/jeg/lbp019.

[9] Charlot, et al. Agglomeration and Welfare: The Core-Periphery Model in the Light of Bentham, Kaldor and Rawls[J]. Journal of Public Economics, 2006(99): 325－347.

第二章　跨国公司研发外包与本土企业策略跟进

一、问题提出

改革开放以来的短短30年里，中国快速跃升为全球第二大经济体，而劳动密集型产业在中国制造做大做强的过程中发挥了不可替代的作用。东部地区外向型经济模式作为推动该地区经济率先发展的主要动力，其突出特点是引进外资进行加工贸易，以接受发达国家企业的外包订单加入发达国家的全球商品链，或为发达国家企业代工。然而，在这种代工模式下，外资企业控制了产业链分工当中价值增值率较高的生产环节，本土企业由于缺乏国际代工的基本资格，被迫依附于跨国公司或海外进出口商（刘志彪、吴福象，2006）。因此，超越国际代工者的角色，进一步实现产业链向高端攀升，是目前和未来东部地区面临的新抉择和进一步率先发展的难题。

东道国本土企业参与国际代工的过程，实质上就是与跨国公司进行利益博弈的过程。在这场博弈当中，由于跨国公司总部通常会保留核心部件的设计、专利权的申请和营销等业务，使得本土企业在面临跨国公司制造业垂直分离国际代工重要机遇的同时，更多面临的是真正实现技术升级的困难与障碍。比如，深圳为美国苹果公司代工的以富士康为代表的出口导向型加工贸易制造企业，凭借着“大规模、低成本、低利润、高速度、高效率”，在全国乃至全球闯出一条大路。但最近几年，伴随着全球原材料价格上涨和对低廉人工成本的依赖，再加上没有自己的核心技术和品牌，让富士康在创新道路上踟蹰不前。此外，在全球代工链上受制于跨国公司的不平等地位使得中国劳动力仅拥有2%的微薄利润。苹果公司的垄断和技术壁垒例子表明，我国本土企业无法参与其新品研发，只能通过承接像锂电池、数据线、贴膜等一些非核心产品技术研发外包业务。跨国公司这一做法,不仅可以低成本地利用发展中国家的"外脑"为其创造更多的价值,而且可以牢牢控制我国市场,成功地封杀东道国企业的创新技术。再以获准授权经营苹果数据线的厂商为例,其每根数据线要向苹果公司支付高达 5 至 6 美元的相关费用。

客观上讲,跨国公司的研发外包对本土企业的技术升级会产生双刃剑作用。一方面,它有助于促进中国快速成为全球制造业的研发基地,成为强大的技术孵化器,实现中国制造向中国创造的战略性转变,有助于提升中国产品的形象和档次,改变我国制造业产品在国际分工当中处于低端的不利格局,有助于锻炼和培养本土研发人才,有助于本土企业建立与国际接轨的标准、工艺和服务。但另一方面,它会造成国内企业人才流失,强化跨国公司对本土产业的整体控制,加深国内产业的技术依赖,帮助外商垄断国内市场,形成对本土创新主体的挤出效应等。

事实上,跨国公司在将研发活动垂直外包给东道国配套企业时,尽管早期的培训活动会产生一定的技术外溢效应,但更多的可能是东道国为跨国公司配套的分支机构或制造业工厂的技术向跨国公司总部产生逆向外溢效应(Andrew & Ted, 2001)。在不同的产品替代弹性下,对于发包方和承包方会产生迥然不同的影响。问题是,跨国公司研发外包的技术外溢对于发展中国家的本土企业究竟是机遇还是威胁?究竟谁是最终的受益者?东道国本土企业应当做出怎样的理性的策略选择?对于这些问题,需要从理论上进行澄清。基于对这些问题的深层次思考,本章将基于产品替代弹性视角,通过构建纳什-古诺均衡(Nash-Cournot Equilibrium)模型,对跨国公司研发外包与本土企业的动态技术跟进策略进行研究。

二、文献述评

整体而言,国外对跨国公司境外研发或研发外包的理论研究,主要集中在视角、框架、动因和目的四个方面。有从时间跨度的视角分析跨国公司主导的国际分工体系的演化过程,提出早期跨国公司制造业中间环节的外包主要是 OEM 意义上的国际代工活动,发展中国家在参与国际代工环节时的关键要求是产品的生产过程要达到跨国公司制定的标准。在近期研发外包活动当中,跨国公司对标准化又提出了更高的要求(Henryk, 2005)。也有从空间跨度的视角总结世界范围内跨国公司研发全球化基本上形成了“大三角”间的交叉格局,即主要发生在美国、欧盟和日本“大三角”之间。据此有人认为,这一现象更准确的说法应当称其为“大三角化”(Triadization),而非“全球化”(Globalization)(Patel, P. and Keith Pavitt, 1998)。大体表现在两个方面:一是这些国家R&D的国际化程度明显要高于其他国家和地区,二是R&D的流入和流出都集中在这些国家之间。

分析框架方面,Edwin(2005)采用了委托代理分析框架来考虑固定契约与收益共享契约的研发外包,并发现收益共享契约会增加外包的机会并提高经济效率。Subroto(2012)则运用管理学和控制理论的分析框架,从发包商的角度出发,重点关注了创新在转移到承包方过程当中管理的重要性,并运用控制理论对外包过程中的任务与行为进行逐一分析,得出的结论是严格精确行为的控制会促进创新,而相应的标准基础控制也会激励创新。研发外包的动因方面,Nina(2011)提出了技术环境、知识产权外溢、管理上的驱动与策略性决策、地域文化、战略目标、路径依赖和过往经验等都是跨国公司离岸研发外包的重要驱动力。以特定目的为目标,Subroto(2011)提出在包括R&D在内的知识型服务的全球外包过程中,跨国公司应注重对知识产权的管理和保护,强调在全球外包关系中应通过平衡双方的信任与控制来实现对知识产权的保护。还有学者通过分析研发外包与创新水平之间的关系提出提高研发外包的效率的目标性。比如,Christoph(2010)研究认为,尽管研发外包活动已成为重要的获取外部技术知识来融入公司自身知识储备的手段,但这种从研发外包中的获益,需要能平衡消除公司特有资源被稀释,并能综合能力弱化和管理上高度需求的损失。同时,研发外包和创新水平之间的倒U型关系,会随着公司参与国际研发的程度和普通研发协作的宽度而变得平缓,因此它们都是提高研发外包效率的重要手段。

综合国外学者的研究不难发现,大多文献都侧重于跨国公司或发包方的利益,这主要因为国外学者大多站在发达国家的视角分析问题。而我国学者通常从我国是发展中国家或承包方的实情出发,通过分析跨国公司在华研发投资的动机,来研究提升我国研发创新能力的途径和影响效应问题。跨国公司在华研发投资的动机按其重要性程度可依次分为:雇用当地科研人才、为当地开发新产品、缩短研发周期、降低研发成本、对产品进行本地化改造、获得当地开发的技术、改进当地生产工艺、树立更好的公众形象等(薛澜等,2002;杜群阳,2007)。跨国公司在华研发投资的动因,可分为市场导向型、技术转移型、技术监听型和全球技术型四大类。其中,通过技术合作机制获取全球技术型外资研发机构技术外溢的可能性更大,其技术外溢主要包括人员流动与交流、纵向联系、技术合作等三个方面。胡水晶(2010)研究认为,承接企业可通过吸引高水平的研发离岸外包项目和提高承接企业技术知识的吸收能力,在承接研发外包的过程中提升自身的技术创新能力。

目前,我国各地做法基本上是鼓励引导外资研发机构参与本地科技项目的研发,希望通过政策的激励与扶持,扩大外资研发机构对华溢出效应,提升利用外资的质量。诚然,其对当地人才吸引所引起的人才“集聚效应”、对人才的训练所产生的“学习效应”、因地理上的毗邻性产生的技术“溢出效应”、其先进管理经验所产生的“示范效应”,以及由其研发活动本身引起经济的“关联效应”等是积极的。但现实情况往往更复杂,正如安同良等(2009)研究所指出的,中国作为技术追赶型国家,政府惯常将R&D补贴作为激励企业进行自主创新的关键政策手段,企业经常发送虚假的创新类型信号以获取政府R&D补贴。此外,还有一些学者从跨国公司和东道国承包方两方面来论述跨国公司研发外包的过程。比如,Ngo Van Long(2005)从部分外包的视角分析了技术外溢并提出外包公司必须在边际收益和边际成本之间进行平衡,得出在特定条件下跨国公司会选择部分外包的结论。事实上,我国作为发展中国家中的典型代工大国,更多考虑的应当是本土企业创新的动力与方向。为此,本章基于此理论和文章模型,以部分外包作为前提条件,考虑在不同差异化条件下,跨国公司是否进行外包以及这些差异化对本土企业研发策略的影响。

三、模型设定与推演

(一)理论模型

首先,假设一项研发活动可以在空间上实现分离,并且能够独立地在两国企业间展开。地域上,一个为发达国家 D,一个为发展中国家 L。假定有两个企业参与了该项研发活动,分别记为 D 国的跨国公司 F_D 和 L 国的本土企业 F_L。D 为研发总部,L 为分支机构。记 D 国研发人员 H_D 的工资成本为 w_D,L 国研发人员 H_L 的工资成本为 w_L,显然 $w_D>w_L$。有两种研发产品 Q_1 和 Q_2,根据跨国公司的战略安排,F_D 可以在 D 国和 L 国研发产品 Q_1,而 F_L 只能在 L 国研发产品 Q_2。显然这些假设是符合现实的,即发达国家的跨国公司可以将研发机构设在本国(产出为 Q_{1D}),也可以将研发机构迁移至发展中国家,由其分支机构独立完成(产出为 Q_{1L}),$Q_{1D}+Q_{1L}=Q_1$。如果 $Q_{1L}>0$,则认为跨国公司的研发活动发生了垂直分离,或称研发外包。①

为分析方便,假定两国企业的工资率 w_D 和 w_L 均小于 1。同时假定需求函数为鲍利型线性反需求函数(Bowley, 1924):$P_1=1-Q_1-\delta Q_2$,$P_2=1-Q_2-\delta Q_1$。δ 为产品的差异化程度且 $|\delta|\leqslant 1$,表示自价格效应大于他价格效应。两种产品的反需求函数统一记为 $P_i=P_i(Q_i,Q_j)$,$i,j=1,2,i\neq j$。另外,根据差别化产品的一般需求规律,有 $\partial P_i/\partial Q_i<0$,$\partial P_i/\partial Q_j>0$(Baumol & Willing, 1982)。

根据产品差别化定义 $\partial P_i/\partial Q_j=-\delta(i\neq j)$ 和 δ 数值的不同,假设存在以下四种情形:

(A1) 如果 $\delta\in(0,1)$,则产品 Q_1 和 Q_2 为不完全替代关系;

(A2) 如果 $\delta<0$,则产品 Q_1 和 Q_2 存在互补关系;

(A3) 如果 $\delta=0$,则 Q_1 和 Q_2 为完全异质性或独立性产品;

(A4) 如果 $\delta=1$,则产品 Q_1 和 Q_2 为完全替代关系。

---

① 虽然表面上看来跨国公司总部与海外分支机构不是同一个企业,但是按照所有权属性划分,仍然可以看成是同一产权之下的同一企业,海外分支机构可以是跨国公司的制造业工厂。

假定两个企业的生产函数均为不变规模报酬生产函数，并且一个单位的劳动投入可以生产一个单位的研发产出品。在 D 国，由于不必支付培训费用，生产一个单位的研发产品 F_D 需要的研发成本为 w_D。而在 L 国，跨国公司将研发活动外包，为了研发出符合标准化要求的产品，跨国公司必须事先对 L 国分支机构的研发人员进行培训。令 T 为跨国公司对单位研发人员的培训费用，因此，跨国公司在 L 国单位产品的研发成本为 w_L+T。

问题是，既然跨国公司在将研发活动进行外包之前，必须事先支付研发培训费用，跨国公司为什么还要将研发活动进行外包呢？其目的很明确，跨国公司之所以将研发活动外包给 L 国，并愿意对 L 国研发人员支付培训费用，不仅是出于其整体竞争战略的考虑，而且还基于成本节约的目的。在不考虑其他条件时，只要研发外包的边际收益(w_D-w_L)大于其培训的边际成本(T)，即只要 $w_D-w_L-T>0$，跨国公司研发活动的垂直外包都是跨国公司的占优策略。

在产品市场无限细分的情况下，虽然跨国公司及其分支机构研发的产品 Q_1 与东道国企业自主研发的产品 Q_2 具有一定的差异性，但根据鲍利型产品差别化的基本假定，本模型中的产品研发市场仍然可以看成是双寡头市场。因此，表面上看，似乎只要满足 $w_D-w_L>T$，跨国公司就有将所有的研发活动都垂直外包给外国分支机构的激励。事实并非如此，跨国公司只会将一部分相对成熟或接近消费终端的研发活动外包给外国分支机构或者外国企业。① 其背后的动机是复杂的，主要是为了收集信息，同时与跨国公司研发外包技术溢出效应的积累有关(Pack & Saggi, 2001)。

由于假定了一个单位的劳动投入可以生产一个单位的研发产品，因此，如果令 Q_{1D} 和 Q_{1L} 分别代表跨国公司在 D 国和 L 国研发的产品量，H_{DD} 和 H_{DL} 代表跨国公司在 D 国和 L 国雇佣的研发人员数，则必有 $Q_{1D}=H_{DD}$，$Q_{1L}=H_{DL}$。而东道国本土企业在研发产品 Q_2 时，其研发效率在培训前后的情况则明显不同。假定产品 Q_2 只能在 L 国被研发，并且由于存在跨国公司对东道国分支机构人员培训的技术溢出效应，使得 L 国本土企业生产 Q_2 的劳动生产率大于 1，假定为 $1+s$。s 为跨国公司在 L

① 二者的区别主要体现在所有权结构方面，其本质在本模型中没有差异。

国培训其员工 H_{DL} 技术溢出效应的劳动生产率。由于存在技术溢出的正面效应，因此 s 是 F_D 培训其员工 H_{DL} 的增函数，即 $s=s(H_{DL})$，且 $s(0)=0$，$s'(H_{DL})>0$。这样，东道国本土企业 F_L 研发 Q_2 的产量不仅取决于其研发人员的数量 H_L，而且取决于跨国公司 F_D 将研发机构迁移至 L 国并培训其研发人员的数量 H_{DL}，即 $Q_2=[1+s(H_{DL})]H_L$。为方便起见，令 $b(H_{DL})=1+s(H_{DL})$。

现在的问题是，既然跨国公司在东道国设立研发分支机构时，在培训东道国研发人员时要花费培训费用 T，结果却提高了东道国受训人员的研发效率 s，跨国公司会要求东道国分支机构承担培训费用 T，而又分享受训人员生产效率提高 s 部分带来的经济利润吗？答案自然是肯定的。因为跨国公司研发外包的过程，实质上就是跨国公司与东道国企业利益博弈的过程。

下面基于产业组织理论的产品差异化视角并利用博弈论分析方法，分别对跨国公司研发外包的战略动机、最优比例，以及本土企业研发投入的跟进策略进行分析。

（二）跨国公司研发外包的战略动机

根据“古诺-纳什行为”的基本假定，跨国公司在实行研发战略外包决策前，东道国本土企业初始研发投入量 H_L 是前定变量，是外生给定的。跨国公司 F_D 的决策变量，主要是通过分配其在国内和东道国的研发投入量 H_{DD} 和 H_{DL} 以最大化其利润。① 这样，发达国家跨国公司 F_D 来自公司总部和分支机构的总利润为 $\pi_D=P_1(Q_1,Q_2)Q_1-w_DH_{DD}-(w_L+T)H_{DL}$。

分别将 $Q_1=Q_{1D}+Q_{1L}$，$Q_{1D}=H_{DD}$，$Q_{1L}=H_{DL}$，$Q_2=b(H_{DL})H_L$ 代入上述利润表达式，得：

$$\pi_D=P_1(H_{DD}+H_{DL},b(H_{DL})H_L)(H_{DD}+H_{DL})-w_DH_{DD}-(w_L+T)H_{DL} \tag{1}$$

对(1)式求解一阶必要条件，并令其等于0，得：

① 模型中，跨国公司真正的决策变量应当是 Q_{1D} 和 Q_{1L}，即通过分配 Q_{1D} 和 Q_{1L} 实现其外包战略。前面已经假定，一个单位的劳动投入可以得到一个单位的研发产品，因此可以用 $H_{DD}=Q_{1D}$ 和 $H_{DL}=Q_{1L}$ 进行替代。

$$\frac{\partial \pi_D}{\partial H_{DD}}=\frac{\partial P_1}{\partial Q_1}Q_1+P_1-w_D=0 \tag{2}$$

$$\frac{\partial \pi_D}{\partial H_{DL}}=\frac{\partial P_1}{\partial Q_1}Q_1+\frac{\partial P_1}{\partial Q_2}b'(H_{DL})H_L+P_1-w_L-T=0 \tag{3}$$

联立(2)和(3)并求解,得:$-\frac{\partial P_1}{\partial Q_2}b'(H_{DL})H_L=w_D-w_L-T$ (4)

根据(4)式,本章分两种情况进行讨论:

第一种情况,如果期初 $w_D-w_L-T\geqslant 0$,则必有:$\frac{\partial P_1}{\partial Q_2}b'(H_{DL})H_L\leqslant 0$ (5)

由于前面已假定 $Q_1>0$, $H_L>0$, $b'(H_{DL})=s'(H_{DL})>0$,且$\frac{\partial P_1}{\partial Q_2}=-\delta$,故有:$\delta\geqslant 0$。

$\delta\geqslant 0$ 表示,在跨国公司研发外包情况下,Q_1 和 Q_2 产品差异化程度变量必须满足 $\delta>0$ 或 $\delta=0$ 两个条件,即满足前面定义的(A1)、(A3)和(A4)三种情形。也就是说,两种产品 Q_1 和 Q_2 要么是替代性产品(包括完全替代和不完全替代),要么是独立性产品。因此,有:

命题 1:当跨国公司研发人员在跨国公司总部和东道国分支机构的工资差异大于其对分支机构人员的边际培训费用时,跨国公司选择研发活动的垂直分离是占优策略。此时,跨国公司总部研发的产品与东道国分支机构研发的产品,或为替代性产品,或为独立性产品。

第二种情况,如果跨国公司国内研发人员的工资 w_D 保持不变,而东道国研发人员的工资 w_L 上升,或者培训东道国研发人员的培训费用 T 上升,使得 w_D-w_L-T 的差值减小,直至出现 $w_D-w_L-T\leqslant 0$ 情形。此时,$\frac{\partial P_1}{\partial Q_2}b'(H_{DL})H_LQ_1\geqslant 0$。其他条件不变时,$\frac{\partial P_1}{\partial Q_2}=-\delta\geqslant 0$。则产品差异化程度变量就变成满足 $\delta<0$ 或 $\delta=0$ 两个条件,即出现前面定义的(A2)和(A3)两种情形。也就是说,产品 Q_1 和 Q_2 要么是互补性产品,要么是独立性产品。故有:

命题 2:当跨国公司研发人员在跨国公司总部和东道国分支机构的工资差异小于其对分支机构人员的边际培训费用时,跨国公司也会实行研发活动的垂直分离。

但此时要求，跨国公司总部研发的产品与东道国分支机构研发的产品，或为互补性产品，或为独立性产品。

命题1和命题2表明，不论跨国公司总部研发的产品与东道国分支机构研发的产品具有何种差别化特性，跨国公司都会实行研发活动的垂直分离。原因是什么？这是跨国公司通过研发活动的垂直分离实现其全球竞争战略的需要，而不仅仅取决于跨国公司在东道国分支机构研发人员的工资相对于跨国公司总部研发人员工资的相对优势。比如，当跨国公司对东道国分支机构支付的培训费用较低，即满足 $w_D-w_L\geqslant T$ 条件时，只要跨国公司在公司总部研发的产品与东道国分支机构研发的产品为替代关系，跨国公司就会充分利用这种低成本优势，通过研发分离以充分占领东道国市场，同时享受制造业工厂向公司总部技术逆向外溢的好处。相反，即便跨国公司对东道国分支机构研发人员进行培训的费用上升，即满足条件 $w_D-w_L\leqslant T$ 时，跨国公司也会实行研发活动的垂直分离。因为这样做的好处是，跨国公司通过在东道国设立研发分支机构并制定苛刻的技术标准，一方面让东道国企业与跨国公司进行技术上的配套，并通过对代工企业的研发过程实行控制，成功地将东道国企业的研发技术加以锁定，另一方面还可以通过制造工厂的工序流程资料享受技术逆向外溢的收益。

可见，跨国公司无论实行何种差异化研发外包战略，本质上都是让其研发分支机构充当其产品进入东道国市场的前哨。因此，跨国公司在公司总部研发的产品和在东道国分支机构研发的产品，以及与东道国本土企业动态选择相应的自主研发产品之间，究竟是替代性产品还是互补性产品这一差异化特性，不仅支配着跨国公司进入东道国市场的战略，而且会进一步决定两种性质企业研发产品的市场定位。对此，这里分三种情况加以识别。

第一，当 $w_D-w_L=T$，即 $\delta=0$ 时，跨国公司研发的产品与东道国本土企业研发的产品是完全差异化产品，表明两种产品市场是完全独立的市场，此时，不论什么情况发生，跨国公司都会实行研发的战略外包，本章称此种战略为平行竞赛战略；第二，当 $w_D-w_L>T$，即 $\delta>0$ 时，两种产品为替代性产品，此时跨国公司研发分离的目的，无非是利用东道国的工资成本优势，以获取跨国公司整体利益的最大化，本章称此种战略为交叉渗透战略；第三，当 $w_D-w_L<T$，即 $\delta<0$ 时，两种产品为互补性产品，此时跨国公司为了提高其市场份额，或出于对终端产品 Q_2 进一步研发的需要，即便跨国公司丧失了在东道国分支机构研发的工资成本优势，跨国公司也会实行研发外包战略，本章称此种战略为技术俘获战略。以上三种战略的实施，均以东道国本土企业拥有一定量的自主研发投入为前提，离开这一前提，即 Q_2 等于 0，则模型将由古诺寡占结构演变为完全垄断结构，其结果是，东道国本土企业完全失去技术升级的机会。

（三）本土企业研发投入的跟进策略

同样，根据“古诺-纳什行为”的基本假定，东道国本土企业在做出研发决策时，将跨国公司 F_D 分配在母国和东道国的研发人员数量 H_{DD} 和 H_{DL} 视为外生的前定变量，通过选择其自主研发人员数量 H_L 以最大化其利润。[①] 这样，东道国本土企业 F_L 的总利润为 $\pi_L=P_2(Q_1,Q_2)Q_2-w_LH_L$。分别将 $Q_1=Q_{1D}+Q_{1L}$，$Q_{1D}=H_{DD}$，$Q_{1L}=H_{DL}$ 和 $Q_2=b(H_{DL})H_L$ 代入该利润表达式，得：

$$\pi_L=P_2(H_{DD}+H_{DL},b(H_{DL})H_L)\cdot b(H_{DL})H_L-w_LH_L \tag{6}$$

对(6)式求一阶偏导并令其等于 0，得：

$$\frac{\partial\pi_L}{\partial H_L}=\frac{\partial P_2}{\partial Q_2}b(H_{DL})Q_2+P_2b(H_{DL})-w_L=0 \tag{7}$$

再对(7)式求一阶偏导，即对(6)式求二阶偏导，得：

$$\frac{\partial^2\pi_L}{\partial H_L^2}=\frac{\partial P_2}{\partial Q_2}[b(H_{DL})]^2\cdot 2=-2[b(H_{DL})]^2<0 \tag{8}$$

由于本土企业利润函数的一阶偏导等于 0，二阶偏导小于 0，因此本土企业研发投入量有极大值。下面根据(7)式求出本土企业的反应函数，即 $H_L=R_2(H_{DD},H_{DL})$，其中，$Q_1=H_{DD}+H_{DL}$，且 $P_2=1-Q_2-\delta Q_1$。整理(7)式，得 $-[b(H_{DL})]^2H_L+[1-b(H_{DL})H_L-\delta H_{DD}-\delta H_{DL}]b(H_{DL})-w_F=0$。由该式可求得：

---

① 与跨国公司选择其决策变量的原理相似，前面已经假定一个单位的劳动投入可以生产一个单位的研发产品，考虑到跨国公司培训分支机构人员的技术溢出效应，有 $Q_2=[1+s(H_{DF})]H_L$，故用 H_L 变量替代 Q_2。

$$H_L = R_2(H_{DD}, H_{DL}) = \frac{(1-\delta H_{DD}-\delta H_{DL})b(H_{DL})-w_L}{2[b(H_{DL})]^2} \tag{9}$$

(9)式即为本土企业的反应函数。对(9)式求一阶偏导,得:

$$\frac{\partial H_L}{\partial H_{DD}} = -\frac{\delta}{2b(H_{DL})} \tag{10}$$

$$\frac{\partial H_L}{\partial H_{DL}} = -\frac{\delta}{2b(H_{DL})} - \frac{(1-\delta H_{DD}-\delta H_{DL})b'(H_{DL})}{2[b(H_{DL})]^2} + \frac{w_L b'(H_{DL})}{[b(H_{DL})]^3} \tag{11}$$

对于表达式(10),需要分两种情况进行讨论。第一,当 $\delta>0$,即两种产品为替代品(包括完全替代和不完全替代)时,$\frac{\partial H_L}{\partial H_{DD}}<0$,此时,如果跨国公司增加其自身研发投入,东道国本土企业的最优研发策略是减少其研发投入;第二,当 $\delta<0$,即两种产品为互补品时,$\frac{\partial H_L}{\partial H_{DD}}>0$,在这种情况下,如果跨国公司增加其自身研发投入,东道国本土企业的最优研发策略是增加研发投入。

对于表达式(11),等式右边第一项与(10)相同,第二项可以进一步改写为:$\frac{(\delta Q_1-1)b'(H_{DL})}{2[b(H_{DL})]^2}$。在此种情况下,如果跨国公司增加在东道国的研发投入,则研发的垂直分离程度就会增加。根据跨国公司总部研发产品与其在东道国分支机构研发产品之间的差异性,同时还根据跨国公司不同程度的研发投入,东道国本土企业需要做出相应的动态策略反应。也就是说,东道国本土企业的研发投入,一方面要受到(10)式的决定机理支配,另一方面要受到跨国公司自身研发总量以及研发垂直外包技术的溢出效应的影响,其最终效应可能会有所削弱。

撇开(11)式右边的第一项不说,单就第二项而言,又存在两种情况。第一,如果 $\delta>0$,即当两种研发产品为替代品时,东道国本土企业的研发投入量与跨国公司研发外包的垂直分离程度是一致的;第二,如果 $\delta<0$,即当两种产品为互补品时,东道国本土企业相应采取的研发投入与跨国公司研发外包的垂直分离程度是相反的。

之所以会出现两种截然相反的结论,主要原因在于,如果跨国公司总部和东道国分支机构研发的产品为互补品,跨国公司增加分支机构研发培训的强度会通过技术的外溢效应,减少东道国企业的边际产品价值,从而本土企业会减少相应的研发投入，所以二者的变动方向是相反的。相反，如果跨国公司总部和东道国分支机构研发的产品为替代品，跨国公司增加分支机构研发培训的强度会增加东道国本土企业产品的边际价值，从而东道国企业会增加相应的研发投入，所以二者的变动方向是一致的。因此，有：

命题 3：给定鲍利型线性产品反需求函数不变，当跨国公司总部和东道国分支机构研发的产品为替代品，或两种产品的市场完全独立时，如果跨国公司增加分支机构研发投入，那么东道国本土企业的最优策略是同样增加研发投入；相反，当两种研发产品为互补品时，如果跨国公司增加研发投入，那么东道国本土企业的最优策略应当是减少其研发投入。

这一命题不仅验证了前面提到的跨国公司研发投入的三种战略，而且为我国本土企业参与跨国公司国际代工的实际情况所证实。目前，我国沿海地区不少制造业企业尚处于 OEM 意义上的国际代工阶段，这些企业代工的中间产品与跨国公司研发的最终产品之间，存在着高度的互补性和配套关系。在这种情况下，本土代工企业普遍不愿意进行产品研发。其中的一个重要原因，就是因为这些接受代工订单的企业，其研发活动由跨国公司给“包办”了，企业研发投入的规模也一直受到发包方跨国公司研发投入节奏的牵制。可见，本章通过引入产品替代弹性，对长期以来沿海地区代工企业研发热情普遍不高这一现象能够给出很好的解释，同时也从一个侧面反映了本土代工企业“不研发是等死，研发是找死”的生存现状。当然，利用研发产品的替代弹性，本土企业为避免核心技术长期被跨国公司封锁，也可以实行动态技术跟进的策略，即针对跨国公司研发产品替代性和互补性的不同特点，动态调整研发过程的差异化定位，这样可以有效地避免市场份额被跨国公司抢占和替代。

（四）均衡分析

下面求解跨国公司总部、东道国分支机构以及本土企业各自研发投入量 H_{DD}、H_{DL} 和 H_L 的纳什-古诺均衡解。与 Ngo(2005a, b)相似，本模型均衡解的存在，必须满足下列三个条件：

条件一，必须满足(9)式，即均衡解必须在本土企业研发投入量的反应函数曲线上；

条件二，必须满足(2)式等于0，即$(H_{DD}+H_{DL})-[1-H_{DD}-H_{DL}-\delta b(H_{DL})H_L]+w_D=0$；

条件三，必须满足(4)式，即跨国公司将研发人员分配在跨国公司总部和东道国分支机构的边际收益等于边际成本：$\delta b'(H_{DL})H_L=w_D-w_L-T$。

为方便分析，假定$b(H_{DL})$为线性函数，并且$b(H_{DL})=1+\alpha H_{DL}$，其中$\alpha>0$。这样，第三个条件则可以简记为：$w_D-w_L-T=\delta\alpha H_L$。

再令$\Delta\equiv w_D-w_L-T$，则有均衡解：$H_L=\Delta/\alpha\delta\equiv J$ (12)

因此，由(12)式可得：

命题4：给定鲍利型线性产品反需求函数不变，如果跨国公司总部研发的产品与东道国分支机构研发的产品之间的替代性程度增加，抑或跨国公司在东道国分支机构研发的培训成本及其溢出效应增加，那么东道国本土企业的最优策略应当是减少研发投入量。

再看跨国公司研发人员在其母国和东道国分支机构中的分配情况。由纳什-古诺均衡解的条件一、条件三以及$b(H_{DL})=1+\alpha H_{DL}$可得：

$$2J(1+\alpha^2H_{DL}^2+2\alpha H_{DL})=(1-\delta H_{DD}-\delta H_{DL})(1+\alpha H_{DL})-w_L \quad (13)$$

由纳什-古诺均衡解的条件二、条件三以及$b(H_{DL})=1+\alpha H_{DL}$可得：

$$H_{DD}=\frac{1-w_D-\delta J-(2+\alpha\delta J)H_{DL}}{2} \quad (14)$$

将(14)代入(13)并整理，得：$A(H_{DL})^2+BH_{DL}+C=0$ (15)

其中：$A\equiv J\alpha^2(4-\delta^2)$，$B\equiv 8\alpha J+2\delta+(3-w_D)\delta^2$，$C\equiv(4-\delta^2)J+(1-w_D)\delta-2(1-w_L)$

显然，$A>0$，$B>0$。方程(15)是否有解，完全取决于C的符号。根据一元二次方程的求解规律，$-\frac{B}{A}$为两根之和，$\frac{C}{A}$为两根之积。只要满足$\sqrt{B^2-4AC}\geqslant 0$，方程有解，为$\frac{-B\pm\sqrt{B^2-4AC}}{2A}$。又因为$H_{DL}\geqslant 0$，故若有均衡解，只有$\frac{-B+\sqrt{B^2-4AC}}{2A}$。但此时，$C$的符号并不确定，无法判断$H_{DL}$的大小，因此这里将$C$进一步展开：

$$C \equiv (4-\delta^2)\frac{\Delta}{\alpha\delta Q_1} - 2(1-w_L) + \delta(1-w_D) = (4-\delta^2)\frac{\Delta}{\alpha Q_1 \delta} - \delta\Delta + (2-\delta)w_L - 2 \tag{16}$$

因为$|\delta|\leqslant 1$，故$|2-\delta|\leqslant 3$，又因为$0\leqslant w_L\leqslant 1$，所以$|(2-\delta)w_L|\leqslant 3$。由于$(2-\delta)w_L$有界故在对$C$的变化趋势进行估计时，将其看作是常数是可行的。为了便于演算，不妨令其为2，即有$(2-\delta)w_L=2$。类似地，也可将αQ_1看作一个常数，不妨令其为1。从而(16)式可以写成：

$$C = (4-\delta^2)\frac{\Delta}{\delta} - \delta\Delta + \delta \tag{17}$$

这里有三个变量，分别是δ(产品差异化程度)，$\Delta = w_D - w_L - T$(即跨国公司本地研发与研发外包的成本之差)，和C(C越小，H_{DL}越大)。对(17)式进行模拟仿真，结果见图2-1。

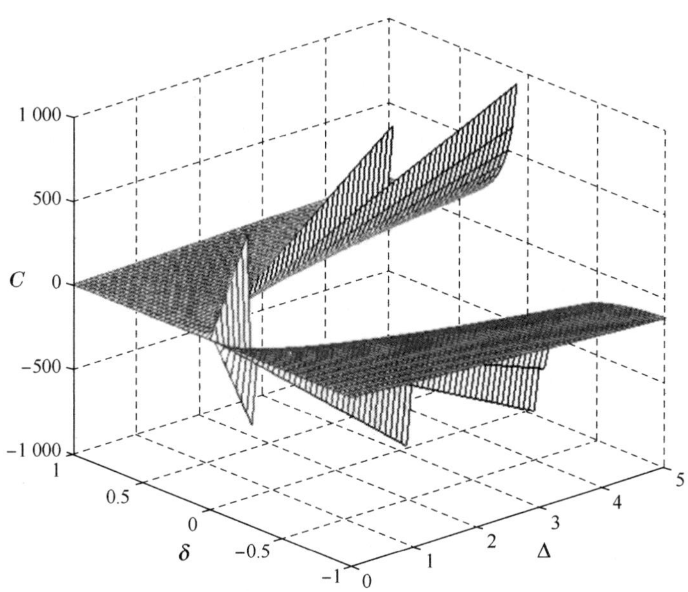

图2-1　研发产品差异化、东道国培训成本及各主体的最优研发投入

在图2-1中，由δ的正负分为两种结论。

(1) 当$-1\leqslant\delta<0$时，产品具有互补性。此时若Δ增大，C减小，H_{DL}增大；且δ

越小(即越接近于－1),C越大,H_{DL}越小。

(2) 当$0<\delta\leqslant 1$时,产品具有替代性。此时若Δ增大,C增大,H_{DL}减小;且δ越大(即越接近于1),C越小,H_{DL}越大。

综上,可以概括命题5和命题6分别如下。

命题5:给定鲍利型线性产品反需求函数不变,若跨国公司总部与东道国分支机构研发的产品为互补品,则跨国公司内部研发与研发外包的成本差越大,跨国公司研发活动的垂直分离程度也越大;相反,若两种研发产品为替代品,则跨国公司内部研发与研发外包的成本差越大,跨国公司研发活动的垂直分离程度反而越小。

上述命题的结论似乎出人意料。但在产品差异化程度较大,从而J的分母较大或不变时,只要T增大但不至于使$\Delta=w_D-w_L-T<0$时,该命题总是可以成立的。

此外,由图2-1还可以发现,随着Δ的增加,C变化的速度越快,则H_{DL}变化的速度也越快,因此可以得出以下命题。

命题6:给定鲍利型线性产品反需求函数不变,若跨国公司总部与东道国分支机构研发的产品为互补品,并且互补性越强,跨国公司研发活动的垂直分离程度越小;相反,若两种研发产品为替代品,并且替代性越强,跨国公司研发活动的垂直分离程度越大。对应地,当跨国公司内部研发与研发外包的成本之差逐渐拉大时,随着跨国公司垂直分离速度的加快,本土企业基于不同特征所实行的平行竞赛、交叉渗透和反技术俘获战略的动态调整速度随之加快。

命题5和6进一步强化了前面各命题的研究结论,即当跨国公司内部研发与研发外包的成本差距拉大时,跨国公司更愿意将研发外包给东道国,以便从低廉成本中获益。也就是说,跨国公司通过研发分离进入东道国市场是其长期不变的战略,即便其在东道国分支机构研发人员的培训成本很高,只要产品差异化程度足够大即可。目前已有大量的案例佐证了这些结论。比如,像美国通用和福特这样的大型跨国公司,其研发机构之所以要进驻中国,不仅仅是为了避开关税和利用中国的低工资成本优势,更多的是迎合了中国两头在外的外资政策和占领中国市场,甚至以吞食中国的自有品牌为最终目标。因此,在跨国公司主导的国际生产体系下,本土企业技术创新由于存在着技术、市场、资金和法律等方面的障碍和制约,面临跨国公司新一轮研发外包浪潮，本土企业应当采取动态的技术跟进战略，包括技术跟随、合作研制、引进吸收等，通过技术升级、战略升级、管理升级等方式提高其品牌竞争力。

当然，不同动机驱动下的跨国公司，其在华设立研发机构的职能定位存在着较大的差别。突出的表现在：第一，持有技术获取动机的跨国公司，在华设立研发机构的职能定位，倾向于“市场导向型”或“全球技术型”，不会设置“技术转移型”机构；第二，持有战略投资动机的跨国公司，在华设立研发机构的职能定位较难判断，但本质上无非是为了巩固其在中国市场的既有份额和战略地位；第三，持有成本降低动机的跨国公司，在华设立研发机构的职能定位则更倾向于“全球技术型”或“技术转移型”，而“市场导向型”研发机构对成本不敏感；最后，持有市场拓展动机的跨国公司，其在华设立研发机构的职能定位倾向于“市场导向”或“技术转移”，设立“全球技术型”研发机构的概率较小。另外，母公司的持股比例越高，跨国公司在华研发机构的职能定位越倾向于“全球技术型”。“技术转移型”职能定位的跨国公司研发机构较少进行与本地研发机构的人员交流，与其他两类机构相比，通过人员流动机制获取“技术转移型”外资研发机构技术外溢的可能性更小。“全球技术型”职能定位的跨国公司研发机构更愿意主动与本土单位开展研发合作，与其他两类机构相比通过技术合作机制获取“全球技术型”外资研发机构技术外溢的可能性更大。

四、结论与启示

本章基于鲍利型线性反需求函数的产品差异化模型，通过引入产品替代弹性差异和分析求解发现：在做出研发垂直外包决策时，跨国公司在东道国建立研发分支机构虽然不仅要对当地研发人员进行培训支付培训费用而且还会带来技术外溢，但跨国公司仍然选择将部分研发活动垂直外包出去。究其原因，主要是出于跨国公司实行其产品研发的平行竞赛战略、交叉渗透战略抑或技术俘获战略的需要。

通过纳什-古诺均衡分析本章还发现，当跨国公司与东道国研发的产品为替代性产品或独立性产品时，如果跨国公司增加其分支机构的研发投入，东道国本土企业的占优策略是同样增加其研发投入；相反，当两种产品为互补性产品时，跨国公司增加分支机构的研发投入,东道国配套企业的占优策略是减少研发投入。主要原因是,前者对应的是跨国公司的交叉渗透战略,在这一战略下,东道国企业加大研发投入的目的,主要是与跨国公司抢占市场;后者对应的是跨国公司的技术俘获战略,在这一战略下,东道国配套企业面临跨国公司的技术锁定,如果加大研发投入就可能血本无归,其占优策略是不从事自主研发。因此,出现了 OEM 企业"不研发是等死,研发是找死"进退两难的困境。

本章的纳什均衡解得出了许多富有启发意义的结论。这些结论虽然看似有悖常理,但对本土企业经营自有品牌和实施动态技术跟进战略等均具有一定的警世和借鉴意义。比如,第一,东道国研发投入量随着研发产品的替代性程度、跨国公司在东道国分支机构培训的溢出效应和培训成本的增大而下降;第二,跨国公司对东道国分支机构研发人员的培训成本越高,其研发活动的垂直分离程度也越高。这两个看似存在悖论的命题,恰好反映了跨国公司研发外包的最深层次的战略动机,同时也反映了跨国公司通过研发外包实现技术俘获的战略意图。总之,跨国公司通过研发外包的差异化战略,不仅让其研发分支机构充当了其产品进入东道国市场的前哨,而且等到时机成熟时伺机吞食掉一个个本土企业的民族品牌。[①]

本章研究的政策含义是,面对方兴未艾的跨国公司战略外包,一方面,我们要在一些经济外向度高的地区加大科研政策、服务设施和技术市场潜力等方面的改革试点,同时要适时调整合作研发的思路,采取差别化的研发政策。比如,持有市场拓展动机的跨国公司,其设立"全球技术型"研发机构的概率就非常小,对本土企业产生知识溢出的可能性也较弱,而"市场导向型"研发机构对研发成本并不敏感,其在华研发投资正是为了拓展巨大的中国市场。目前,这些具有强大研发实力的跨国公司,不仅垄断了中国轮胎、感光材料、相机等诸多产品的国内销售,而且几乎将本土企业完全逐出了市场。当然,代工为本土企业也带来了明显的规模效应,大大减小企业的经营风险,因此跨国公司通过研发外包还增加了本土企业参与代工的依赖,而不愿意主动

---

① 《环球时报:中国民族品牌哪里去了》,http://world. people. com. cn/GB/57507/6173794. html。

进行自主研发或打造自主品牌。但是,当本土企业的代工业务做强做大时,随着原材料和廉价劳动力等成本上升,规模效应达到了一定的饱和并且全世界主要的大厂商都是该企业的客户时,再转去做自主品牌就会难上加难,因为这将意味着本土企业去和他的跨国公司大客户抢生意。因此,对于本土企业来说,更多的是应当参与具有较高毛利率的行业,在代工初期达到一定溢出效应或已获得一定效益时,也许就应该开始进行自主研发和创立自主品牌。可见,对于在中国市场上与国内具有战略意义的产业竞争激烈的跨国公司,我们要慎重引进其研发机构,尤其是不能继续重演以往那种以土地、廉价劳动力和税收优惠政策来吸引这类机构,否则会进一步削弱本土企业的自主研发能力,形成对本土创新主体的"市场"和"技术"的双重挤压。

上述模型还可以向不同方向进行扩展。比如,第一,如果跨国公司培训的人员离开跨国公司的分支机构,或自己创办公司,或为其竞争性企业服务等,又会产生怎样的结果呢？第二,随着跨国公司分支机构人员培训外溢效应的积累,东道国将会有更多的本土企业进入该行业与跨国公司竞争,其结果又将如何？虽然结论可能十分复杂,但多期动态决策模型求解的结果显示,从短期和表面看,东道国参与代工的企业享受了跨国公司研发外包的益处,但从长期和动态看,真正享受好处的是跨国公司本身。限于篇幅,本章不再深入,这是下一步要研究的方向。

参考文献

[1] 安同良,周绍东,皮建才. R&D补贴对中国企业自主创新的激励效应[J]. 经济研究,2009(10):87-120.

[2] 杜群阳. 跨国公司在华R&D机构的问卷调研:动机、职能与技术外溢渠[J]. 中国工业经济,2007(5):121-128.

[3] 胡水晶. 承接研发离岸外包提升技术创新能力的途径研究[J]. 科技管理研究,2010(16):5-7.

[4] 刘志彪,吴福象. 贸易一体化与生产非一体化:基于经济全球化两个重要命题假说的实证研究[J]. 中国社会科学,2006(2):80-92.

[5] 薛澜,沈群红,王书贵. 全球化战略下跨国公司在华研发投资布局:基于跨国公司在华

独立研发机构行业分布差异的实证分析[J].管理世界,2002(2):33-42.

[6] Andrew E. B., and Ted To. Can Reduced Entry Barriers Worsen Market Performance: A Model of Employee Entry[J]. International Journal of Industrial Organization, 2001 (19): 695-704.

[7] Baumol P. J., and R. Willing. Contestable Markets and the Theory of Market Structure[M]. New York: Harcourt, Brace & Jovanovic, 1982.

[8] Bowley. The Mathematical Groundwork of Economics[M], Oxford: Oxford University Press, 1924.

[9] Carl Chiarella, Murray C. Kemp and Ngo van Long. Innovation and the Transfer of Technology: A Leader-follower Model[J]. Economic Modeling, 1989, 6(4): 452-456.

[10] Christoph Grimpe and Ulrich Kaiser. Balancing Internal and External Knowledge Acquisition: The Gains and Pains from R&D Outsourcing[J]. Journal of Management Studies, 2010(12): 1483-1509.

[11] Edwin L.-C. Lai, Raymond Riezman and Ping Wang. Outsourcing of Innovation[J]. Economic Theory, 2009, 38(3): 485-515.

[12] Feenstra, Robert C. Integration of Trade and Disintegration of Production in the Global Economy[J]. Journal of Economic Perspectives, 1998(12): 31-50.

[13] Gal-Or Esther. Flexible Manufacturing Systems and the Internal Structure of the Firm [J]. International Journal of Industrial Organization, 2000(20): 1061-1096.

[14] Henryk Kierzkowski. Outsourcing and Fragmentation: Blessing or Threat [J]. International Review of Economics & Finance, 2005, 14(3): 233-235.

[15] Nina Rilla and Mariagrazia Squicciarini. R&D (Re) location and Offshore: A Management Perspective[J]. International Journal of Management Reviews, 2011 (13): 393-413.

[16] Ngo Van Long. Outsourcing and Technology Spillovers[J]. International Review of Economics and Finance, 2005a, 14: 297-304.

[17] Ngo Van Long. Raymond Riezman and Antoine Soubeyran. Fragmentation and Services[J], the North American Journal of Economics and Finance, 2005b, 16(1):

137 - 152.

[18] Pack Howard, and Saggi K. Vertical Technology Transfer via International Outsourcing[J]. Journal of Development Economics, 2001,65: 389 - 415.

[19] Pari Patel and Keith Pavitt. National Systems of Innovation under Strain: The International of Corporate R&D[M]. SPRU, Electronic Working Papers Series, Paper No. 22, May, 1998.

[20] Ronald W. Jones and Henryk Kierzkowski. International Fragmentation and the New Economic Geography[J]. the North American Journal of Economics and Finance, 2005a, 16(1): 1 - 10.

[21] Ronald Jones, Henryk Kierzkowski and Chen Lurong. What does Evidence Tell us about Fragmentation and Outsourcing[J]. International Review of Economics & Finance, 2005b, 14(3): 305 - 316.

[22] Subroto Roy and K. Sivakumar. Managing Intellectual Property in Global Outsourcing for Innovation Generation[J]. Journal of Product Innovation Management, 2011, 28 (1): 48 - 62.

[23] Subroto Roy and K. Sivakumar. Global Outsourcing Relationships and Innovation: A Conceptual Framework and Research Propositions[J]. Journal of Product Innovation Management, 2012, 29(4): 513 - 530.

第三章 集群竞争范式下全球价值链的双重嵌入[①]

一、引 言

改革开放以来,中国凭借生产要素成本的竞争优势,以加工贸易方式嵌入了全球价值链(Global Value Chains, GVCs),成就了中国制造大国的地位。但伴随着国内外经济形势的变化,中国不仅出现了产能的结构性过剩,而且人口红利也在逐步耗尽。当前中国制造业正面临着发达国家"高端回流"和发展中国家"中低端分流"的双重压力,产业的生存和发展空间也遭遇了多重挤压。为了摆脱过去单一的东向开放战略中出现被 GVCs 治理者低端锁定,以及区域经济发展不平衡等困境,中国相继推出了如"一带一路"倡议、国际产能合作等一系列重大举措。

其中,"一带一路"倡议顺应了经济全球化的区域主义浪潮,突出地强调了内与外、东与西、沿海与内地、工业与农业的多重互动,从多时空、多维度、多领域实现区域战略合作。通过构建以中国为核心的全球经济治理平台,并基于对外投资与引进外资并重的战略思想,将中国区域经济的重大转型放到重塑世界经济地理格局以及全球治理模式变迁这一全新的国际关系当中。通过重构对外经济开放新格局,依托地区要素禀赋,优化资源配置,实现区域规模经济效应,从而重塑向西南方向开放的 GVCs 和国内价值链(National Value Chains, NVCs),同时实现 GVCs 和 NVCs 的全方位衔接和互动。

GVCs 和 NVCs 的衔接和互动,必然要以经济合作交流为核心,统筹协调国际和

① 本章原文载于《中国社会科学》,2008 年第 8 期。

国内两个市场、两种资源，构筑陆海统筹、东西互济、面向全球的对外开放新格局。“一带一路”倡议体现了以开放促改革、以改革促发展、以发展促转型的顶层设计的中国智慧，彰显了中国作为发展中大国应对新时代逆全球化潮流的复杂局面、创新全球治理和发展理念的决心和措施。这对于开启我国新一轮的全球化战略具有决定性的意义，有助于中国在新时代扩大内需、调整结构，重塑制造业的国际竞争优势。很显然，GVCs 和 NVCs 的衔接和互动，要依托于现有的产业集群和东向开放中所嵌入的 GVCs 来进行。党的十九大报告也明确提出，要促进我国产业迈向 GVCs 中高端，培育若干世界级先进制造业集群。

“一带一路”倡议的空间范围，虽然以亚欧大陆为核心，但可以延伸到非洲、拉美、大洋洲。建设“一带一路”开放、包容的区域体系，我们要坚持共商、共建、共享、共赢思想，秉承合作理念、合作空间、合作领域、合作方式开放和包容的宗旨，寻求政策沟通、设施联通、货物畅通、资金融通、民心相通，推进构建人类命运共同体。这些理念从经济学角度看，其实本质就是要沿带与路构建中国主导的 GVCs。在“一带一路”上，如果没有 GVCs 这种有效的机制链接，那我们的企业走出去干什么？如果没有 GVCs，中国与“带路”沿线国家的城市与城市之间，就没有了贸易和投资活动，即使有，也不会形成足够的维系相互关系的经济利益纽带。近年来沿着“一带一路”，中国企业首先走出去的地方都是处于 GVCs 的中低端。未来我国很多的制造加工生产能力，也都要通过 GVCs 的有效链接，逐步转移。这就要求参与 GVCs 各环节的经济主体，必须结合自身的要素禀赋，提高技能水平与产业技术复杂度的耦合水平。本章正是在这个意义上，集中围绕 GVCs 的嵌入模式、路径和机制，对“一带一路”倡议下 GVCs 的上游度、中间品贸易和附加值贸易等进行理论诠释和实证分析，提出了这样一种战略构想：在“一带一路”倡议中，我们一方面要在原来所嵌入的 GVCs 基础上不断进行产业升级，想方设法地融入由发达国家所主导的全球创新链（Global Innovation Chains，GICs）；另一方面，我们要在“一带一路”沿线重构以我为主的 GVCs。

本章结构安排如下：第二部分概述中国企业的“双重嵌入模式”，即中国企业在全球化战略背景下，既加入产业集群又嵌入全球价值链的“双重嵌入”“抱团嵌入”模式的事实、演变逻辑及嵌入路径;第三部分构造异质性禀赋下的匹配模型,并借鉴生物学种群竞争的建模思想,对"一带一路"倡议下全球价值链的嵌入机制进行理论分析;第四部分对"一带一路"下的中间品贸易和附加值贸易的核算机理进行解析;最后是研究结论与政策建议。

二、全球价值链嵌入模式与路径

(一)价值链嵌入模式早期研究及演变

改革开放以来,中国外向型经济发展的一个重要特征就是引进外资进行加工贸易,即通过加入发达国家主导的全球商品链(Global Commodity Chains, GCCs),接受发达国家企业的外包订单,或为发达国家企业进行国际代工。

在早期国际代工模式下,外资企业主导着产品内分工当中价值增值率较高的生产环节,我国本土企业依附于跨国公司或海外进出口商进行国际代工,以低端要素从事加工、制造、装配等低附加值的生产活动。这种注重初级要素专业化的产业发展战略,在发展中可能出现在自身成本不断提高或新竞争者不断进入的情境下,引发严重的产业衰退的问题。同时,以这种方式加入 GCCs 和 GVCs,极易被锁定在产品内分工中的低附加价值的环节,导致贫困式增长和出现依附性经济。摆脱依附性经济发展的关键,在于增加对产业部门的高级生产要素的投入,即在制造业领域,增加知识资本、人力资本、技术资本密集的高级生产者服务的投入,将价值链转化为具有促进产业升级功能的学习链和创新链。

2000 年前后,学术界就开始探索如何超越国际代工者角色、实现向产业链高端攀升的问题。这一研究主要沿着以价值链为核心的比较优势理论,以及以组织学习为核心的产业动态演化理论的思路进行。研究结论或者认为企业可以通过组织学习,改变学习曲线的形状,提升其在国际分工中的地位;或者认为在 GVCs 中的升级,既要区分价值链的形态,也要使升级模式与治理模式相匹配,如在被俘获新的治理结构中,比较容易实现工艺升级和产品升级,但却难以实现功能升级和链条升级,因此实现功能升级要建设与之匹配的治理结构，等等。

GVCs 分析框架主要在产品内分工结构中研究发达国家企业(发包者或链主)与欠发达国家企业(供应商或接包者)的关系。早期的研究大多关注的是单体企业独立嵌入 GVCs，而对现实中企业加入产业集群、产业集群又抱团嵌入 GVCs 的现象研究关注不够。当然，这些研究也难以真正揭示改革开放以来中国企业嵌入 GVCs 的特征性事实、原因和效应。事实上，目前中国企业嵌入 GVCs 的模式主要有两种：其一是在跨国公司主导的国际生产体系中进行，即通过争取跨国公司大买家发包订单的方式直接嵌入 GVCs；其二是企业首先加入地方制造业集群，然后制造业集群抱团整体嵌入 GVCs。在改革开放的早期阶段，中国企业嵌入 GVCs 的形式大多属于第一种，即以单体形式独立嵌入外资主导的 GVCs。第二种嵌入形式的流行，一般认为是在 2001 年中国加入 WTO 之后。

在“一带一路”倡议下，企业嵌入 GVCs 的方式发生了许多新的变化。最突出的表现就是，伴随着各个地方所规划的高新区和产业园的日渐成熟，企业首先在园区内扎堆，形成各具特色的地方性产业集群，然后产业集群再以集合形式抱团嵌入 GVCs。本章提出的“双重嵌入”中的“一重嵌入”，是指集群内的企业既嵌入本地化的产业集群，又直接嵌入 GVCs；“二重嵌入”是指集群既要在嵌入西方跨国公司主导的 GVCs 中向 GICs 升级，以寻求更有利的分工地位，又要依托“一带一路”塑造以我为主的包容性 GVCs。在“一带一路”建设中，伴随着各类飞地园区的合作共建，第二种模式将是未来中国企业嵌入 GVCs 的主要路径。

与集群内的企业抱团嵌入 GVCs 形态相对应，“一带一路”GVCs 竞争形态，也由早期的单体企业之间的单一的链式竞争(公司总部与制造业工厂的竞争)，逐渐演变为复杂的竞争形态，即出现了集群内部企业与企业之间的原子式竞争、集群与集群平台之间的竞争、集群与非集群之间的混合竞争，以及本国产业集群与国外产业集群之间高低生态位的竞争，等等。产业集群各种形态竞争的结果，使得价值链获取业务的空间越来越大，层次越来越复杂，竞争程度越来越激烈和充分，竞争效率越来越高。改革开放以来，中国商品之所以可以在全球竞争中攻城略地、所向披靡，形成所谓“中国价格”的旋风，与这种产业集群的竞争形态和竞争方式有着直接密切的关系。

中国对外开放的历程，早期主要是向东开放，内外联动机制表现为企业主动嵌入由发达国家跨国公司主导的 GVCs。我们将这种原材料和市场两头在外的全球化模式称之为嵌入 GVCs 的出口导向发展模式。在早期这种单一的东向开放的 GVCs 嵌入模式中，真正处在“链主”地位的是发达国家的跨国公司。本土一些纺织服装、皮革、玩具、五金、小家电、汽配产品、塑料制品、化学原料等中低端产业集群，一直处于 GVCs 的被动和从属地位，越来越暴露出被市场、技术俘获和低端锁定的风险。为满足国外消费者偏好和政府管制的标准，必须动态引进国外先进技术装备，当初所设计的引进、消化、吸收国外先进技术的出口导向战略的直接经济后果，是高端装备的不断重复引进和产能过剩。

2013 年中国在提出“一带一路”倡议后，又提出《中国制造 2025》产业发展战略规划，希望在制造业十大重点领域，着力聚焦制造业创新中心(工业技术研究基地)建设工程、智能制造工程、工业强基工程、绿色制造工程、高端装备创新工程等五大工程建设。其目的就是要利用当年西方发达国家构建 GVCs 的思路和方法，将中国当初单一的东向开放战略，逐渐延伸拓展到双向开放和全方位开放，塑造中国在“一带一路”倡议中的 GVCs 链主地位。与改革开放初期单一的“出口导向发展模式”相对比，本章将“一带一路”倡议下旨在塑造以我为主的 GVCs 链主的模式，称之为“平台技术集成模式”。从价值链形态的对比来看，前者主要是生产者驱动，抑或消费者拉动的 U 型单一模式，后者则主要是侧重以平台技术、集成技术为主的价值链的 W 型复合模式。

在塑造以 W 型价值链为基点的“一带一路”倡议和制造业五大建设工程中，以新一代信息技术为主线的智能制造工程是制造强国战略的突破口和关键点。最重要的形式和手段，是以核心基础零部件(元器件)、先进基础工艺、关键基础材料和产业技术基础的“四基”工程建设为抓手，打造各类技术平台和先进制造业集群。在各类制造业集群当中，由于有各类主体的广泛参与，包括无数中小企业加入，形成产业集群的生态化、国际化、智能化和品牌化的系统，形成包容性全球价值链(Inclusive Global Value Chains)。这种模式有助于中国企业以集群方式抱团嵌入 GVCs，主动参与新的国际分工和产业重构，培育新的比较优势，重塑产业发展新动能，实现两个方面的战略转换：一是依托传统制造业的转型升级和高技术产业的发展，推进以现代服务业开放化发展为核心的第二波全球化；二是在 GVCs 基础上，通过扩大内需战略，逐步嵌入由发达国家主导的 GICs，实现由要素驱动和投资驱动，全面转向创新驱动的发展轨道。

在"一带一路"倡议中，制造业集群成员抱团嵌入 GVCs，不仅体现了产业演化中技术生命周期演进的轨迹，也是集群内各主体协同创新的反映。在集群形成的初期，技术相对落后，市场化程度较低，伴随着各类产业园区的规划和建设，集群内部企业之间的聚合度不断增强。随着本土研发、设计、营销等各种专业机构的陆续进驻，集群的规模经济效应逐渐显现。而伴随着海外先进企业和专业机构的相继入驻，知识溢出效应和技术扩散效应开始增强，集群的创新能力和竞争能力提高，集群包容性嵌入 GVCs 的深度也不断加强，在 GVCs 中的 W 型价值链的地位日益牢固，进而带动集群技术的整体升级。

（二）嵌入路径：单体企业的双重嵌入

在"一带一路"建设中，企业以单体企业形式嵌入 GVCs 的路径有多种。一是进入资源品初级加工和深加工行业，并基于东道国收入较低、内需较小的市场，直接将支撑东道国经济增长和发展的拉动力，重点转向依靠西方发达国家的国际市场。如一些中资企业进入中亚和非洲的资源品市场，先从事简单的资源品开采和加工，再将加工产品销往发达国家。二是进入纺织和服装等劳动密集型行业，利用当地具有比较优势的生产要素，尤其是物美价廉的劳动要素，结合自己所掌握的代工技术，进行产品加工和贴牌生产。如一些中资企业为了应对国内日益上涨的原材料和要素成本的压力，将一些代工厂转移到越南、埃塞俄比亚、波兰等国家从事贴牌生产和转口贸易。三是参与当地的基础设施建设，即沿着"一带一路"走出去的一些中资企业，利用东道国引资的环境，营造优惠政策的"洼地"效应，形成局部优化的投资环境，通过与当地政府共建各类经济开发区和工业园区，直接参与当地政府招商和加工贸易活动。

目前，虽然国际生产体系依然由跨国公司主导，但中国企业通过参与"一带一路"建设嵌入 GVCs，能够为各方带来广泛的贸易和投资红利。一是为参与 GVCs 的企业自身发展提供利基丰厚的外需市场,为当地大量的过剩劳动力提供比较利益显著的就业岗位。二是有助于国内市场的出清,化解国内丰富的、具有强大竞争力的富余产能。三是中国企业在单一东向的国际代工中,虽然长期处于 GVCs 中的“被俘获”地位,但通过融入“一带一路”重塑以我为主的 GVCs,有助于实现产品升级、工艺(流程)升级,甚至一定程度的功能升级。四是中资企业通过嵌入“一带一路”GVCs,通过走出去的路径间接嵌入发达国家主导的 GICs。

正如 2013 年《世界投资报告》所指出的,当今 GVCs 已成为全球经济的一大典型特征。其中,中间品贸易和服务贸易已表现为高度片段化和国际化的分散化趋势。需要强调的是,目前 GVCs 仍然主要由跨国公司主导,所输入和输出的跨境贸易主要发生在与子公司的网络、合同伙伴,以及与地理位置相接近的供应商之间,其中跨国公司主导的 GVCs 就占到了全球贸易的 80%。不过,伴随着“一带一路”参与主体的持续跟进,中国企业嵌入 GVCs 的步伐未来将会不断的加快。比如《2017 年全球价值链发展报告》就指出,在元器件贸易方面,目前中国已经与美国、德国共同成为全球三大生产中心。

此外,在“一带一路”GVCs 中,中国制造面临的宏观经济环境、发展机制和基本路径,与以往的国际代工也有着本质的不同。其一,当前的主要任务是解决人民日益增长的生活需要和不平衡不充分的发展之间的矛盾。短缺经济时代主要是提高生产能力,现在是过剩经济时代,在提升居民收入水平、消费水平和福利水平的同时,实现消费的基本现代化是用内需支持现代经济增长的最坚实的基础和条件。其二,在依托不断壮大的、巨大的内需市场的基础上,大力推进资本市场的兼并收购和资产重组活动,以此组建中国的巨型跨国企业,成为以我为主的 GVCs 中的“链主”。一些具有国际市场知识以及资金优势的企业,还可以通过到国际资本市场去并购外国企业,将收购后的企业的人力和技术转向为国内市场开拓和竞争服务,主动融入 GICs。其三,以“一带一路”建设为依托,通过对“一带一路”沿线的国内一些重要的节点性城市的建设,先建立总部生产基地,再占据 GVCs 的“链主”地位。同时,通过对在“一带一路”沿线的国外主要节点城市的规划和建设,包容性地输出中国具有竞争力的富余产能和特色产能,把一些发展中国家纳入以我为主导的价值链体系;其四,除了发展消费者驱动的 GVCs 之外，通过加入全球创新链体系，依托全球创新网络，发展生产者驱动的 GICs。

在"一带一路"建设中，企业依托其在价值链上的位置，不断融入全球化生产网络，竞争形态也由单体企业或工厂之间的单一的链式竞争，逐渐演变为企业在全球化生产网络之间的平台竞争。企业迫于内外竞争压力，在实现技术升级的同时，网络联系被动加强。与单体企业直接嵌入 GVCs 时主要依附于大买家的治理机制不同，企业在"一带一路"上嵌入 GVCs 时，首先要加入产业集群，然后集群以平台方式整体嵌入 GVCs，能同时发挥外部经济优势和网络治理优势。企业借助集群的技术经济联系和社会文化联系，通过各种社会关系资本，将本地和外部网络在不同空间尺度上进行垂直整合。集群的高度嵌入性，不仅能发挥历史和文化根植性的地方化优势，而且强大的外部化优势有利于在全球范围内实现资源重组。通过技术溢出效应，实现本土创新性企业、科研机构与跨国公司及全球采购商的战略互动，放大区域价值链的互动效应。同时，集群内通过柔性制造系统，实现小批量、个性化定制，与集团或集群的标准化、大批量生产动态组合。

（三）嵌入路径：产业集群的抱团嵌入

在"一带一路"GVCs 嵌入模式中，依照不同的类型标准，集群内的企业抱团嵌入 GVCs 的路径和机理各不相同。比如依照创新性标准划分，有创新性嵌入和生存性嵌入；依照自主性标准划分，有主动型嵌入和被俘型嵌入；依照企业来源标准划分，有内生性嵌入和移植性嵌入；依照形成的缘由划分，有自发性嵌入和规划性嵌入；依照联系的方式划分，有要素型嵌入和技术型嵌入，等等。

集群成员抱团嵌入 GVCs 比单体企业孤立嵌入 GVCs 具有很多优势。一是集群内大量中小企业的参与，有助于形成发达的生产和技术网络，形成分工精细的供应链体系和生产性服务系统。二是产业集群抱团嵌入 GVCs，有根植性的地方创新系统和地方生产系统提供保障。地方创新系统借助产学研网络通过学科交叉、产业融合和知识溢出，提高创新效率，营造创新环境。地方生产系统借助产供销网络通过地方化经济和城市化经济等外部效应，降低生产成本，塑造营商环境。三是产业集群通过抱团式开放、抱团式嵌入GVCs,依托公共机构提供的各种生产性服务和集体行动,能够深化单体企业的产品升级和工艺升级,克服单体企业功能升级面临的种种困难。四是与早期中国企业参与跨国公司主导的国际代工时嵌入的是被俘获型的GVCs相比,产业集群抱团嵌入GVCs一方面能继续为西方国家代工,有助于深化GVCs的国际合作,另一方面将总部放在国内,工厂集中地放在当地工业园区,有助于对抗各种不确定性风险,还可以主动融入发达国家主导的GICs体系,实现GVCs、NVCs和GICs多链之间的战略互动。

目前,“一带一路”GVCs整体上尚处在跨国公司主导的国际生产体系之中,大多数专业化领域仍然是发达国家跨国重组的产物,依然要受到高度专业化的制造过程的技术和平台的限制。虽然可能是同类产业集群,但由于构筑跨境产业集群的区域发展的产业契约基础不同,因而GVCs的层次也迥然不同。为了避免陷入新的低端锁定或落入集群的“专业化陷阱”,中国沿海一些发达省份陆续开始凭借其优势产业的技术基础,将一些制造业专业化园区沿着“一带一路”提前布局和集聚。一方面可以利用当地廉价的劳动力资源,包容性输出富余产能,另一方面通过抱团式开放,可以用更强大的风险抵御能力面向世界市场。同时,在面临本地供应商研发投入和核心能力培育不足时,可以依托外部市场最大限度地避免生产的碎片化,避免劳动的技能水平与产业的技术复杂度的不匹配,从而避免再一次被锁定在GVCs的低附加值环节,避免被其他低成本供应商所取代。

如果说过去那种基于出口导向战略嵌入GVCs,是中国参与全球分工的第一轮经济全球化的一次成功实践的话,那么本次以“一带一路”为战略支点,重构以我为主的GVCs的第二轮经济全球化,就是要以“一带一路”建设为契机和基点,成功实现GVCs和GICs两个链条的“双重嵌入”。一方面,要在“一带一路”沿线成功地构筑起以我为主的包容性GVCs和相应的治理体系;另一方面,要在“一带一路”之外深度融入发达国家主导的GICs体系。通过“双重嵌入”和“抱团嵌入”,促进全球经济的结构性调整和均衡,促进中国经济与世界的再平衡,带动中国经济转型升级和内生化发展,培育制造业的动态竞争优势。

在依托“一带一路”GVCs的集群嵌入模式中,中国制造业走出去,需要一个良好的经济全球化的治理环境。这不仅要从贸易方面发力，更要从生产和贸易一体化的角度考虑环境和机制的优化。过去在 GVCs 底部进行国际代工，成就了我们的全球制造大国地位，现在的任务就是要寻求建设制造强国的环境和机制，需要在全球制造业发展的治理上主动作为。当务之急，是依托“一带一路”的互融共建，塑造以我为主的 GVCs 和融入发达国家的 GICs 双管齐下。

在此语境下，“一带一路”倡议下 GVCs 的双重嵌入，不仅是建设更高水平的开放型经济体系中的一种全新的空间开放观，更是一种开放格局的提升，而不是一个所谓的地理规划。与抱团式嵌入有机配合的，是要有意识地去实现 GVCs 和 GICs 的动态链接，在不同国家之间、城市与城市之间形成贸易和投资互动。这不仅是全面呼应“一带一路”倡议的微观经济基础，也是国家之间形成各种有机经济技术联系的纽带，更是维系 GVCs 和 NVCs 互联互通的产业基础。

与以往单一的东向开放战略空间指向不同，本次西向、南向开放的“一带一路”的使命，一方面要构建以我为主的、包容互惠的 GVCs，另一方面要构建为我所用、互惠共赢的 GICs。其一，通过 GVCs 和 GICs 互动，鼓励中国企业从事技术研发、产品设计、市场营销、网络品牌、物流金融等高端服务业，加快技术向微笑曲线两端攀升。其二，通过对“链主”地位的掌控，强化 GVCs 的微观治理机制，既要引进世界的能源和资源，又要向世界输出中国丰富的、具有竞争力的资本和产能，实现 GVCs 和 NVCs 的战略互动。其三，依托巨大的内需市场，利用中国经济规模不断扩张的优势，形成制度化的“虹吸”效应，同时依托 GICs 打造全球高级、先进的生产要素的平台，为产业迈向中高端服务。一方面，让走出去的企业收购兼并优质资源和技术，为国内市场竞争服务；另一方面，通过建设世界级城市群，形成强大的虹吸功能，并从发达国家引进本国急需的知识资本、技术资本和人力资本。其四，利用逆向发包原理和机制，在向各相关方发包业务的过程中，把一些国际先进的知识、技术和人才有目的地为我所用，并使这些先进的生产要素跨越地理障碍，优先进入中国经济运行的技术轨道，为中国发展创新驱动型经济服务。其五，让中国企业在内需引导下，依托比较优势，逐步将“汗水经济”转化为“智慧经济”，形成新的全球产业分工格局，使中国从 GVCs 低端的成员，升级成为 GICs 中的重要成员。

可以预见，依托中国强大的禀赋要素，“一带一路”这条崭新的“以我为主”的GVCs和GICs的双链互动模式，必将成为中国高水平全方位开放的新空间、新纽带、新载体和新起点，是中国经济增长实现中高速、产业发展迈上中高端的基础和保证。沿着“一带一路”倡议形成的NVCs、GVCs、GICs的功能互补，势必会极大地影响中国制造业的振兴和发展进程，助推中国经济加速进入创新驱动发展的新阶段，为中国制造安上“聪明的脑袋”和“起飞的翅膀”。

三、全球价值链双重嵌入的机制

在由发达国家跨国公司主导的国际生产体系中，对于嵌入“一带一路”GVCs的各类主体，依照其要素禀赋和技能水平的差异，大致可分为两种类型：一类是“一带一路”沿线的欠发达国家，另一类是“一带一路”沿线之外的发达国家。

（一）异质性禀赋匹配基准模型

在既定的资源和禀赋约束下，假设经济体的社会生产函数为：

$$Y = \sum Y(i) = \sum V_i Q_i \tag{1}$$

(1)式中，Q_i 为第 i 类产品的产出，V_i 为质量效用即技术复杂度。借鉴Costinot & Vogel的建模思想，设经济系统中存在一定数量的劳动力与产业，劳动力的技能分布是连续的，分布密度为 $V(s)$，分布区间为 $s \in [\underline{s}, \bar{s}]$。不失一般性，假设经济系统中只生产一种最终消费品，劳动收入用于最终消费，生产最终产品需要中间品。设厂商的生产函数为经典的D-S函数：

$$Y = \left\{ \int_{i \in I} B(i) [Y(i)]^{(\sigma-1)/\sigma} \mathrm{d}i \right\}^{\sigma/(\sigma-1)} \tag{2}$$

(2)式中，$Y(i) > 0$ 为第 i 种中间品投入，$i \in [\underline{i}, \bar{i}]$ 为技术复杂度，σ 为中间品的替代弹性且满足 $\sigma > 1$。$B(i) \geqslant 0$ 为外生技术参数，$B'(i) \geqslant 0$ 表示技术复杂度越高的产业，增加单位投入越能生产出更多的最终产品。在本质量效用方程中，i 也是描述产业等级的指标，i 越大，对应的产业越“高端”。

进一步地，假设中间品的生产函数为：

$$Y(i)=\int_{\underline{s}}^{\bar{s}} A(s,i)L(s,i)\mathrm{d}i \tag{3}$$

(3)式中，$L(s,i)\geqslant 0$ 代表生产第 i 等级产品时需要投入技能水平为 s 的劳动力的数量，$A(s,i)$代表劳动力与产业的匹配程度。假设(3)式中的 $A(s,i)$具有对数超模性质，对于任意 $i'>i,s'>s$，均有不等式：

$$A(i',s')\cdot A(i,s)>A(i',s)\cdot A(i,s') \tag{4}$$

(4)式表明，越是等级高的产业，由于劳动技能的差异所带来的生产效率的差异越大。假定劳动力通过对外经济联系可以在部门之间自由流动，使得劳动力的工资水平能够保持与技能水平正相关。

在消费者(劳动力)最大化自身效用、企业最大化自身利润、企业自由进入和退出、利润为零的竞争性均衡中，Costinot & Vogel 的模型业已证明，劳动力与产业存在对应的匹配关系 $i=M(s)$，并且对应的边界条件为：

$$\underline{i}=M(\underline{s}),\bar{i}=M(\bar{s}) \tag{5}$$

(5)式中，函数 $M(\cdot)$为劳动力与产业间的严格递增的匹配函数。在“一带一路”沿线，假设参与主体可以分为两种类型(国家 1 和国家 2)。两类国家初始的禀赋条件不同，国家 1 比国家 2 拥有更高的技术复杂度和产业基础，即$\bar{i}_1>\bar{i}_2$。两国产业结构存在差异，技能水平在结构上也存在差异，即$\bar{s}_1>\bar{s}_2,\underline{s}_1=\underline{s}_2$。

当两国开展贸易时，最终产品可以跨国自由流动。从长期来看，当产品自由流动且无贸易成本时，两国的中间品的实际价格趋于收敛。为此，存在一个临界值 s^*，使得当 $s\in[\underline{s}_2,s^*]$时 $M_1(s)=M_2(s)$，当 $s\in(s^*,\bar{s}_1]$时 $M_1(s)>M_2(s)$。因此当产品自由贸易时，两国低等级产业的产出效率会趋同，但国家 1 拥有较高技能水平的劳动力，生产能力也更强，可以匹配更高等级的产业。

假设中间品生产工序在空间上可以分离，两国依照劳动技能的禀赋差异实行专业化分工，国家 1 保留技术复杂度较高的产业，将技术复杂度较低的产业或生产环节转移给国家 2，使得国家 2 的产业上界变为$\bar{i}_2$，且$\bar{i}_2^S>\bar{i}_2$。生产率趋同的产业，最终范围会扩大，即 $s^{**}>s^{*}$，使得当 $s\in[\underline{s}_2,s^{**}]$时，有 $M_1^S(s)=M_2^S(s)$。伴随着分工的进一步细化，对于任意 $s\in[\underline{s}_2,\bar{s}_2]$来说，均有 $M_2^S(s)\geqslant M_2(s)$，通过贸易和技术引进、消化和吸收，国家 2 劳动力整体的技能水平上升，进而匹配更高等级的产业，实现“一带一路”沿线制造业技术的整体提升。

模型中，中国更像是 GVCs 的国家 1，由于外包了$[\underline{i}_2,\bar{i}_2^S]$中的部分环节，使得$[\bar{i}_2^S,\bar{i}_1]$的产业密度提高。为了进一步优化劳动技能和技术岗位的匹配度，国家 1 会进一步强化技能偏向型技术进步(Skill-Biased Technological Progress)的产业。综合(2)式和(4)式可知，对应的技术结构条件 $B_1^S(\cdot)$满足：

$$B_1^S(i')B_1(i)\geqslant B_1^S(i)B_1(i'),\ \forall i'\geqslant i \tag{6}$$

在(6)式中，对于任意 $s\in[\underline{s}_1,\bar{s}_1]$，均有 $M_1^S(s)\geqslant M_1(s)$，表明“一带一路”参与国的分工能使 GVCs 各参与主体的技能水平和技术复杂度得以提升。可见，“一带一路”参与国的产业分工与合作，在一定条件下能提升合作双方的技能水平和产业结构，前提是合作双方的技能水平与技术复杂度之间必须具备一定的耦合性和互补性。一方面，条件$\bar{i}_2^S>\bar{i}_2$ 要求 GVCs 上各参与主体之间的技能水平必须具备一定的互补性；另一方面，国别分工合作的效率由 $M_1^{-1}(\bar{i}_2^S)-\bar{s}_2$ 决定，即 GVCs 上的各参与方的劳动力技能落差又不能太大。由此可得：

命题 1：在“一带一路”建设中，嵌入全球价值链的各个主体的技能水平与其产业的技术复杂度必须具有一定的耦合度和互补性。当各主体的技能水平落差过大时，“一带一路”各国的产业协调度会因技能水平和技术复杂度的不匹配而下降，导致资源配置的效率被动下降，合作双方技能水平的提升效应也会下降。

（二）全球价值链与中间品细分

上述异质性禀赋匹配模型揭示，在“一带一路”GVCs 上，各参与主体的技能水平应当与其所从事行业的技术结构相匹配。针对(1)式中的产出 Q_i，可构造不变替代弹性需求方程：

$$Q_i=AP_i^{-1/(1-\rho)} \tag{7}$$

(7)式中,$A>0$ 衡量产品的质量差异,$\rho\in(0,1)$为投入的中间品相对于最终产品的差异化程度。(2)式和(7)式中,σ 为替代弹性因子,且 $\sigma=1/(1-\rho)$。生产最终产品 Q_i,需要经过不同的中间工序。借鉴 Antràs & Davin 的建模方法,本章设定中间贸易品的产出函数为:

$$Q(m)=\theta\left[\int_0^m \psi(i)x(i)^\alpha I(i)\mathrm{d}i\right]^{1/\alpha} \tag{8}$$

(8)式中,$i\in[0,m]$代表整个 GVCs 上的生产工序数。不失一般性,可令 m 上限为 1,即 $i\in[0,1]$,并且 i 越大,越接近下游(Downstream),即最终产品。$x(i)$为上游(Upstream)对下游的投入,θ 为生产率参数,$\alpha\in(0,1)$为工序间的对称性替代参数,$\psi(i)\in(0,1)$为上游投入要素对下游工序的边际产出。

假定"一带一路"GVCs 上的生产工序在空间上是可以分离的,根据莱布尼茨微分法则(Leibniz's rule),(8)式中间品的边际产出为:

$$Q'(m)=\frac{1}{\alpha}\theta^\alpha\psi(m)Q(m)^{1-\alpha}I(m) \tag{9}$$

综合(7)式~(9)式,可得工序在 m 片段上的中间品的收益为:

$$R(m)=A^{1-\rho}\theta^\rho\left[\int_0^m \psi(i)x(i)^\alpha\mathrm{d}i\right]^{\rho/\alpha} \tag{10}$$

同理,根据莱布尼茨微分法则,(10)式的边际收益可记为:

$$R'(m)=\frac{\rho}{\alpha}(A^{1-\rho}\theta^\rho)^{\frac{\alpha}{\rho}}R(m)^{\frac{\rho-\alpha}{\rho}}\psi(m)^\alpha x(m)^\alpha \tag{11}$$

(11)式表明,GVCs 各主体在不同工序片段上获得的中间品边际收益,不仅与其所处的上下游片段有关,而且与其所处的上游度(Upstream-ness)的位置密切相关。同时(11)式要求 $\rho>\alpha$,即中间品相对于最终产品的差异要比中间品工序间的对称性替代程度要大。

根据国际分工和贸易理论,GVCs 上的中间品的上游度位置越高,累积增值效应越明显,并优先扩张到符合自身要素禀赋的贸易部门,因而产出品的边际收益也越高。因此,在"一带一路"下的 GVCs 中,企业的分工和贸易收益与其所处的上游度的位置有关,越是靠近上游的产业影响力系数越大。参照 Antràs et. al.[①]的 GVCs 建模方法,可以进一步深化企业所处上游度的理论模型。

考虑到生产工序在空间上是可以分离的,因而(1)～(3)式中的总产出价值 Y_i 可以分解为最终产品 F_i 和中间投入 M_i 两个部分。这里,上下游工序间的联系类似于 I-O 理论中的直接消耗系数指标 a_{ij},表示每生产一单位 i 产业的产品,需消耗 j 产业产品的价值 d_{ij}。这样,(3)式可以进一步表示为:

$$Y_i = F_i + Z_i = F_i + \sum_{j=1}^{N} d_{ij} Y_j \tag{12}$$

当工序可进一步细分时,(12)式可进一步细化为:

$$Y_i = F_i + \sum_{j=1}^{N} d_{ij} F_j + \sum_{j=1}^{N} \sum_{k=1}^{N} d_{ik} d_{kj} F_j + \sum_{j=1}^{N} \sum_{k=1}^{N} \sum_{l=1}^{N} d_{il} d_{lk} d_{kj} F_j + \cdots \tag{13}$$

(11)～(13)式都表明,GVCs 上的中间品生产工序越是细分,对应的累积效应就越明显。由此可得:

命题 2:在"一带一路"倡议的 GVCs 中,当产品工序在空间上可垂直分离时,中间品相对于最终产品的差异要比中间品工序间的对称性替代程度要大($\rho > \alpha$),并且价值链上的分工越是精细,边际收益越高。也就是说,工序间的对称性替代程度越高(α 越大)时,GVCs 上的分工越是精细,产出品的质量就会越高。

(三) 全球价值链上的链式竞争

命题(2)表明在"一带一路"GVCs 中,企业越是靠近上游工序,价值增值和技术控制能力越强。企业无论以单体形式独立嵌入,还是以集群形式抱团嵌入,都需要参与 GVCs 和 NVCs 两个经济循环,竞争形态与种群竞争非常相似。借鉴生物学中的种群竞争 Lotka-Volterra 经典模型,构造 GVCs 上的中间品生产环节竞争的非线性微分方程组:

$$\begin{cases} \mathrm{d}N_1(t)/\mathrm{d}t = N_1(t)[\varepsilon_1 + \gamma_1 N_2(t)] \\ \mathrm{d}N_2(t)/\mathrm{d}t = N_2(t)[\varepsilon_2 + \gamma_2 N_1(t)] \end{cases} \tag{14}$$

①

(14)式中，N_i 代表第 i 类价值链(或工序)的数量，ε_i 为出生率或死亡率，γ_i 代表价值链的相互作用。根据 ε_i 和 γ_i 符号的不同，本章将“一带一路”建设中GVCs的竞争形态划分为以下五种类型(参见表3-1)。

表3-1 价值链竞争的类型划分、参数条件及相互关系

链条类型	参数条件	关系及表征
竞争型	$\varepsilon_1>0,\varepsilon_2>0;\gamma_1<0,\gamma_2<0$	链条间交互作用且相互替代，争夺相同的资源
捕获型	$\varepsilon_1>0,\varepsilon_2<0;\gamma_1<0,\gamma_2>0$	捕食与猎物(predator-prey)，或寄生与宿主关系
共生型	$\varepsilon_1>0,\varepsilon_2>0;\gamma_1>0,\gamma_2>0$	链条间交互作用且互惠互利，共生共荣的关系
偏害型	$\varepsilon_1>0,\varepsilon_2>0;\gamma_1<0,\gamma_2=0$	链条间交互作用属偏害共栖，资源争夺性不强
共栖型	$\varepsilon_1>0,\varepsilon_2>0;\gamma_1>0,\gamma_2=0$	链条间交互作用属共栖关系，资源争夺性不强

注：根据著名的Lotka-Volterra生物模型进行整理和改造。

表3-1中的每一种情形都可以依照初始条件和时间的动态变化进一步细分，并利用相位图来进行模拟。比如在出生率或死亡率 ε_i 和价值链相互作用 γ_i 空间，可以基于捕获型相平面，将价值链的链式竞争依照稳态结构、阈值范围、收敛路径等维度进行动态刻画。

根据Volterra的种群竞争思想，(14)式方程体系还可以揭示GVCs上的链式竞争，以及GVCs和GICs的集群竞争关系。(9)式中的产品形态 $Q(m)$，可以是生产资料，也可以是消费资料，工序阶段 m 是一个动态配置过程。根据(9)～(11)式，GVCs工序 m 阶段的厂商对一体化或外包 $\beta(m)\in\{\beta_V,\beta_O\}$ 的战略选择，不仅要在边际收益 $R'(m)$ 和供应商的剩余收益 $[1-\beta(m)]$ 之间权衡，还要在工序或价值链的链条之间权衡，以及生产资料与消费资料的替代性或互补性之间权衡。为此，(11)式的中间品 $x(m)$ 投入的规划方程可以改写为：

$$x^*(m)=\arg\max_{x(m)}\left\{[1-\beta(m)]\frac{\rho}{\alpha}(A^{1-\rho}\theta^{\rho})^{\frac{\alpha}{\rho}}R(m)^{\frac{\rho-\alpha}{\rho}}\psi(m)^{\alpha}x(m)^{\alpha}-c(m)x(m)\right\} \tag{15}$$

对(15)式求解一阶条件，并联立(11)式，可得：

$$x^*(m)=A\theta^{\frac{\rho}{1-\rho}}\left(\frac{1-\rho}{1-\alpha}\right)^{\frac{\rho-\alpha}{\alpha(1-\rho)}}\rho^{\frac{1}{1-\rho}}\left[\frac{1-\beta(m)}{c(m)}\right]^{\frac{1}{1-\alpha}}\psi(m)^{\frac{\alpha}{1-\alpha}}\left[\int_0^m\left(\frac{(1-\beta(i))\psi(i)}{c(i)}\right)^{\frac{\alpha}{1-\alpha}}\mathrm{d}i\right]^{\frac{\rho-\alpha}{\alpha(1-\rho)}} \tag{16}$$

综合(14)式物种模型和(15)(16)式工序可分离的均衡解,可得:

命题 3:在"一带一路"倡议中,当产品工序在空间上可垂直分离时,GVCs 的链式竞争的均衡解是不确定的。当上下游工序为替代($\rho>\alpha$)关系时,上游工序很少会选择外包,而下游工序则大多选择一体化;相反,当上下游工序为互补($\rho<\alpha$)关系时,较多的上游工序会选择一体化,较少的下游工序会选择外包。

四、全球价值链嵌入的贸易核算

自 2013 年中国率先提出"一带一路"倡议至今虽然只有几年时间,但其对全球经济的积极影响却是深远的。当前中美贸易战不断升级,凸显了沿"一带一路"建设全球价值链、进行国际产能合作的紧迫性。近年来围绕 GVCs 的定量研究,主要集中在上游度核算、中间品贸易和附加值贸易等方面。

(一)全球价值链与上游度核算

在"一带一路"建设和资源的战略配置上,GVCs 依照工序可以分割为创新、研发、设计、关键零部件、制造、装配、物流、营销及品牌运营等环节,每个环节都在全球范围内配置资源,形成全球性生产网络。

从行业角度讲,GVCs 的上游度是与其定位相一致的。全球价值链定位(GVCs Position)指标衡量一个国家或地区在 GVCs 中的分工地位。比如 Antràs 等利用投入产出表构造原理,并利用生产链条中离完工产品的平均距离来衡量。

比较(12)式和(13)式,并将(13)式两边同时除以产出 Y_i,整理可得:

$$U_{1i}=1\cdot\frac{F_i}{Y_i}+2\cdot\frac{\sum_{j=1}^N d_{ij}F_j}{Y_i}+3\cdot\frac{\sum_{j=1}^N\sum_{k=1}^N d_{ik}d_{kj}F_j}{Y_i}+4\cdot\frac{\sum_{j=1}^N\sum_{k=1}^N\sum_{l=1}^N d_{il}d_{lk}d_{kj}F_j}{Y_i}+\cdots \tag{17}$$

(17)式中 d_{ij} 为 GVCs 各道工序到最终产品平均距离的权重因子，$U_{1i} \geqslant 1$ 且 U_{1i} 值越大上游度越高。借鉴 Fally 构造上游度的测度方法，(17)式可简化为：

$$U_{2i} = 1 + \sum_{j=1}^{N} \frac{d_{ij} Y_j}{Y_i} U_{2j} \tag{18}$$

(18)式中 $U_{2i} \geqslant 1$，$d_{ij} Y_j / Y_i$ 为 i 部门产出被 j 部门购买的比例，$U_{1i} = U_{2i} = U_i$，代表上游度 U_i 与 i 部门总产出 Y_i、上游度平均距离 d_{ij} 以及附加值 V_{ij} 等变量之间的关系式，即 $U_i = \frac{1}{Y_i} \sum_{j=1}^{N} \frac{\partial Y_i}{\partial d_{ij}}$，$U_i = \sum_{j=1}^{N} \frac{\partial Y_i}{\partial V_i}$。

在 GVCs 贸易核算中，还应包括进出口项，故(12)式可改写为：

$$Y_i = F_i + \sum_{j=1}^{N} d_{ij} Y_j + X_i - M_i \tag{19}$$

该比例可记为 $\delta_{ij} = \frac{d_{ij} Y_j + X_{ij} - M_{ij}}{Y_i}$，$\delta_{ij} = \frac{X_{ij}}{X_i} = \frac{M_{ij}}{M_i}$。综合(17)～(19)式得：

$$\hat{d}_{ij} = d_{ij} \frac{Y_i}{Y_i - X_i + M_i} \tag{20}$$

一国的出口产品总量，可以分解为国内生产的附加值和包含在出口商品与服务中的进口品的附加值，出口产品可以进入国外市场用以最终消费，也可作为中间品再次出口到第三国，甚至销回原地。因此，GVCs 的附加值核算，既要考虑价值链上游，即出口产品的国外附加值，又要考虑价值链下游，即包含在第三国出口产业中的附加值。(20)式对应的是 GVCs 中的国内附加值比例。与影响力系数的核算原理相似，越是靠近产业链的源头和上游，影响力系数越大，本国贸易附加值比例越高。不过，在贸易数据核算中，可能会出现重复计算情况，随着大多数国家越来越多地参与 GVCs，这一数值会被意外放大。

（二）全球价值链与中间品贸易

在"一带一路"GVCs 上，中间品作为生产要素的重要组成部分，其贸易类型的多样性，不仅为主体优化生产决策，而且为管理者实施宏观发展战略提供了可供选择的方案。由于中间品进口贸易要受到中间品属性制约，因此细分中间品进口贸易类型，有助于揭示中间品贸易的微观机制。对中间品贸易的核算与上游度贸易、附加值贸易等基本相似,主要是基于多国投入—产出表,集中针对直接消耗系数、间接消耗系数、完全消耗系数以及列昂惕夫逆矩阵等进行运算。

虽然测量中间品贸易是GVCs量化的一种早期方法,但利用贸易数据对中间品贸易规模的测度,能够衡量一国参与"一带一路"建设的整体情况。概括来讲,对"一带一路"GVCs的核算方法主要有三种。第一种核算方法是利用海关的加工贸易数据,可作为中间品的狭义测度⑫。第二种核算方法是通过核算零部件贸易在贸易中的份额,并将其作为中间品贸易的重要衡量指标。由于数据的易得性和国家间的可比性,该方法可作为核算中间品贸易指标的最常用方法。第三种核算方法是基于联合国的《广义经济类别分类》(Broad Economic Categories, BEC)基础分类,将进口品区分为初级产品、半成品、零部件和资本品四类,进而将贸易数据与国民经济核算体系联系起来(参见表3-2)。

表3-2　联合国BEC对中间品的分类

分类依据	基本类型		
贸易品	中间品	资本品	消费品
中间品进出口	工业型中间品 Ⅰ(21,22)	资源型中间品 Ⅱ(31,32)	精细型中间品 Ⅲ(42,53)
进口	半成品和资本品零部件	资本品零部件	半成品、燃料和润滑剂初级品

注:根据UNCOMTRADE数据库整理,https://comtrade.un.org/db/default.aspx.

中国与"一带一路"沿线国家区域跨度较大,并且资源禀赋差异显著。为清晰展示中国与"一带一路"沿线国家中间品贸易的区域差异和结构性特征,本章先将"一带一路"沿线65个国家和地区按照地理分布差异,划分为北亚、东南亚、南亚、西亚、独联体、东欧和中欧七个大的区域。

首先,照联合国BEC分类法,将国际贸易商品分为中间产品、资本品和消费品三类。其中,111和121为工业用食品及饮料初级品和半成品,21和22为工业用初级品和加工品,31和32为燃料与润滑剂初级品和半成品,42和53为非运输设备和运输设备的资本品零部件。

其次，基于 UNCOMTRADE 数据库的 BEC 分类代码，再结合进口主要构成将“一带一路”沿线国家的中间品进出口类型分为三类：第Ⅰ类是以代码 21 和 22 为主的工业型中间品；第Ⅱ类是以代码 31 和 32 为主的资源型中间品；第Ⅲ类是以代码 42 和 53 为主的精细型中间品。通过类型细分，不仅有助于辨识“一带一路”参与国的中间品进口贸易的属性，还可以刻画“一带一路”沿线各国中间品进口贸易的变化趋势，揭示中间品进口贸易在“一带一路”GVCs 中的作用机制。

在“一带一路”倡议下 GVCs 三种类型的中间品贸易中，资源型中间品具有战略性、稀缺性、短期替代弹性低、受政府严格管制等特点。基于命题 1 所揭示的嵌入 GVCs 的各个主体的技能水平与其产业的技术复杂度必须具有一定的耦合度和互补性的要求，中国与“一带一路”沿线贸易伙伴之间的资源型中间品必须具有持续稳定的经贸关系，这是地区产业平稳发展的重要保障。资源型中间品的贸易伙伴包括越南、阿联酋、埃及、沙特、阿曼、科威特、伊拉克、伊朗、卡塔尔、俄罗斯、阿塞拜疆等。

工业型中间品的技术水平相似，但具有非同质性和不完全替代性，这些中间品所选择的多样性，不仅促进了产业内贸易，通过横向扩张生产和消费市场，能够增进全社会的福利。工业型中间品的贸易伙伴包括蒙古、印度尼西亚、印度、巴基斯坦、孟加拉国、希腊、土耳其、约旦、波兰、罗马尼亚、保加利亚、阿尔巴尼亚、乌克兰、亚美尼亚、白俄罗斯、哈萨克斯坦等。

精细型中间品由于具备适度技术势能，对“一带一路”沿线国家产业链的下游会产生前向技术溢出效应，有利于发挥中间品进口的引致出口质量效应、价值增值效应和产业升级功能。精细型中间品的贸易伙伴主要包括新加坡、泰国、马来西亚、菲律宾、以色列、捷克、斯洛伐克、匈牙利、爱沙尼亚、斯洛文尼亚等。

以上分类表明，从整体上讲，在“一带一路”的 GVCs 中，中国与西亚多数国家和俄罗斯等来源地中间品贸易，大多属于资源型；与南亚、西亚少数国家、东欧主要国家和独联体其他地区的中间品贸易，大多属于工业型；而与东南亚、中欧大部和东欧少数地区的，则大多属于精细型。上述分类，佐证了命题 1 的结论，即嵌入“一带一路”GVCs 的各个主体的技能水平与其产业的技术复杂度，不仅具有一定的耦合度和互补性，而且强化了“一带一路”各国在参与 GVCs 过程中，产业协调度对技能水平和技术复杂度的匹配度必须达到最低的门槛要求。

基于嵌入"一带一路"GVCs的各个主体的技能水平与其产业技术复杂度的耦合性和互补性要求，本章对中国与"一带一路"沿线的东南亚国家的中间品贸易类型进行进一步细分，代表性的有三种类型：第一类是以新加坡和泰国为代表的工业半成品和资本品零部件贸易；第二类是以马来西亚和菲律宾为代表的资本品零部件贸易为主；第三类是以印度尼西亚为代表的工业半成品、燃料和润滑剂初级品等共同构成的混合型。

类似地，中国与南亚地区中间品贸易类型比较一致，印度、巴基斯坦和孟加拉国均以工业半成品为主。中国与西亚地区受资源禀赋和工业化进程影响，中间品进口类型大致分为三类：第一类是以希腊、土耳其、约旦等为代表的工业初级品和半成品进口型；第二类是以阿曼、科威特、伊拉克和卡塔尔为代表的燃料和润滑剂初级品的单一进口型；第三类是以阿联酋、埃及、沙特阿拉伯和伊朗为代表的工业品、燃料和润滑剂的混合进口型。

在独联体区域中，中国与乌克兰、亚美尼亚、白俄罗斯和哈萨克斯坦的工业初级品和半成品贸易的份额较高，与俄罗斯和阿塞拜疆主要在燃料和润滑剂初级品贸易方面具有市场优势。中国与东欧地区的阿尔巴尼亚、保加利亚和罗马尼亚中间品贸易中，进口中间品主要集中为工业初级品和半成品，而爱沙尼亚和斯洛文尼亚在工业品和资本品零部件贸易种类方面均有涉及。最后，中国与中欧地区的捷克、斯洛伐克和匈牙利，不仅在工业半成品和资本品零部件贸易方面具有市场优势，而且与中国的运输设备零部件出口同样有着较好的匹配关系。

中国与七大区域的中间品贸易，支持了本章命题2和命题3的基本判断。也就是说，在"一带一路"建设中，围绕GVCs的工序不仅在空间上可垂直分离，而且中间品贸易和竞争领域正在不断细分，中间品相对于最终产品的差异要比中间品工序间的对称性替代性更灵活。价值链上的工序越是细分，不仅边际收益和产出品的质量会越高，而且GVCs上的链式竞争存在多重动态匹配关系。

（三）全球价值链与附加值贸易

“一带一路”下 GVCs 的双重嵌入，除了与沿线国家经贸联系外，还与之外的发达国家相关。根据 2013 年联合国贸易和发展组织统计，全球贸易总量中超过 80%通过跨国公司实现，并通过与跨国企业内部、NEM(Non-Equity Modes)和公平交易等形式，形成各种附加值贸易模式，大大降低了以实体经济为依托的常规贸易中附加值的比例。比如 2013 年中国商务部、海关总署、国家统计局、国家外汇管理局联合主持的《全球价值链与中国贸易增加值核算研究报告》就表明，目前中国每单位产品出口仅带来大约 60%的贸易附加值。其中，加工贸易出口对附加值的拉动作用更弱，不到一般贸易出口的一半。

从理论上讲，在 GVCs 主导下的贸易体系中，影响国内出口附加值的因素主要有经济规模、出口组成和在 GVCs 中的地位，以及经济结构和出口模式。最近几年来，中国 GVCs 对外贸易的单位出口价值所带来的附加值上升非常缓慢，甚至在很多年份还有所下降。三次产业结构方面，农产品单位出口的国内附加值含量最高，其次是服务业，制造业产品出口的国内附加值含量最低。究其原因，一方面是因为农业和服务业本身的中间消耗就少，具有较高的出口附加值率，另一方面则可能与农业和服务业出口产品中很少有加工贸易出口有关。面对美国贸易保护主义，未来中国出口产品的贸易附加值将会更低。

在工业行业内部，传统的劳动力密集型和资源密集型产业单位出口具有相对较高的国内附加值，而技术密集型产业单位出口的国内附加值含量较低。采矿业出口的国内附加值含量大多高于 80%，纺织业、纺织服装鞋帽皮革羽绒及其制造业、木材加工及家具制造业等传统劳动力密集型产业，以及非金属矿物制品业的出口国内附加值率大多在 70%～80%，而作为高科技产业代表的交通运输设备制造业、电气机械及器材制造业、通信设备、计算机及其他电子设备制造业、仪器仪表及文化办公用机械制造业的附加值含量较低，大多在 40～60%。这些高科技产品出口在总货物出口中的比重接近 40%，因而对中国产品总出口的附加值含量影响较大（参见表 3－3）。

表 3-3　中国对主要贸易对象国货物出口的国内附加值

	出口附加值总量(亿美元)				每 1 000 美元货物出口的国内附加值							
	出口总值		出口附加值		总出口		加工出口		非加工出口		加工出口比重	
	基期	均值	基期	均值	基期	均值	基期	均值	基期	均值	基期	均值
美国	2 833	3 039	1 595	1 729	563	569	398	397	785	784	57.4	55.8
欧盟	3 112	3 336	2 026	2 181	651	654	392	391	774	774	32.2	31.3
东盟	1 381	1 540	840	952	608	617	351	353	756	755	36.7	34.5
日本	1 210	1 347	684	768	565	570	378	377	786	783	54.1	52.5
韩国	688	759	384	425	558	560	394	391	728	724	50.7	49.2
印度	409	457	267	300	652	655	371	371	725	726	20.4	19.9

注:根据商务部、海关总署、国家统计局、国家外汇管理局联合主持的《全球价值链与中国贸易增加值核算研究报告》的整理和计算,基准年份是 2010 年。

在 GVCs 的架构中,美国、欧盟、东盟、日本、韩国和印度是中国的主要贸易伙伴,中国对这些地区的货物的进出口贸易约占中国每年货物进出口贸易的 60%。不过,由于中国对各主要贸易伙伴的出口结构各异,因而对国内附加值的影响也各不相同。其中,中国对印度的单位货物出口带来的附加值最高,其次是欧盟、东盟、日本和美国,对韩国单位货物出口所带来的国内附加值最低。

不过,在双边贸易中,单位加工贸易出口所带来的国内附加值仍然比一般贸易出口要低,并且无论是在出口总值还是在出口附加值核算中,中国对六大贸易伙伴所占的位次均没有发生变化,唯一改变的是所占的比重的变化。

从细分行业来看,中国对各贸易伙伴单位的出口中,纺织服装、家具制造等传统工业和农业类产品的单位出口附加值含量较高,而化工产品、机械制造类产品和单位出口附加值含量较低。

从中国进口给主要贸易对象国带来的附加值来看,美国最高,欧盟、日本和印度次之,东盟和韩国较低(参见表 3-4)。结构方面,中国从日本和欧盟进口的产品中,有 60%以上都是机电产品,包括计算机及其他电子、电气机械、交通运输设备、通用专用机械等。中国虽然从美国进口的机电产品只占 40%,但给美国机电产品带来的附加值率(40%)却远高于日本(33%)和欧盟(27%)。其中,计算机及其他电子产品给美国带来的附加值率接近70%,欧盟约为30%。

表3-4 中国从主要贸易对象国货物进口的国外附加值 (单位:亿美元)

	进口总值		进口附加值		总值差额		附加值差额		差额变动率		附加值比例	
	基期	均值	基期	均值	基期	均值	基期	均值	基期	均值	基期	均值
美国	1 021	1 121	801	868	1 812	1 918	794	861	−56%	−55%	86.0%	85.0%
欧盟	1 684	1 898	1 220	1 376	1 428	1 438	806	805	−44%	−45%	80.7%	80.8%
东盟	1 547	1 739	820	941	−166	−199	20	11	−112%	−107%	54.9%	55.9%
日本	1 767	1 857	1 372	1 441	−557	−510	−688	−673	24%	33%	80.5%	80.5%
韩国	1 383	1 505	679	779	−696	−747	−295	−355	−58%	−53%	49.1%	51.6%
印度	208	221	163	171	201	236	104	129	−48%	−46%	80.7%	80.0%

注:资料来源同表3-3。

中国从印度进口的大多为资源类产品,因而附加值率较高,从韩国进口的主要集中在机电产品和化工类产品,不仅比例在逐年下降,且附加值率较低。随着"一带一路"建设的整体推进,未来中国对外投资和贸易的战略重点会逐渐过渡到能源品和资源品,因而中国与印度在GVCs中的战略合作愈加重要。

五、结论与政策建议

本章基于历史和逻辑二维视角,对"一带一路"下GVCs嵌入的模式、路径与机制进行了理论分析。本章分析认为,在改革开放初期,中国主要是单体企业形式双重嵌入GVCs,近期更多的则是企业首先加入产业集群,然后产业集群成员抱团嵌入GVCs。通过引入异质性禀赋技能水平和产业技术复杂度的匹配模型,对单体企业和产业集群嵌入GVCs的模式和路径进行了理论演绎,并通过构建质量效用方程,借鉴生物学的物种竞争的建模思想,对中国企业嵌入GVCs的中间品贸易、上游度核算、附加值核算等进行了理论分析。

本章所研究的"一带一路"背景下GVCs的双重嵌入问题,表现在两个层面:一是企业既嵌入本地化的产业集群,又同时嵌入GVCs;二是集群既要在嵌入西方跨国公司主导的GVCs时向GICs升级，又要依托“一带一路”塑造以我为主的包容性GVCs。本章研究的创新意义在于，不仅注意到了当前的竞争形态从单个企业间竞争向产业集群竞争的现实状况，同时依托于中国参与全球价值链分工的现实背景，在对嵌入全球价值链的运行机制进行分析的基础上，提出了“一带一路”背景下的多链互动的发展战略。

本章的主要结论有以下几点。第一，在“一带一路”倡议中，当GVCs上各参与主体的技能水平落差过大时，各参与方的产业分工协作会因技能水平和技术复杂度的匹配度的下降而下降，将导致全球资源错配现象，进而会引起生产效率大幅下降，双方技能水平的提升效应也会降低。第二，在工序空间可垂直分离的GVCs中，当中间品相对于最终产品的差异比工序间的对称性替代程度更大时，价值链上的工序越是细分，其边际收益就会越高。同时，工序间的对称性替代程度越高，GVCs的分工越是精细，产出品的质量越高。第三，在工序空间可分离的GVCs链式竞争模型中，当工序为替代关系时，较少的上游工序会选择外包，较多的下游工序则会选择纵向一体化；相反，当工序为互补关系时，较多的上游工序会选择纵向一体化，较少的下游工序会选择外包。

本章研究的主要政策建议有以下几点。首先，在“一带一路”倡议下的GVCs中，大多数发展中国家对GVCs参与的热情日益增加，但大多数国家目前尚处在GVCs发展的初级阶段。中国可以利用自身制造业产能优势，细分北亚、东南亚、南亚、西亚、独联体、东欧和中欧等区域市场，依照联合国有关中间品、资本品和消费品的BEC分类法，分别从初级产品、半成品、零部件和资本品细分维度，制定差异化和有针对性的贸易和投资促进政策，帮助中资企业与“一带一路”沿线的合作对象国通过技术、资本、基金、项目、园区等形式灵活深度对接。

其次，中国在与主要贸易伙伴对象国，尤其是美国、欧盟、东盟、日本、韩国和印度等之间，在继续强化和拓展双边贸易投资领域的同时，还要结合各对象国在工业型中间品、资源型中间品、精细型中间品等方面的制造业技术优势，并结合各产业的技术生命周期的轨迹，分别从使命导向和扩散导向的战略高度，强化顶层设计，实现价值链、技术链、创新链、人才链、就业链等的共生共荣。要倡导思想市场的重要作用，做到技术深化和技术扩散并重，在关键性的制造技术领域需要有运用大科学应对大问题的大局思维，通过一揽子技术方案，以及整成技术和集成技术，打造各类创新平台，塑造 W 型价值链和创新链。

最后，应全面评估并权衡 GVCs 发展的政策框架，包括实现全球多边与发展战略一体化，构建国内生产能力和制造业技术人才体系，提供稳定的环境和社会治理框架，协同各类人才和创新体制机制。要大张旗鼓地表彰在中国制造业中为国争光的各类品牌企业、优秀企业家，要对在国际竞争中胜出的企业设立“中国工匠”的表彰制度，倡导学徒制度、产业标准化制度及创新网络体系。同时，要强化综合性职业教育、产品标准化和协同创新研究的体系塑造，提高人力资源和金融资本的流动性，大幅提高职业技术教育的社会地位和经济地位。

参考文献

[1] 吴福象，段巍. 国际产能合作与重塑中国经济地理[J]. 中国社会科学，2017(2).

[2] Amador J.，and Cabral S. Vertical specialization across the world：A relative measure [J]. The North American Journal of Economics and Finance，2009，20(3)，267－280.

[3] Amador J.，and Cabral S. Global Value Chains：Surveying Drivers，Measures and Impacts[J]. Working Papers，2014(1).

[4] Ana Paula Cusolito，Raed Safadi，and Daria Taglioni. Inclusive Global Value Chains，Policy Options for Small and Medium Enterprises and Low-Income Countries[R]. World Bank，WTO，OECD，2016，pp. 29－34.

[5] Antràs Pol.，Davin Chor. Organizing the Global Value Chain[J]. Econometrica，2013，81(6)：2127－2204.

[6] Antràs，P.，Chor D.，Fally T.，Hillberry R.. Measuring the Upstreamness of Production and Trade Flows[J]. American Economic Review：Papers & Proceedings，2012，102(3)：412－416.

[7] Antràs，P.，Davin Chor，Thibault Fally，Russell Hillberry. Measuring the Upstreamness of Production and Trade Flows[R]. NBER，2012(2).

[8] Costinot A, Vogel J. Matching and Inequality in the World Economy[J]. Journal of Political Economy, 2010, 118(4): 747 - 786.

[9] Deborah K. Elms and Patrick Low(Edited). Global value chains in a changing world [J]. World Trade Organization, 2013, pp. 171 - 183.

[10] Fally Thibault. On the Fragmentation of Production in the U. S. [R]. NBER, 2011.

[11] Fally Thibault, Hillberry Russell. A Coasian Model of International Production Chains [R]. NBER, 2015(9).

[12] Lotka A. J. Elements of Physical Biology". Williams and Wilkins, Baltimore, Maryland, USA. Reprinted in 1956 by Dover Publications, New York as Elements of Mathematical Biology.

[13] R. C. Johnson. Measuring Global Value Chains[R]. NBER, 2017(11).

[14] The World Bank, WTO, OECD, IDE JETRO, UIBE. Global Value Chain Development Report 2017: Measuring and Analyzing the Impact of GVCs on Economic Development[R]. 2017, pp. 7 - 11.

[15] Volterra V. Fluctuations in the abundance of a species considered mathematically[J]. Nature, 1926, 118: 558 - 560.

[16] World Investment Report. Global Value Chains: Investment and Trade for Development[R]. 2013, pp. 2 - 7.

第四章　基于全球价值链的中国制造与中国创造

一、引　言

随着中国经济步入新常态,供给侧结构性失衡成为经济发展的主要矛盾。本土优质品牌不足是供给侧结构性失衡的主要原因之一。一方面,我国制造业“大而不强”,大量生产能力沉淀在钢铁、能源等产能严重过剩行业,缺乏具有国际竞争力的品牌。在 Interbrand 发布的 2015 年“全球最具价值品牌 100 强排行榜”中,国内品牌仅有华为(88 位)和联想(100 位)上榜;2016 年《财富》杂志公布的世界 500 强名单中,中国有 110 家企业上榜,但世界品牌实验室编制的品牌 500 强排行榜中,中国仅 36 家企业上榜。另一方面,消费者日益注重品质化、个性化的消费,需求外溢现象愈发明显。比如《中国奢侈品报告》显示,2015 年中国消费者奢侈品消费达 1 168 亿美元,占全球奢侈品消费份额的 46%,但奢侈品品牌几乎被发达国家垄断;中国游客在国外抢购奶粉、马桶盖等基本生活用品的新闻亦屡见不鲜,引起了民众对“中国制造”的怀疑。由于品牌是消费者对产品质量和企业形象认知的信息集合,是消除企业与消费者之间信息不对称的有效渠道,品牌缺位可能会引发企业降低产品供给质量的逆向选择行为,从而导致供需的不匹配。如果不能建立具有国际竞争力的企业品牌,中国制造业将继续被锁定在全球价值链的低端环节,从而进一步激化低端过剩与高端短缺的供给侧结构性矛盾。

品牌化的关键在于,企业需要通过不断研发来提升产品供给质量,同时扭转消费者对产品质量较低的认知度。以往的研究大多从三个角度解释了中国企业品牌缺位的问题:第一,本土企业与国外企业技术落差大,“市场换技术”后反而被锁定在价值链低端,企业缺乏自主创新的内在动力,难以培育本土品牌;第二,原产地形象影响消费者对该产地产品的评价和购买行为;第三,产品质量信息不能在消费者中快速扩散,消费者与生产者之间信息不对称,影响品牌购买与决策。上述研究遵循产业经济学的研究范式,从市场结构的角度对品牌化问题进行分析。不过,在当前的分工体系下,研究尚有两点不足:一是将生产环节假设成简单的投入产出过程,二是没有区别上游要素企业与下游产品企业品牌化的不同影响。事实上,全球生产体系一直随着技术—经济范式的变革而变化,产品性能并非完全由下游厂商内生决定,而是部分由外生的要素企业决定的。并且,分工的深化改变了比较优势的内涵与价值链的结构。比如,高铁、智能手机等价值链结构复杂的行业,本土品牌迅速崛起;而在价值链结构简单的纺织服装行业,本土品牌依然难以与国际品牌抗衡。按照比较优势理论,国内品牌对发达国家成熟品牌的追赶理应率先在劳动密集型的传统制造业展开。那么,为什么功能越复杂、科技含量越高的产业反而越容易塑造新品牌?其背后的经济学逻辑是什么?本章旨在回答这些问题,以厘清"中国制造"品牌化的关键之所在。

与已有文献相比,本章的创新之处有以下几点。一是开创性地用 Lancaster 框架对全球价值链以及品牌问题进行再解读。遵循 Lancaster 的方法将产品解构为性能的组合,并沿着模块产品对生产过程依性能分解,由此构建了一个拓展的 Lancaster 框架,以此重构全球价值链的逻辑以及企业的产品供给策略。二是引入了基于产品信息的消费函数,并通过拓展产品性能空间的维度,分析了上游产品的品牌声誉与技术水平对下游企业的溢出效应。三是根据产品空间维度对价值链进行分类,从而揭示不同价值链结构下企业的动态供给决策与品牌化的路径。

本章余下部分结构安排如下:第二部分梳理了 W 型价值链的演化逻辑,分析了要素品牌化战略对产业链的影响,并提出了三个研究假设;第三部分构建了不完全信息下的企业动态供给模型,并分析了产品性能维度扩张和要素品牌化对下游企业供给决策的影响;第四部分基于智能手机和运动鞋业的案例对理论进行佐证;第五部分是结论与政策建议。

二、价值链结构演变与要素品牌化

（一）技术范式变迁下的价值链演化

在空间压缩技术与工艺流程技术的共同进步下，产品的生产工序在地理上逐渐分散，以产品内分工为核心的全球生产体系逐步形成。跨国公司通过构建全球采购网络和全球销售网络将标准化的制造工序外包，并继续保有核心技术环节，由此形成了由技术发源国跨国公司主导的全球价值链。由于核心技术环节具有较高的壁垒，且通常集中在技术发源国，而标准化的制造环节可替代性较高，且一般布局于工资较低的发展中国家和地区，因此跨国公司保留了产品生产中的大部分增加值，由此形成了 U 型的增加值分配结构。中国企业虽然积极融入全球价值链，但面临高投入、低收入的“丰收中贫困”。

不过，价值链的结构随时间一直在动态变化。一方面，这源于外包厂商的动态升级，符合产业生命周期的演化逻辑。另一方面，技术—经济范式变革深刻影响了空间生产关系，改变了价值链治理的模式。一个明显的变化是，随着产品复杂度不断提高以及产品内分工不断深化，价值链条开始不断“分裂”，形成“蛛网型”或者“蛇形”的分工结构。特别是在一些零部件繁多的高科技产业中，分工模式更接近于网状的价值树，使得全球价值链派生了许多子链。子价值链的最终要素产品通常被称为“模块”，各模块最后在母价值链中再集成。进一步地，原本主导价值链母链的跨国公司，也有可能纵向收缩业务范围，使得自身退化为某一模块或要素的企业。比如，IBM 退出了垄断多年的终端电脑产品制造业务，自身退化为产业内的一个模块厂商。

模块化分工成为应对日益提高的产品复杂性的有效办法，被认为是组织复杂产品和过程的有效战略。由此，价值链治理演化为多个模块厂商和中下游厂商的共同治理。模块产品的特点是模块提供最终产品某项特定的功能，并且每一个模块的生产过程又形成了上游的一条子价值链。从某种程度上讲，模块化分工的实质是将产品依性能进行分工，最终产品即是性能的集合体。由此设定第一个假设：

假设1：模块化生产可以在一定程度上将最终产品成本函数依性能进行分解。

在信息化革命的驱动下，最终产品的制造并非仅仅是简单地将模块进行组装，还需要系统软件来使得各模块的功能协调应用。由于产品功能复杂性增加、模块数量增多，对中游企业的供应链整合能力、集成创新能力有了更高的要求，中下游的平台集成厂商可以通过模块性能算法优化、工业设计创新等方式塑造一定的行业壁垒，从而提高增加值获取能力。在这过程中，增加值逐渐向中游转移，形成了W形的增加值分配结构。

W形价值链源于模块化分工导致下游市场改变了结构。一方面，模块化使得企业纵向垄断的可能性降低，削弱了单体企业在价值链中影响力；另一方面，原本一体化的价值链片段被部分分割，同时这部分要素不再被下游买家所垄断，使得新兴企业绕开或打破了在位企业在关键技术上的垄断，极大地降低了行业进入壁垒。比如，Baldwin and Clark分析的计算机产业模块化的历程：在计算机行业刚兴起时，行业内集中度非常高，IBM在20世纪60年代末期总市场价值超过了1 500亿美元（按照1996年美元计算）；随着20世纪70年代计算机相关子产业的形成，PC时代的到来打破了大型计算机时代IBM对计算机产业全产业链"垂直一体化"的垄断，IBM市场价值急剧下降；到了20世纪90年代IBM逐渐失去了在计算机市场的控制能力。

同时，价值链结构演变也推动了创新模式的改变。在模块化程度和制造工业技术成熟度这两个维度下，将创新划分为四种模式。① 纯产品创新。产业内模块化程度高、工艺成熟，产品的生产过程地理分散化程度高，创新主要是对成熟模块的再整合形成新产品。例如台式计算机、原料药和半导体产业。② 纯工艺创新。模块化程度高、工艺技术快速发展，但与产品创新关联并不紧密，工艺研发环节和制造环节之间的地理邻近性具有溢出效应。例如先进半导体和高密度柔性电路产业。③ 工艺嵌入式创新。模块化程度较低，工艺技术决定了最终产品的性能特征。如工艺品、热处理金属加工、先进材料和专业化学药品。④ 工艺驱动式创新。模块化程度较低，产业内部的工艺处于快速发展过程中，需要以工艺流程的优化创新来降低总体生产成本。例如生物制药、纳米材料、超精密部件。可见，在高度模块化的产业内，模块化分工使得横向维度的产品创新更容易发生，即下游新产品更容易产生。因此，不论从

创新模式,还是从下游产品市场的技术壁垒来看,W 形价值链形成后新品牌更容易进入。由此提出本章研究的第二个假设:

假设 2:上游模块产品的出现降低了最终产品市场的进入壁垒。

(二)要素品牌化与产品信息扩散

企业供给产品时,产品的使用价值是由产品质量决定的,而消费者对品牌的认知度决定了产品的交换价值。品牌化的意义在于建立品牌声誉,使得企业产品的使用价值与交换价值相匹配,品牌缺位会导致产品的交换价值与使用价值发生偏移。当企业只注重供给产品质量的优化时,虽然提升了产品的使用价值,但若消费者不能获得产品的确切信息,交换价值就会与使用价值发生偏离;同理,当企业过度注重市场营销手段,而忽视了产品本身的质量提升时,经济商品会逐渐向物理商品回归。

消费者对产品信息获取往往具有时滞性,产品的交换价值在品牌塑造的过程中逐步向使用价值收敛。一方面,消费者个体对产品使用价值的感知具有时滞性,只有在长期消费经验的积累中,消费者才能逐渐了解产品的多方面性能;另一方面,产品信息在消费者群体中传播具有时滞性,因为消费者是异质性的,获得产品信息的时间会不同。所以,获取产品信息的渠道主要有两条:一是企业通过长期销售产品获得消费者的认同,累积品牌声誉,使得消费者对产品品牌认知度提高;二是通过其他方式加快消费者对品牌的认知度,如企业的信息性广告就是为了将产品的特征信息传递给消费者,消除消费者对于产品质量的不确定性,从而购买相应的产品。随着消费者对品牌的深入了解,产品销售会随之提高,反过来又会促进信息的传递,形成良性的循环。

由于 W 形价值链的形成,具有强大市场势力的模块厂商为了扩大自身在产业链中的话语权,实行了品牌化战略,直接将模块产品的性能信息传递给消费者。Kotler and Pfoertsch 将这种现象称为要素品牌化,沈于和王宇称其为中间产品品牌化。要素品牌化强化了模块企业在价值链上的影响力,比如电子计算机产业中的微软和英特尔,二者以要素生产者的身份驱动着电子计算机全球价值链,有研究者将这种现象称为温特尔主义(Wintelism)。具备条件进行品牌化的要素,通常具有几项特征:① 要素必须具有一定的横向差异性,且能为消费者创造可持续价值;② 要素对最终产品的性能起关键性作用;③ 要素品牌化能为下游企业带来更大的利润空间;④ 最终产品企业也追求自身品牌价值攀升,并能通过品牌化的要素实现最终产品差异化。

随着模块化分工以及模块要素的品牌战略的出现,产品的信息传递渠道发生了变化。因为模块是功能性集合体,承担着最终产品某一项特定的功能,当上游模块要素品牌化时,消费者对模块厂商品牌的认知,可以直接转换为对最终产品的某项性能的认知。所以,模块要素的品牌声誉随着价值链垂直溢出,加快了下游产品信息的扩散。比如消费者观察计算机运行速度,主要通过对中央处理器(CPU)型号的观察。如果计算机选用的是 CPU 模块厂商英特尔的最新处理器,那么消费者便能得知其运行速度这一特征。但是当产品功能比较单一时,通常产品难以被分割成若干模块进行生产,此时新兴品牌若想被消费者认知,只能依靠出售产品来提高认知度,需要较长时间的口碑积累才能塑造成功的品牌。并且,具有强大品牌的模块厂商,通常集成了多项技术专利。使用这些模块产品,还可以利于企业跨过专利的技术垄断。由此可得本章第三个假设:

假设 3:价值链上的要素品牌化,会加快消费者获得最终产品功能信息的速度。

假设 3 表明,价值链上的要素品牌化会加快消费者获得最终产品功能信息的速度。换言之,价值链上的品牌化具有外部性,而这一点是以往研究极少考虑的。要素品牌化对最终产品市场的一个主要冲击在于降低了进入的信息和技术壁垒,所以当考虑下游市场的企业供给决策时,价值链上的要素品牌化将是一个不能忽视的因素。

三、基于产品性能分解的企业动态供给

(一) 一个拓展的 Lancaster 分析框架

本章考虑价值链演化下的企业品牌化路径。基于此,本章借鉴 Lancaster 产品性能分解的差异化分析框架,融入企业生产环节对产品性能的投入—产出过程和不完全信息市场的现实基础对其进行拓展,用以分析企业的动态供给行为和品牌化路径。

在 Lancaster 框架中,将产品解构为性能的组合。产品本身并不能给予消费者效用,而是组成产品的各项特征性能进入了消费者的效用函数,即可构建一个由产品空间到特征性能空间的映射,将消费者的消费决策映射到特征性能空间中进行分析。假设总共有 m 种产品,包含了消费者需要的 n 种性能,即产品空间是 m 维的,特征性能空间是 n 维的。消费者消费的产品向量为:

$$x=(x_1,x_2,\cdots,x_m)^{\mathrm{T}}$$

第 i 种产品的性能向量为:

$$a_i=(a_{j1},a_{j2},\cdots,a_{jm})^{\mathrm{T}}$$

其中 a_{ji} 表示第 i 种产品中蕴含的性能 j 的数量。于是可以定义从产品空间到产品特征空间的连续映射:

$$q=Ax$$

其中 $A=(a_{ji})_{n\times m}$ 为转换矩阵。此时,消费者面临的消费选择问题变为最大化 $U(q)$,其中 $U(q)$ 为消费者效用函数。由于空间映射是连续的,因而消费者对性能的偏好与经典的需求理论中的对产品偏好性质相同,即偏好是理性,且满足合意性假设与凸性假设。

企业的目标在于调整产品在特征性能空间的位置,使产品特征向量达到最优的市场区域。不过,消费者效用函数是连续的,企业产品性能供给在一些维度上是离散的而非连续的。在 Lancaster 修正框架中引入了产品差别曲线,即一单位资源能生产的最大性能组合。市场均衡点未必是无差异曲线与产品差别曲线的切点，但可定义一个补偿函数，表示达到无差异曲线与产品差别曲线的切点的效用水平所需要的资源补偿数量，此时补偿函数可以定义空间中连续的需求函数。不过，虽然消费者效用的无差异曲线在产品特征空间中位置较为固定，但如果信息是不完全的，那么消费者不能获得产品性能向量，此时补偿函数将增大，需求函数将变小。

另外，企业需要加强研发力度，使得产品性能接近消费者最优的性能需求组合。在产品的特征空间中，需要对企业生产成本函数进行重构。由于产品的各项性能蕴含在特定的模块或者要素之中，某种程度上讲，模块化分工的实质是将产品依性能进行分工。所以，模块化分工使得部分生产过程同样可以从要素空间转换至特征空间中。此时，企业关于产品性能的选择过程变为半内生的，一方面，向品牌化的要素厂商购买各种“性能”，且性能水平属于外生给定的；另一方面，对于其他非品牌化的要素或模块，由最终产品厂商自行设计性能，并根据研发投入水平确定产品在这一性能维度上的大小。所以，最终产品的成本函数由三部分决定，一是产品产量，二是购买部分性能的成本，三是自主研发投入提升一些维度性能的成本。

综合假设 1、假设 2 与假设 3，可以构建包含生产者决策的拓展的 Lancaster 框架。本章将在下一部分基于三条假设拓展的 Lancaster 框架，构建企业的供给函数与消费者的消费选择函数，以此来分析企业的动态供给决策。

（二）信息扩散与企业供给基本模型

先考虑特征性能空间为一维时的基本模型。由于本章关注品牌化这一问题，因而假设产品间差异化程度较大，各企业具有一定的垄断势力。借鉴 Shapiro 关于企业品牌供给产品的决策模型，构建企业动态供给模型。但与 Shapiro 不同的是，本章考虑的是新晋品牌的供给决策，因而设定市场中外生存在一个产品供给质量为常数 $\bar{q}$ 的在位企业，在位企业具有一定的品牌与技术积累，新晋品牌供给产品的质量短期内无法超过在位企业，且消费者具有在位企业产品的完全信息。在位企业的设定，符合中国企业在品牌在进入市场时，与具有先发优势的发达国家企业存在技术落差这一现实情况。假设新进入企业选择在 t 时刻供给的产品数量 $x(t)$ 与产品质量 $q(t)$，但消费者对品牌的认知信息不完全，消费者对产品质量的先验质量为 $B(t)$，即为企业品牌的声誉。品牌化即为 $B(t)$ 不断增长的过程。产品的反需求函数 $p(x,B-\bar{q})$ 与产品的供给数量、品牌声誉的差距相关，与产品的质量无关。于是新进入企业的收益函数为 $R=xp(x,B-\bar{q})$。显然，收益函数满足条件 $\partial R/\partial B>0$，其含义是消费者偏好高质量的产品，当消费者认为企业提供产品的质量越高时，企业获得的销售收益将越大。亦有 $\partial R/\partial \bar{q}<0$，即新进入企业与在位企业的技术差距越大，所获取的收益也将越低。企业生产产品面临成本函数 $c(x,q)$，且成本函数满足 $\partial c/\partial x>0$，$\partial c/\partial q>0$，$\partial^2 c/\partial x\partial q>0$，即提供越高质量的产品，企业付出的研发费用、生产成本等越高。所以，企业的供给结构，即为产品产量和质量决定的供给组合。

新进入的企业最大化利润现值，面临动态供给问题：

$$\max_{x,q}\int_0^{\infty} \mathrm{e}^{-\rho t}\pi(x,B,q)\mathrm{d}t=\int_0^{\infty}\mathrm{e}^{-\rho t}[R(x,B-\bar{q})-c(x,q)]\mathrm{d}t \tag{1}$$

式中 ρ 为企业的主观贴现率。

首先考虑完全信息的情况，即 $B\equiv q$，消费者可以获得产品质量的完全信息。为保证企业决策存在且唯一，假设企业的利润函数 π 为二阶连续可微函数，且满足条件：$\dfrac{\partial^2\pi(x,q,q)}{\partial q^2}<0$，即利润函数为凹函数。此时存在 $q^*>0$，使得 $\left.\dfrac{\partial\pi(x,q,q)}{\partial Q}\right|_{q=q^*}=0$。企业最大化利润的决策为最大化每一期的利润，即(1)中目标函数对 x,q 求导，可得完全信息下利润最大化一阶条件：

$$R_x=(x^*,q^*-\bar{q})=c_x(x^*,q^*) \tag{2a}$$

$$\frac{R_B(x^*,q^*-\bar{q})}{c_q(x^*,q^*)}=1 \tag{2b}$$

其中，(x^*,q^*) 即为完全信息时企业最优的产品供给决策。

再考虑不完全信息时的情况。此时消费者对企业的品牌认知度是一个动态积累的过程，有品牌认知度累积的方程：

$$\dot{B}=sf(x,q-B) \tag{3}$$

其中，$s>0$ 为衡量品牌信息扩散速度的参数，$f(x,q-B)$ 为品牌信息扩散速度的基本函数，满足 $f_x>0$，$f_q>0$，表示当产品销量越大、产品质量越高时，消费者对品牌的认知度将更高。同时有 $f_{xq}>0$,其含义是产品质量越高时,销售单位产品带来的边际信息效应将更大。进一步,可设定品牌现值问题的汉密尔顿函数为:

$$H=R(x,B-\bar{q})-c(x,q)+\lambda sf(x,q-B) \tag{4}$$

于是可得最优控制条件为:

$$H_q=-c_q+\lambda sf_q=0 \tag{5a}$$

$$H_x=R_x-c_x+\lambda sf_x=0 \tag{5b}$$

$$H_B=R_B-\lambda sf_q=\rho\lambda-\dot{\lambda} \tag{5c}$$

$$H_\lambda=sf=\dot{B} \tag{5d}$$

稳态时,有$\dot{B}=0$,$\dot{\lambda}=0$,此时产品质量与品牌认知度相等,有 $q=B$。带入式(5a)～(5b),于是可得稳态时的产品供给决策条件:

$$R_x=c_x \tag{6a}$$

$$R_B=c_q(1+\rho/sf_q) \tag{6b}$$

(6a)式为产品最优供给数量的条件,(6b)式为产品最优供给质量的条件。可将(6b)条件改写成:

$$\frac{R_B(x,q-\bar{q})}{c_q(x,q)}=1+\frac{\rho}{sf_q(x,0)} \tag{7}$$

对比(2b)、(7)式可以发现,当 $s\to\infty$时,(7)式向(2b)式的形式收敛,即产品质量信息在消费者中扩散速度无穷大时,企业的供给决策与完全信息时相同。进一步可知,(7)式左边关于 q 单调递减,于是可知 $q<q^*$。同时,(7)式右边关于 ρ 单调递增,关于 s 单调递减。所以当(7)式右边变大时,对应的稳态的 q 值将减小。再从(7)式左边看,当$\bar{q}$增大时,边际收益将降低,右边维持不变,此时稳态的 q 将降低;当需求质量弹性变大时,$\partial R_B(x,B-\bar{q})/\partial B$ 将增大,稳态的 q 值将增大。因此可得如下命题:

命题 1:在一维性能的产品动态供给模型中,新进入企业产品的质量由多种因素决定。从供给侧看,当企业对现期收益越偏好、在位企业的产品质量越高,企业长期供给的产品质量将越低;从需求侧看,当信息扩散速度加快、需求质量弹性变大时,企

业提供的产品质量随之增大。

命题1揭示,当贴现率越小时,企业对未来收益的偏好将越大,企业品牌战略将更注重长期的发展,此时企业将提供高质量的产品,缩小与在位品牌的差距。需求侧的环境对企业品牌塑造也有重要的影响作用。随着当前消费者可支配收入增加,消费者对高质量产品将更为偏好,表现为产品的需求质量弹性增大,这会反过来迫使企业提供高质量的产品。另外,产品信息的扩散速度对品牌塑造也至关重要。当信息扩散很慢时,供给侧和需求侧会有严重的信息不对称,从而降低企业研发所获收益,弱化企业提升产品质量的动力。

值得注意的是,由于产品特征性能空间为一维的,该模型适宜解释功能单一的传统制造业为何难以塑造国产品牌。一方面,很长一段时期内,中国物质短缺情况较为严重,消费者对产品的需求质量弹性较小,且消费者获取信息的渠道不多,产品信息扩散速度较慢,因此企业研发生产高质量产品获得的收益较小;另一方面,由于国外品牌具有较高的质量水平,而传统制造业经营和管理方式缺乏长期战略规划,这也会导致国内企业难以在长期塑造品牌形象,仅以短期利润为目的进行生产。

(三)多维性能下的企业的供给结构

基于前文提出的三个假设,拓展 Lancaster 分析框架,将产品的质量维度从一维扩展至 n 维,考虑品牌声誉溢出对企业决策的影响。根据 Lancaster 框架,对产品按照性能维度进行分解。令 $q=(q_1,q_2,\cdots,q_n)$ 为 n 维向量,表示产品特征性能的 n 个维度。根据假设3,设总成本函数可以按照要素成本进行分解,使得每一个特征性能对应一个独立的成本函数 $c_i(x,q_i)$。c_i 关于 x 和 q_i 为连续可微函数,且满足 $\partial c_i/\partial x>0$,$\partial c_i/\partial q_i>0$。于是企业面临的最优化问题为:

$$\max_{x,q}\int_0^{\infty}\mathrm{e}^{-\rho t}\left[R(x,B_1-\bar{q}_1,B_2-\bar{q}_2,\cdots,B_n-\bar{q}_n)-\sum_{i=1}^{n}c_i(x,q)\right]\mathrm{d}t \tag{8}$$

$$\dot{B}_i=s_i f_i(x,q_i-B_i),i=1,2,\cdots,n \tag{9}$$

最优控制问题的解满足:

$$\frac{\partial R}{\partial x}=\sum_{i=1}^{n}\frac{\partial c_i}{\partial x} \tag{10a}$$

$$\frac{\partial R}{\partial B_i}=\frac{\partial c_i}{\partial q_i}\left(1+\frac{\rho}{s_i\partial f_i/\partial q_i}\right) \tag{10b}$$

据前文推演的假设 1 和假设 2,令部分模块要素厂商实现了品牌化,品牌化的要素产品性能与在位者相同,且消费者可以完全认知。不失一般性,令要素品牌化是按照下标顺序进行的,设有 m 项性能是由品牌化的模块厂商生产,$0\leqslant m\leqslant n$。则对任意 $i\leqslant m$,有 $B_i=\bar{q}_i$,$c_i(x,q_i)=w_ix$,其中 w_i 为模块厂商的定价。而对任意 $m<j\leqslant n$ 的模块,则由企业自主设计,其性能高低取决于企业对该模块的研发投入。代入(10a)、(10b)有:

$$\frac{\partial R}{\partial x}=\sum_{i=1}^{m}w_i+\sum_{i=m+1}^{n}\frac{\partial c_i}{\partial x} \tag{11a}$$

$$\frac{\partial R}{\partial B_j}=\frac{\partial c_j}{\partial q_j}\left[1+\frac{\rho}{s_j\partial f_j(x,0)/\partial q_j}\right],j=m+1,m+2,\cdots,n \tag{11b}$$

考虑要素品牌化深化的影响。当品牌化要素的比例由 m/n 变为 $(m+1)/n$ 时,有:

$$\frac{\partial R}{\partial x}=\sum_{i=1}^{m}w_i+w_{m+1}+\sum_{i=m+2}^{n}\frac{\partial c_i}{\partial x} \tag{12a}$$

$$\frac{\partial B}{\partial B_j}=\frac{\partial c_j}{\partial q_j}\left[1+\frac{\rho}{s_j\partial f_j(x,0)/\partial q_j}\right],j=m+2,m+3,\cdots,n \tag{12b}$$

根据假设 2,品牌化要素厂商提供的性能水平要优于自主研发,因此(12a)中等式左边的边际收益要高于(11a)中的边际收益。又因为模块化研发能分散风险,相较于自主研发更能节约成本,因此假设 $w_{m+1}\leqslant\partial c_{m+1}/\partial x$。再结合边际收益递减与边际成本递增的性质,可得 $x(m)<x(m+1)$,即要素品牌化意味着下游市场规模将会扩张。

不过,对下游新企业而言,要素品牌化是否能促进下游企业自主研发投入水平?考虑企业自主研发模块的质量选择。对于(11b)和(12b)中 $i\in[m+2,n]$的模块,稳态时面临的约束方程相同,但销售数量和质量有所变化,即有:

$$\frac{\partial R(x(m),q_i(m))}{\partial B_i}=\frac{\partial c_i(x(m),q_i(m))}{\partial q_i}\left[1+\frac{\rho}{s_i\partial f_i(x(m),0)/\partial q_i}\right] \tag{13}$$

$$\frac{\partial R(x(m+1),q_i(m+1))}{\partial B_i}=\frac{\partial c_i(x(m+1),q_i(m+1))}{\partial q_i}\left[1+\frac{\rho}{s_i\partial f_i(x(m+1),0)/\partial q_i}\right] \tag{14}$$

企业供给质量的变化需要比较(13)与(14)中 $q_i(m)$ 与 $q_i(m+1)$ 的大小来判断。令

$$\varphi=\underbrace{\frac{\frac{\partial R(x(m+1),q_i(m))}{\partial B_i}}{\frac{\partial R(x(m),q_i(m))}{\partial B_j}}}_{\substack{\text{收益效应}\\>1}}\times\underbrace{\frac{\frac{\partial c_i(x(m),q_i(m))}{\partial q_i}}{\frac{\partial c_i(x(m+1),q_i(m))}{\partial q_i}}}_{\substack{\text{成本效应}\\<1}}\times\underbrace{\frac{1+\frac{\rho}{s_i\partial f_i(x(m),0)/\partial q_i}}{1+\frac{\rho}{s_i\partial f_i(x(m+1,0)/\partial q_i}}}_{\substack{\text{信息效应}\\>1}} \tag{15}$$

φ 为将(14)中产品质量改为 $q_i(m)$ 再除以(13)式所得的结果,即保持企业供给质量不变,考虑企业仅产品销售数量变化产生的影响。由于当 q_i 变动时,$\partial^2 R/\partial q_i^2-\partial^2 c_i/\partial q_i^2\leqslant 0$,所以当 $\varphi\geqslant 1$ 时,有 $q_i(m+1)\geqslant q_i(m)$;当 $\varphi<1$ 时,有 $q_i(m+1)<q_i(m)$。将 φ 进一步分解为三部分,分别为收益效应、成本效应与信息效应,如(15)式所示。收益效应表示销售量提升对产品研发收益的影响;成本效应表示销售量提升对企业研发成本的影响;信息效应表示销售量提升对品牌信息扩散的影响。由于 $\partial^2 R/\partial x\partial B_i>0$,$\partial^2 c_i/\partial x\partial q_i>0$,$\partial f_i(x,0)/\partial x\partial q_i>0$,所以(15)式中,收益效应大于1,成本效应小于1,信息效应大于1。因此,φ 的大小取决于三项效应的大小,其值与1比较的大小关系是不确定的。综合多维情况下的分析,可得如下命题:

命题2:在多维性能可分的产品动态供给模型中,上游要素的品牌声誉溢出效应改变了下游企业的供给决策。一方面,更多维的要素品牌降低了新进入的企业的进入壁垒,并且拓展了消费者的信息集合,从而扩大了下游产品市场的规模;另一方面,外生的要素品牌压缩了企业自主创新的维度,当企业新技术对产品边际成本影响较小时,最终产品企业会供给更高质量的产品。

命题2知,下游企业的产品销量由于要素模块品牌化而扩大,这也扩大了产业的整体规模,使得下游新企业更容易进入市场,因而从理论层面对 Baldwin and Clark 所总结的产业规律进行了解释。可见,要素品牌化对产业发展的影响是全方位的。

生产者角度讲，一方面，下游新品牌能使上游品牌声誉溢出而获得红利，扩大了产品销售量。伴随产品销售量提升，产品信息扩散速度加快，降低了下游市场的品牌进入门槛。另一方面，要素市场的规模也随之扩张，产业整体的产值将不断扩张。从消费者福利角度讲，要素品牌化扩大了消费者的信息集合，降低了市场失灵对产品销量的抑制作用，并且改进了最终产品的性能，所以消费者福利得以提升。综合来看，从产品内分工到模块要素的品牌化，使得社会总体的生产者福利和消费者福利都有所改进，属于帕累托改进式的技术范式变革。

不过，更多维的要素品牌化未必能使得企业提供更高质量的产品。当模块化帮助企业降低进入门槛后，扩大产能的供给策略可能对质量改进的供给策略进行替代。因为在部分性能设计上，产能的扩张有可能大幅增加质量改进的成本，比如一些精密制造的零部件。在利润最大化的假设下，企业可能降低性能改进成本较高的模块的研发投入。此时，新进入企业会加大对品牌要素的依赖性，反而容易陷入同质化竞争的局面，即应用品牌化要素厂商提供的高性能模块进入市场，同时自主设计的模块缺乏研发动力，导致企业陷入“价格战”的困局而非质量竞争，从而失去对在位企业的长期追赶动力。若最终产品企业要实现技术改进，一方面需要将自身技术进步的方向偏向软件、算法的优化，因而非硬件的技术进步与对边际成本的影响较小；另一方面，企业在制造环节需要推进信息化与智能化，降低大规模柔性制造的边际成本。

四、价值链演化与中国制造品牌化的案例

华为和联想作为中国企业的品牌先锋，正是获得了价值链结构变迁的红利。联想的崛起与电脑产业的生产模块化相关，而近年来手机生产过程模块化程度加深，也使得华为的手机业务不断扩张。本章用智能手机行业的品牌化案例，来对理论进行佐证与补充（见图 4－1）。

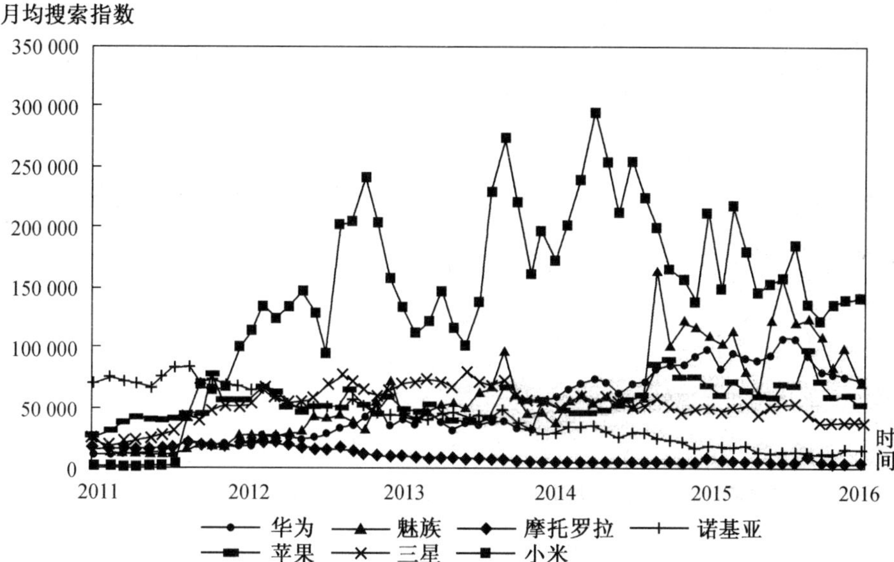

图 4-1　品牌信息扩散的百度搜索指数趋势图

随着智能手机技术的突破，国产智能手机品牌如雨后春笋般崛起，成为中国制造业品牌化的一个标志。其中，最具代表性的产品是小米科技有限责任公司所推出的小米手机。小米手机自 2011 年进入手机市场以来，得到消费者青睐，其 2015 年的市场份额排全球第四，在中国市场的份额位居第二。但无论是媒体还是学术界，对小米成功经验的解读通常是仅限于商业模式，而忽略了智能手机产业要素品牌化的趋势。商业模式实质上只是小米在销售这一模块上的创新，而手机的其他性能特征能被消费者所获知，才是产品最终成功的关键。从百度搜索指数可以明显看出消费者对于品牌信息的搜索。图 4-1 描述了 2011 年来，消费者在百度检索几大手机品牌的搜索指数。2011 年年中是小米推出第一代产品的时间点，从这一时刻开始小米的搜索量急剧增长，这表明小米的品牌信息开始在消费者中快速扩散。

小米快速扩散品牌信息的基础，并非是靠劝购性广告，而是通过互联网渠道进行信息性广告。以小米初代产品的产品发布会为例，全场用了很大篇幅叙述高通的处理器、索尼的镜头、夏普的屏幕，通过已经具有较强品牌效应的模块成功将产品信息传递给消费者；同时，小米在手机产品销售前，已提前开发 MIUI 操作系统，并用较为成熟的系统适配各模块功能。自此，小米手机开创了国产手机品牌化的新模式，即核心功能模块采用模块厂商高性能的产品，而自身负责搭建硬件集成的手机平台以及软件服务集成的系统平台。中国新进入智能手机行业的企业在核心模块上均采用品牌化的模块产品，比如高通的 CPU、夏普或者 JDI 的屏幕、索尼的摄像头、Google 开发的 Android 系统等，且手机产品间的差异化主要来源于对差异化模块产品的集成上。采用了模块化厂商所生产的处理器后，国产手机能极大缩小与国外大品牌厂商的差距，这是国产手机崛起的基础。此外，这些模块厂商均为品牌价值相当高的企业，其产品质量为消费者所知。由于当时较高质量的手机供给较少，消费者对于高性能、高显示质量、高像素的手机有较强的偏好性，所以即使小米在设计模块上较为低水平的技术，依然能迅速开拓市场，建立起品牌影响力。

智能手机行业中大量新品牌涌入市场，改变了价值链增加值的分配模式，也催生了竞争模式的分化。本章将手机品牌竞争类型分为模块驱动型、系统集成型和工艺驱动型，如表 4-1 所示。第一类模块驱动型品牌以三星、华为、索尼等为代表，主要实行硬件上的纵向一体化，对部分差异性模块进行垄断。比如，三星集团在手机屏幕、处理器、电池等方面拥有世界领先的制造技术，并且在处理器、屏幕上实行一定程度的垄断；华为公司自主设计的麒麟处理器目前仅用在自身产品线中的“Mate”和“P”系列；索尼垄断了高端摄像头模组，一般技术最前沿的模块产品仅用于自身产品。垄断部分硬件的研发与制造，需要强大的研发积累，因而这类品牌多为大型企业集团。在产品销售时，这类品牌最大的优势在于自有模块的功能设计具有很高的内部自主权，可以通过模块创新来创造差异化。第二类是系统集成型品牌，以苹果、小米等品牌为代表。比如，苹果的 IOS 系统仅限于苹果移动设备使用，是苹果手机与其他手机差异化之处。苹果并不具备自己的工厂，理论上属于“购买者驱动”的价值链，但苹果通过 IOS 系统将各个模块的性能耦合在一起，并利用 IOS 平台连接了大批第三方手机软件，将增加值从硬件转移到了软件服务上。同样的，小米手机也是类似苹果的发展模式，硬件均采购于上游厂商，没有自己的制造工厂，利用自主研发的MIUI操作系统打造了一系列智能产品与服务。国家知识产权局的专利数据显示，小米公司申请的专利主要布局在人机交互以及通信服务领域，同时在智能家电方面开始生产产品及布局专利，通过智能手机平台扩展增加值服务。第三类品牌是以Nubia、OPPO等为代表的国产品牌，以工艺创新为品牌的根基。这类品牌大多拥有自己的制造工厂或者是寻找优质的代工厂代工，注重手机外形设计以及做工的精细程度。同时，工艺驱动型的品牌更注重专利的集中，比如OPPO大部分专利都布局于手机的各项应用场景，通过硬件的集成优化实现功能的改善。

表4-1　2015年度主要手机品牌产业链特征

	品牌/产品	主要模块供应商					差异战略	创新模式
		操作系统	CPU	屏幕	镜头模组	制造组装		
模块驱动型	三星 Galaxy S6	Google	三星	三星	索尼、三星	三星	模块性能的纵向差异	共性技术研发、工艺创新
	华为 Mate 7	Google	自主设计	JDI	索尼	华为		
	索尼 Xperia Z5	Google	高通	夏普	索尼	索尼		
系统集成型	苹果 iphone6	苹果	自主设计	夏普、LG、JDI	索尼	富士康	差异化的软件服务	服务创新、商业模式创新
	Google Nexus 6P	Google	高通	三星	索尼	华为		
	小米 Note	Google	高通	夏普、JDI	索尼	英华达		
	魅族 MX Pro 5	Google	三星	夏普	索尼	富士康		

(续表)

<table>
<tr><td rowspan="2"></td><td rowspan="2">品牌/产品</td><td colspan="5">主要模块供应商</td><td rowspan="2">差异战略</td><td rowspan="2">创新模式</td></tr>
<tr><td>操作系统</td><td>CPU</td><td>屏幕</td><td>镜头模组</td><td>制造组装</td></tr>
<tr><td rowspan="4">工艺驱动型</td><td>一加
One plus 2</td><td>Google</td><td>高通</td><td>JDI</td><td>索尼</td><td>OPPO</td><td rowspan="4">模块组合的差异性,外观设计差异化</td><td rowspan="4">产品创新、工艺创新</td></tr>
<tr><td>Nubia
Z9 Max</td><td>Google</td><td>高通</td><td>夏普</td><td>索尼</td><td>富士康</td></tr>
<tr><td>Vivo
X6</td><td>Google</td><td>联发科</td><td>三星</td><td>索尼</td><td>Vivo</td></tr>
<tr><td>诺基亚
Lumia950</td><td>微软</td><td>高通</td><td>三星</td><td>卡尔蔡司</td><td>富士康</td></tr>
</table>

资料来源:作者自行整理。

可以看出,不论是系统集成型还是工艺驱动型的国产手机品牌,其特点均为在产业链中游构建软件加硬件的性能集成平台,试图提高价值链中游的增加值份额。随着下游本土品牌的兴起与智能手机行业整体规模迅速扩张,催生本土供应链内成长起来一批"小巨人"企业(如表 4-2 所示),这些企业将模块、系统与制造环节无缝嫁接起来,由此构成了完整的 W 形价值链。比如,在液晶面板、玻璃面板、触控面板手机外壳、连接器等高附加值零部件上,中国企业占据了较高比例的市场份额,催生了京东方、欧菲光、伯恩光学等一批营业收入超过百亿元的企业。在这些细分领域的行业中,企业有较高的利润水平,产业链中更多的增加值份额留在了中游附近。中国手机品牌毗邻制造供应链的优势将进一步扩大,工业设计创新和集成创新将加强企业的价值链整合能力,从而下游最终产品品牌与上游要素品牌形成本土品牌战略联盟,携手将智能手机价值链重塑为多边治理的 W 型价值链。

表 4-2 2016 年国内部分手机零部件供应商

价值链位置	企业名称	主要产品	营业收入(亿元)	营收同比增长率(%)	毛利率(%)	研发投入占比(%)	专利申请(件)
性能零部件	京东方	显示和传感器件	612.1	40.7	17.0	6.0	7570
	华星光电	半导体显示面板	223.1	23.8	28.8	4.0	5216
	深天马	显示面板	107.4	2.0	19.9	10.0	—
	蓝思科技	手机视窗防护屏	55.8	47.61	23.83	9.9	269
性能零部件	欧菲光	触控显示、光学产品、传感器	261.9	44.1	11.0	5.4	—
	信维通信	射频零、部件	24.1	85.6	29.1	4.5	217
	汇顶科技	指纹识别芯片	23.1	788.7	43.0	10.0	520
结构零部件	比亚迪电子	手机后盖模组、手机组装服务	367.3	25.4	7.6	2.7	—
	三环集团	半导体部件、手机后盖	9.5	12.4	44.0	3.6	—
	长盈精密	金属结构件、连接器	61.0	57.2	27.9	7.9	338
	立讯精密	连接器	79.6	55.2	21.2	6.8	252

资料来源:企业信息主要来源于年报。营业收入、毛利率等指标仅报告了企业相关业务的数据;研发投入比重和专利数据则是报告企业整体的数据。“—”表示数据未公布。

五、结论与政策建议

本章在融合 Lancaster 效用分解理论与产业演化的模块化趋势的基础上,建立了品牌塑造的动态供给模型。利用企业产品供给决策的动态模型,以及国产智能手机崛起的案例,对当前中国后发的制造业品牌进行追赶的可行路径进行分析。本章研究有以下几点发现。① 新进入企业产品的质量由多种因素决定。从供给侧看,当企业对现期收益越偏好、在位企业的产品质量越高，在利润最大化的目标下，企业长期供给的产品质量将越低；从需求侧看，当信息扩散速度加快、需求质量弹性变大时，企业提供的产品质量将随之提高。② 上游要素品牌的声誉溢出会影响下游新进入企业的产品供给决策。模块化生产加快了信息在消费者中的扩散速度，提高了企业研发收益。并且，模块化缩小了产品的质量差距，使得新进入企业可以有更大的产品销量，利于企业塑造自己的品牌。③ 模块化程度加深对企业自主研发模块的质量影响是不确定的。模块化程度加深提高了销售量，研发的边际收益得以提高，也带动了自主研发模块的质量信息扩散速度，不过同时也会提高企业研发的边际成本。只有当技术改进对企业边际成本影响不大时，企业才会加大自主生产模块的研发力度，供给更高质量的产品。

基于上述结论，本章对中国制造品牌化的政策建议如下。

推动代工型企业向一揽子技术集成的平台型企业转型，塑造“W”形价值链的品牌节点。整合中国完备工业体系带来的制造优势，研发功能集成的模块产品，提供系统解决方案。积极制定产业链中上游的技术标准，政府搭台构建共性技术平台，出台专项课题对一揽子技术集成进行攻关，协调产学研协同创新。在注重技术研发的同时，推动模块产品的品牌化，发挥品牌声誉溢出效应，为下游企业打开品牌塑造的空间，形成本土品牌战略联盟。利用本土制造体系的优势，增加模块整合和设计环节的增加值，将原本的“U”形价值链重塑为“W”形。在具体路径上，传统产业需要利用“互联网＋”等手段寻求跨产业合作与融合，创造新的上游技术平台，突破国外品牌的要素封锁；高科技产业注重工艺设计创新与工艺流程改良，不断提升要素集成的增加值。

通过第三方机构与平台加快消费市场的信息扩散，为供给侧改革塑造良好的市场环境。从企业角度讲，适当放宽中小民营企业的融资约束，降低企业长期发展的资金成本；同时培育企业家精神和工匠精神，将中国制造业的产业基因嵌入优秀品牌得以传承。从市场角度讲，加大对市场中产品质量的监管，推行严格的信息披露机制，防范商家对产品进行虚假宣传。同时，充分发挥媒体平台与电商平台的作用，加大优质品牌的宣传与推广力度。鼓励客观评价产品各项功能的第三方评测机构成长，并在电商平台上定期公布产品评测报告，让高质量产品获得相应的回报，反过来迫使短期投机型企业进行战略转型，实行系统化的品牌战略。

参考文献

[1] Keller, K. L. Conceptualizing, measuring, and managing customer-based brand equity [J]. Journal of Marketing, 1993, 5(7): 1-22.

[2] 王岚，李宏艳. 中国制造业融入全球价值链路径研究——嵌入位置和增值能力的视角 [J]. 中国工业经济，2015，(2)：76-87.

[3] Peterson, R. A., and J. P. Jolibert. A Meta-Analysis of Country-of-Origin Effects[J]. Journal of International Business Studies, 1995, (26): 883-898.

[4] Liefeld, P., John, Louise A, Heslop, Nicolas Papadopoulos, and Marjorie Wall. Dutch Consumer Use of Intrinsic, Country-of-Origin and Price Cues in Product Evaluation and Choice[J]. Journal of International Consumer Marketing, 1996, 9(1): 57-181.

[5] Jacoby, J., G. Szybillo, and J. Busato-Schach. Information Acquisition Behavior in brand Choice Situations[J]. Journal of Consumer Research, 1997, (3): 209-216.

[6] Olson, E., and H. Thjomoe. The Effects of Peripheral Exposure to Information on Brand Preference[J]. European Journal of Marketing, 2003, (37): 243-255.

[7] Lancaster, K. J. A new approach to consumer theory[J]. The journal of political economy, 1966, 74(2): 132-157.

[8] Lancaster K. Variety, equity, and efficiency: product variety in an industrial society [M]. New York: Columbia University Press, 1979.

[9] Gereffi G. International trade and industrial upgrading in the apparel commodity chain [J]. Journal of internationaleconomics, 1999, 48(1): 37-70.

[10] 李跟强，潘文卿. 国内价值链如何嵌入全球价值链：增加值的视角[J]. 管理世界，2016(7)：10-22.

[11] 刘志彪，张杰. 全球代工体系下发展中国家俘获型网络的形成，突破与对策——基于GVC与NVC的比较视角[J]. 中国工业经济，2007(5)：39-47.

[12] Baldwin R，Venables A J. Spiders and snakes：offshoring and agglomeration in the global economy[J]. Journal of International Economics，2013，90(2)：245－254.

[13] Cerina F，Zhu Z，Chessa A，et al. World input-output network[J]. PloS one，2015，10(5)：1－17.

[14] Schilling M A. Toward a general modular systems theory and its application to interfirm product modularity[J]. Academy of management review，2000，25(2)：312－334.

[15] 胡晓鹏. 产品模块化：动因、机理与系统创新[J]. 中国工业经济，2007，(12)：94－101.

[16] Schwarz C，Suedekum J. Global sourcing of complex production processes[J]. Journal of International Economics，2014，93(1)：123－139.

[17] Ulrich，K. The role of product architecture in the manufacturing firm[J]. Research policy，1995，24(3)：419－440.

[18] Baldwin，C. Y，and Clark，K. B. Managing in An Age of Modularity[J]. Harvard Business Review，(Sep. —Oct.)，1997.

[19] Pisano，Gary. P，Shih，and Willy. C. Producing Prosperity[M]. Harvard Business Review Press，2014.

[20] Moraga-González，J. L. Quality Uncertainty and Informative Advertising [J]. International Journal of Industrial Organization，2000，(18)：615－640.

[21] Kotler P，Pfoertsch W. Ingredient branding：making the invisible visible [M]. Springer Science & Business Media，2010.

[22] 沈于，王宇. 中间产品“品牌化”与最终产品“山寨化”[J]. 产业经济研究，2015(2)：68－77.

[23] 青木昌彦，安藤晴彦. 模块时代：新产业结构的本质[M]. 上海远东出版社，2003.

[24] Shapiro，C. Consumer information，product quality，and seller reputation[J]. The Bell Journal of Economics，1982，13(1)：20－35.

[25] Baldwin，C. Y，and Clark，K. B. Design rules：The power of modularity[M]. MIT press，2000.

第五章 国际产能合作与长三角企业走出去战略

一、引 言

改革开放以来,长三角企业抓住了新一轮产业分工调整的机会,深度融入全球经济,既引进来又走出去,形成了门类齐全、独立完整的现代产业体系,有力地推动了长三角经济的发展。从制造业区提升为世界制造业基地的过程中,长三角的制造业规模不断扩大,制造业从初级向高技术等多种门类发展,制造业的国际化程度也随之增加(厉无畏,2009)。目前该地区集中了全国28%的制造业总量(按工业增加值计算)、36%的工业制成品出口总量和39%的外资企业出口总量。长三角的经济快速发展得益于外向型经济的发展战略,1992年浦东开发以来,长三角坚定地发展外向型经济,特别是在21世纪以来抓住加入WTO的历史机遇,积极参与国际产品内分工,大力吸收FDI和发展加工贸易。国际代工是长三角外向型经济发展的主要动力,其主要特征是引进外资进行加工贸易,再将产品输出到世界市场(刘志彪,2007)。在融入世界经济体系的过程中,中国的劳动力、资源等要素进入国际经济大循环之中。引进来与走出去并行的开放战略使得中国成为世界上最大的货物贸易国家。国际金融危机爆发后,贸易对全球经济的促进作用日益减弱。据国际货币基金组织的研究,贸易对全球经济增长的贡献大幅度缩水,经济增长1%,贸易增长只有0.7%。

现如今,中国经济进入中高速、优结构、新动力、多挑战为特征的新常态,要从中高速增长迈向中高端水平,就必须在全球产业链上不断攀升,不能仅仅停留于世界的加工工厂,而要成为价值链上的链主。多数学者认为,以产业国际分工为主要内容的经济全球化渐次推进,推动了世界经济格局的演化。而发达国家和发展中国家为适应国际经济环境变化而做出的调整以及彼此间的碰撞与相互融合，又构成了全球价值链产生和发展的基本背景(Gereffi,1995;吴福象、蔡悦,2014)。中国进入工业化的中后期，不少产业出现了产能过剩，但这些过剩的产能并不是落后的产能，都是符合技术规范、符合环保标准、比较先进的产能。产能合作的市场需求来自全球的方方面面，特别是很多新兴市场国家和发展中国家，面对经济结构调整的迫切任务，急需加快基础设施建设，发展制造业，在全球价值链上占有一席之地。目前，中国在基础设施建设等领域积累了丰富的经验，拥有优势富余产能，同很多国家形成互补关系。

因此，依托国家合作来化解产能过剩也引起了理论界和社会各界的广泛关注。2015 年 4 月 3 日，李克强总理做出了“加快中国装备走出去和推进国际产能合作”的重要指示；为加快推动我国装备制造业持续快速发展，进一步扩大装备制造的产业规模、大幅提升技术水平和国际竞争力，2015 年 5 月 16 日，国务院发布《关于推进国际产能和装备制造合作的指导意见》，该《意见》提出了中国装备制造业走出去的原则和路径，促进中国与不同国家互利合作。国际产能合作是长三角经济走出去的最新形式，也是长三角深度参与全球化、塑造全球工业价值链的支点。

二、文献回顾与评述

中国高铁正随着国家领导人的出访在全球开花，而更多的机械设备制造、机床、技术装备企业早已迈开走出去的步伐:非洲、拉美、东南亚都有大量中国制造的机械设备。中国制造业走向海外既是消化国内过剩产能、完成工业转型升级的需要，也是企业自身实力增强之后对外扩张的必然，同时也能在一定程度上将“中国标准”输出国外。从国家层面看，国际产能合作通常超越了传统的、单一的国际分工模式(如国际贸易、国际投资和国际技术流动)，具有跨越国家地理边界、包含产品分工、消费市场和生产要素市场的跨国合作模式，合作方在技术、管理制度和标准等领域的跨国合作也属于这一范畴(王琳,2015)。

从国际历史经验来看，企业大规模对外直接投资一般是发生在该国的工业化后期阶段。黄武俊、燕安(2010)认为中国对外直接投资处于发展路径(IDP)的第三阶段。Dunning(1981)将一国的投资发展状态分为4个阶段,以人均GDP这一指标进行区分。即当一国人均GDP超过4 000美元的时候,将会进入对外直接投资大于外商直接投资的阶段(第四阶段)。原始对外直接投资理论和发展中国家对外投资理论是对外直接投资理论的两大板块。原始对外直接投资理论回答的主要是为什么要对外投资的问题。总结Stephen Hymer的"市场不完全性理论"和Dunning的"国际生产折中理论""投资发展轨迹理论",可以看出,在解释为什么要对外投资问题上,这些学者给出的答案都是一致的,即该国具有"竞争优势"。发展中国家对外投资理论是在原始对外直接投资理论的基础上发展起来的。发展中国家对外投资理论主要回答发展中国家为什么要对外投资和参与国际竞争的问题。Louis T. Wells认为"小规模生产技术"是发展中国家在国际竞争中的优势,Sanjaya Lall则认为发展中国家的"技术地方化理论"是发展中国家参与国际生产和经营活动的关键所在。不管是"小规模生产技术"还是"技术地方化理论",其强调的本质都在于发展中国家所具备的某种"竞争优势"。因此,找准了长三角在国际上的竞争优势,就找准了对外投资的出口,也就是找准了中国走出去的发展方向。

长三角开展国际产能合作实际上是顺应了产业发展潮流,符合国际产业转移的规律(张梅,2016)。工业革命以来,世界经历了数次大的产业转移:第一次国际产业转移浪潮推动了"世界工厂"从英国向美国的第一次变迁,美国跃升为全球最大的工业化国家;第二次产业转移的输出地是美国,输入地是日本和原联邦德国;第三次国际产业转移输出地为日本和德国,输入地是亚洲"四小龙";到了20世纪八九十年代,第四次国际产业转移中的输出地不仅包括了美、日、德等发达国家,还有新兴工业化国家和地区,发展中国家成为此次国际产业转移的最大受益者。中国改革开放30多年,正是通过对外开放打开国门,承接了国际产能对中国的转移,才有今日的经济发展成果。

2008年金融危机后,国际产业转移呈现出新的特点——"双向转移"现象:即产业高端链条回流欧美发达国家,低端链条向成本更低的地区转移。以出口或代工为主的劳动密集型中小制造企业,由中国向越南、缅甸、印度等劳动力和资源更低廉的发展中国家转移。一般认为,国际产业转移有两种模式,即美国"优势产业转移"模式和日本“边际产业转移模式”。然而，事实上受制于不同国情、国际环境和历史阶段，各国产业转移很难简单地套用其他国家走过的模式。由于不再单一地以市场或低成本为导向，中国的产业转移道路不同于美、日，在产业和区域选择上呈现多样化特征（董小君，2014）。开展对外产能合作，是中国在经济全球化背景下，遵循国际产业发展规律的必然选择。长三角国际产能合作将涉及广大发展中国家和发达国家，内容涵盖基础设施、装备制造、技术、金融服务、自由贸易等多个领域。

国际产能合作是近两年兴起的热点名词，国内开展的相关研究还不是太多，现有文献多是从定性角度研究国际产能合作的重要性，如吴频（2015）就提到了推动中国企业走出去与周边国家和地区开展国际产能合作的现实意义和重要性，并列举了一些实际数据或案例展开了论证。还有学者从国际产能合作直接影响经济增长的角度展开了具体研究，如陈海波、张悦（2014）运用 Matlab 软件建立空间面板模型，研究了对外产能合作对江苏区域经济增长的空间效应。刘晓玲、熊曦（2015）通过实证研究则发现，国际产能合作对湖南经济增长有正向影响，且国际产能合作拉动制造业出口的效应比拉动区域经济增长的效应要大。

三、统计分析

（一）世界投资主体转换

伴随经济全球化进程的推进，国际资本流动规模不断扩大。20 世纪 90 年代以来，全球经济一体化趋势不断增强，国际跨境流动的资本规模也在不断扩大。据 IMF 统计，1994 年全球国际资本流量为 1.9 万亿美元，到 2007 年则达到 22.6 万亿美元。2008 年金融危机爆发后，全球国际资本流量又迅速回落至 2.6 万亿美元。在国际资本流动规模变化的同时，跨境资本的流向也发生了一定的变化。曾经是发达国家跨国企业投资对象的一些发展中国家，正逐渐成为世界经济的投资主体，把更多的投资投向国外市场。

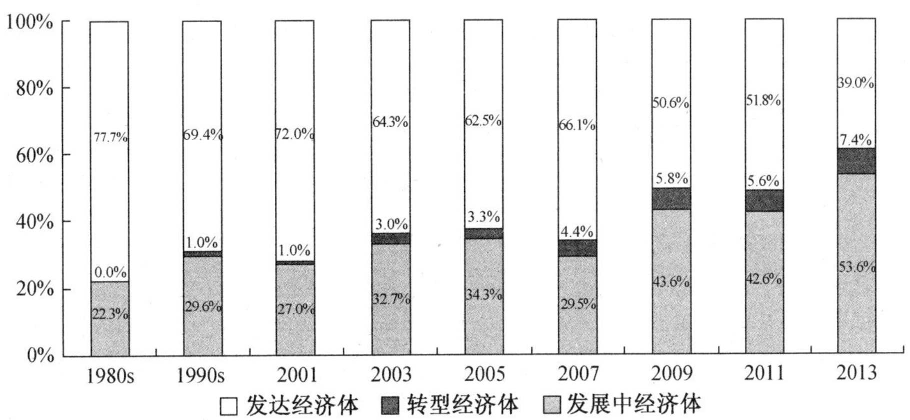

图 5-1　全球跨境投资格局变化(资本流入)

从 FDI 流入角度看,发达经济体资本流入份额逐渐减少,发展中经济体和转型经济体资本流入份额不断上升。如图 5-1 所示,20 世纪八九十年代发达经济体是全球跨境资本的主要流入地。进入 21 世纪以来,发达经济体资本流入份额变化剧烈。2001—2011 年发达经济体资本流入的份额下降了 20.2%。转型经济体和发展中经济资本流入份额不断上升,发展中经济体的变化最为瞩目。2008 年金融危机后发展中经济体资本流入份额实现了跨越性增长。

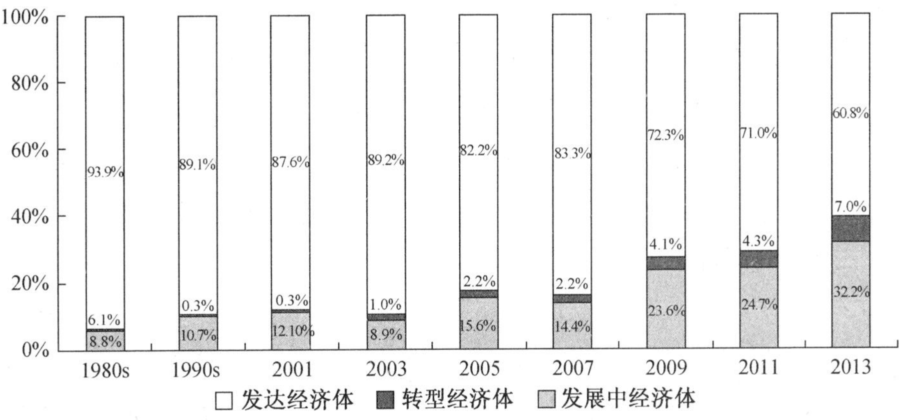

图 5-2　全球跨境投资格局变化(资本流出)

数据来源:UNCTAD 数据库。

从FDI流出看，发达经济体的主导地位在下降，发展中经济体的地位正在迅速提升。如图5-2所示，20世纪八九十年代以来，在发达国家主导的经济全球化背景下，全球跨境资本主要从发达经济体流向发展中经济体。进入21世纪以来，发展中经济体和转型经济体经济快速发展，对外投资的国际份额不断上升，在全球资本投资格局中扮演越来越重要的角色。特别是金融危机后，发展中经济体对外投资大幅提高，由2007年的14.4%提高到2009年的23.6%。根据联合国贸易和发展会议发布的《全球投资趋势监测报告》，2014发展中经济体的跨国公司对外直接投资达到4 860亿美元的历史最高水平，在全球的占比上升到36%。

（二）长三角对外投资现状分析

自改革开放、特别是浦东开发开放以来，长三角地区因其独特的地域优势、相对发达的交通和科技、电讯和金融服务业，以及丰富的文化底蕴吸引了大量的外国直接投资。而自2008年美国金融危机爆发以来，长三角以往以低端要素加入全球价值链、基于出口导向的第一波全球化发展的红利已经透支，不可能持续发展下去。如图5-3所示，2009年长三角两省一市的经济增长率明显下滑，浙江、江苏和上海的

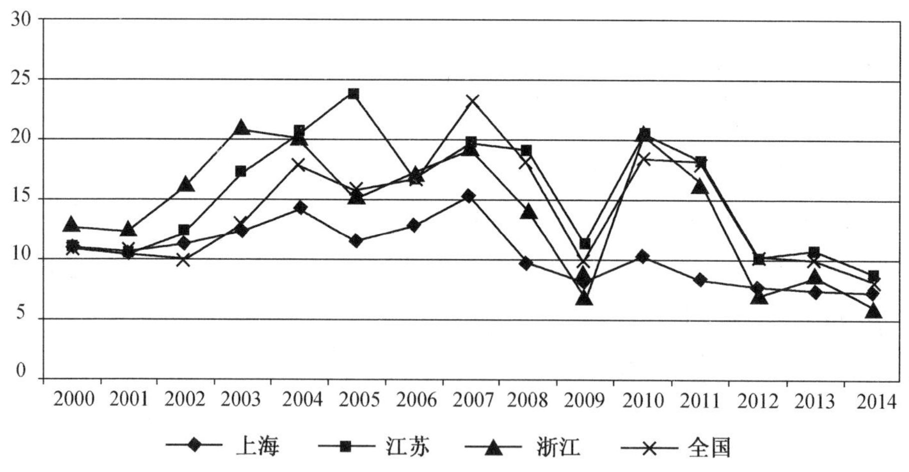

图5-3 2000—2014年两省一市与全国GDP增长率

数据来源：根据各年份上海、江苏、浙江以及全国统计年鉴整理所得。

GDP 增长率分别跌落到 7.1%、8.3%和 6.9%，甚至低于 9.2%的全国平均水平。2009 年长三角进出口贸易出现了自 20 世纪 90 年代开放以来的首次负增长，且跌幅达 12.8%。如表 5-1 所示，后危机时代，长三角外资实际利用增长率相比入世后已出现回落。

表 5-1　1991—2014 年长三角两省一市与全国实际利用外资增长率

	浙江	江苏	上海	全国
1991	89.1%	65.3%	−1.1%	25.2%
1992	220.9%	501.5%	618.3%	152.1%
1993	251.3%	114.0%	84.1%	150.0%
1994	10.8%	39.1%	39.4%	22.7%
1995	9.9%	14.5%	0.6%	11.1%
1996	20.9%	15.1%	45.1%	11.2%
1997	−1.1%	5.3%	2.0%	8.5%
1998	−12.3%	14.8%	−24.3%	0.5%
1999	16.3%	−3.8%	−16.2%	−11.3%
2000	5.2%	0.4%	3.7%	1.0%
2001	37.1%	10.9%	39.0%	15.1%
2002	42.9%	45.6%	14.5%	12.5%
2003	72.4%	52.4%	16.3%	1.4%
2004	22.6%	−23.2%	11.8%	13.3%
2005	15.6%	8.6%	4.7%	−0.5%
2006	15.1%	32.2%	3.8%	4.5%
2007	16.6%	25.6%	11.4%	18.6%
2008	−2.8%	14.7%	27.3%	23.6%
2009	−1.3%	0.8%	4.5%	−2.6%
2010	10.7%	12.5%	5.5%	17.4%
2011	6.0%	12.8%	13.3%	9.7%
2012	12.0%	11.3%	20.5%	−3.7%
2013	8.3%	−7.0%	10.5%	5.3%
2014	11.6%	−14.2%	8.3%	1.7%

数据来源：根据各年份上海、江苏、浙江以及全国统计年鉴整理所得。

自2008年金融危机后，长三角外向型经济的一个重要特点是，走出去步伐明显加快，不少长三角有实力的企业投资境外工业园区。从世界经济发展经验看，人均GDP达到4 000美元时，企业走出去开始起步。到人均GDP为6 000美元时，产业和企业的走出去步伐正在加快。2012年长三角人均GDP已经超过10 000美元，目前长三角正处于走出去的加速发展阶段。从图5－4中可以发现，金融危机以来，长三角地区走出去步伐明显加速，对外投资增长率显著上升。2008年长三角地区对外协议投资总额22.03亿美元，到2014年对外协议投资总额为246.9亿美元，增长了10倍之多，江苏与浙江对外投资额更是呈指数形式增长。

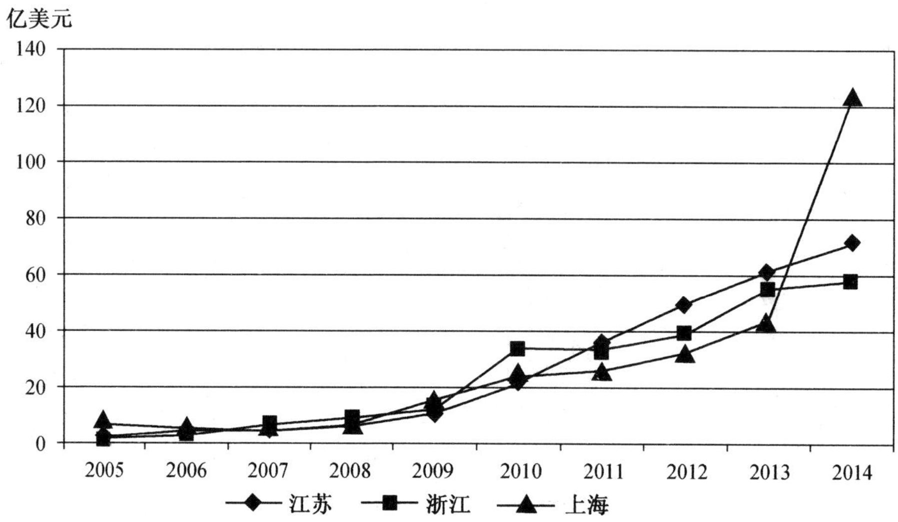

图5－4 2005—2014年长三角两省一市对外投资情况

数据来源：根据各年份上海、江苏与浙江统计年鉴整理所得。

2014年江苏省境外投资中方协议投资额为722亿美元，增长17.5%，创历史新高，实际对外投资额位居全国第四位。境外投资产业领域已实现一、二、三产业全覆盖，涉及70多个行业。境外投资主体呈现多元化，江苏省对外直接投资过去多由央企完成，民营企业份额有限。但是近年来民营企业逐渐成为江苏赴外投资的主力军，民营企业境外投资项目和投资规模占全省的比重均超过70%，如图5－5和图5－6所示。涌现出沙钢、徐工、苏宁、波司登等一批初具雏形的本土跨国企业，投资领域主要集中在制造、批发零售、新能源、房地产和商务服务等领域，钢铁、水泥、光伏等优势制造业境外转移步伐加快。境外投资方式多样化发展，江苏企业的对外投资通过投资建厂、合资合作、参购并购等多种方式走出去，并以输出产业园区为特色。目前江苏拥有 2 家国家级境外经贸合作区——柬埔寨西哈努克港经济特区和埃塞俄比亚东方工业园，以及 1 家省级境外产业合作集聚区——印尼加里曼岛农工贸经济合作区。因而境外投资产业集聚程度不断提高，国家级境外经贸合作区和省级境外产业合作集聚区建设进展顺利，招商引资成效明显。

在对外投资早期，浙江省的对外投资以国有、集体企业为主。随着民营企业的发展壮大，其在浙江省对外投资中扮演的角色越来越重要。2008 年浙江对外投资的 2 800 多家企业中，民营企业的数量占比为 68%，投资额占比达 70%。结合浙江商业发达、产业链齐全的出口大省实际，加强对企业走出去的指导与服务，引导企业抱团行动。目前，浙江企业牵头实施的境外经贸合作园区共 6 家，其中有 3 家国家级境外经贸合作区（泰国罗勇工业区、俄罗斯乌苏里斯克合作区、越南中国龙江经济贸易合

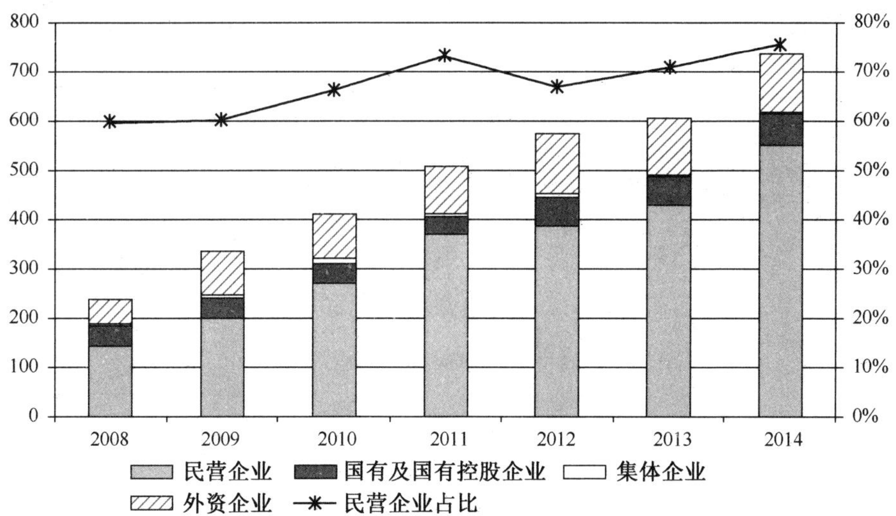

图 5-5　2008—2014 年江苏对外投资项目结构

数据来源：根据各年份江苏统计年鉴整理所得。

作区),3家省级境外经贸合作区(乌兹别克斯坦鹏盛工业园、越美尼日利亚纺织工业园、博茨瓦纳经贸合作区);同时建设一批境外资源开发基地、生产基地和研发中心,承揽对外承包工程,探索企业到境外开展国际产能合作的各类产业园区。大部分境外经贸合作位于"一带一路"规划区域,这使浙江的对外投资发展产生巨大潜力。当前浙江国际产能合作已经迈出了实质性的步伐,石化、钢铁、建材、水泥和有色等行业已成为浙江企业开展国际产能合作的重点领域。

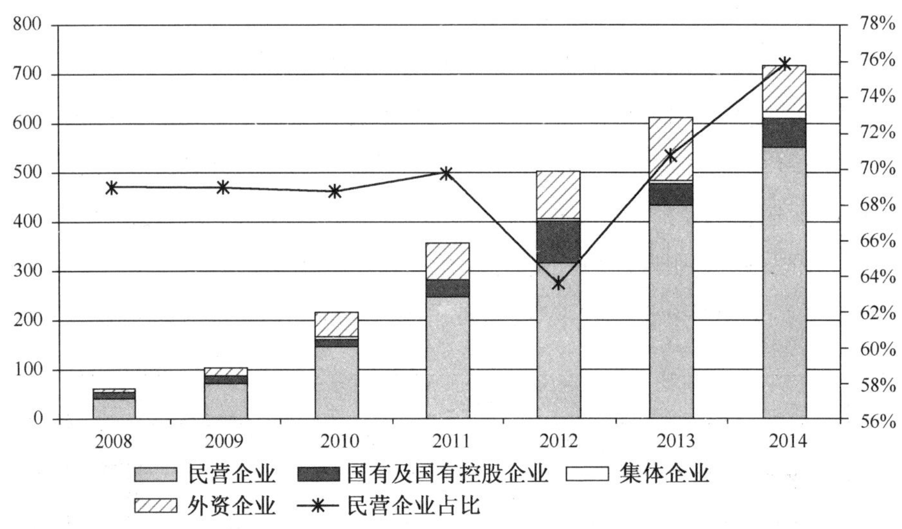

图5-6 2008—2014年江苏对外投资金额结构

数据来源:根据各年份江苏统计年鉴整理所得。

2014年上海对外直接投资总额122.9亿美元,实现了185%的同比增长,对外直接投资增幅位列全国第一。其中国有企业投资总额为52.76亿美元,占投资总额的42.93%;民营企业投资总额达67.07亿美元,同比增长3.2倍,占投资总额的54.56%,民营企业成为上海当前对外直接投资的重要力量。上海企业的主要对外投资行业目前包括租赁和商务服务业、房地产业、批发和零售业、制造业,以及信息传输、软件和信息技术服务业等。

上海走出去企业主要有四种战略模式。模式一,基于产业链、供应链上下游整合推动产业转型升级需求,例如光明集团,深耕海外重点区域,聚集国际资源和品牌。

模式二,基于优化生产布局、开拓海外市场和转移富余产能需求,例如上汽集团,打造自主品牌,布局全球生产研销平台。模式三,基于股权投资基金引领产业互动发展需求,例如复星集团,吸收全球资本实现企业做大做强。模式四,利用先进行业经验和项目能力的海外资源投资和基础设施建设,例如上海建工集团,积极承建国外项目工程。

（三）长三角产业走出去现状分析

2014 年,长三角两省一市新增境外投资企业数达到 1 869 家,对外投资企业数量增加、企业分布领域广泛,说明长三角目前正由产品走出去过渡到产业走出去阶段,这是企业走出去阶段发展到一定水平后要经历的对外投资阶段,是历史性的进步,也是历史发展的必然。产业走出去,意味着企业的竞争优势正逐步转化为行业的竞争优势,企业的比较优势逐步转化为行业的规模优势。产业走出去阶段的目标,就是使长三角具有优势的行业能够大规模地进入国际市场,形成中国制造的垄断优势。

从表 5－2 可以看出,制造业、租赁和商务服务业以及批发零售业是江苏省对外投资的重点领域,占对外投资总额的 80%以上。长三角制造业基础雄厚,在全国处于领先地位,经过多年的开放发展,长三角地区传统制造业转型升级效果显著,正快步迈向中高端,新兴产业和服务业也正迅速发展,逐渐成为新的亮点。制造业尤其是装备制造业、服务业都走在全国前列,产业规模较大,产业水平较高。

表 5－2　2007—2014 年江苏省分行业境外协议投资情况

(单位:万美元)

	2007	2008	2009	2010	2011	2012	2013	2014
农林牧渔业	—	4 050	252	3 476	4 772	23 286	26 338	4 886
采矿业	4 370	3 407	14 164	2 300	32 961	33 260	31 576	25 913
制造业	23 534	22 068	40 526	63 461	63 865	72 820	127 190	202 022

（续表）

	2007	2008	2009	2010	2011	2012	2013	2014
电力、燃气及水的生产和供应业	—	—	—	36 417	35 868	40 314	65 428	11 715
建筑业	685	4 271	2 884	2 089	18 455	4 167	4 822	16 210
交通运输、仓储和邮政业	70	15.1%	7 236	3 310	6 010	9 805	3 869	3 007
信息传输、计算机服务和软件业	1 255	1 762	2 572	12 018	17 588	7 597	4 040	9 600
批发和零售业	7 416	6 133	12 478	37 351	86 699	89 584	98 450	127 719
住宿和餐饮业	26	9	1 200	4 764	11 500	3 100	3 395	3 762
房地产业	6 759	9 441	4 300	14 804	28 176	41 140	49 904	99 633
租赁和商务服务业	1 198	8 943	13 710	28 052	44 576	158 432	171 393	182 067
科学研究、技术服务和地质勘查业	1 471	2 112	3 964	4 171	6 202	12 682	19 450	23 639
居民服务和其他服务业	—	160	2 412	258	400	6 201	4 850	9 460
教育	—	998	—	142	70	—	0	36
文化、体育和娱乐业	—	100	650	5 000	3 013	80	3 568	1 541
合计	46 784	63 459	106 347	217 613	360 154	504 547	614 272	721 571

数据来源：根据各年份江苏统计年鉴整理所得。

长三角产业走出去具有得天独厚的优势。首先，长三角地区劳动和资本要素丰裕，劳动力素质相对较高，规模以上工业企业科技活动人员数增长迅速，如图 5－7 所示，其中，江苏省科技活动人员数量最多，且增长速度也最快，浙江其次，上海较为稳定。同时，长三角固定资产投资数量也较大，如图 5－8 所示，与长三角科技人员活动情况呈现相同的特点，江苏省更是保持了 15%～20%以上的高速增长。

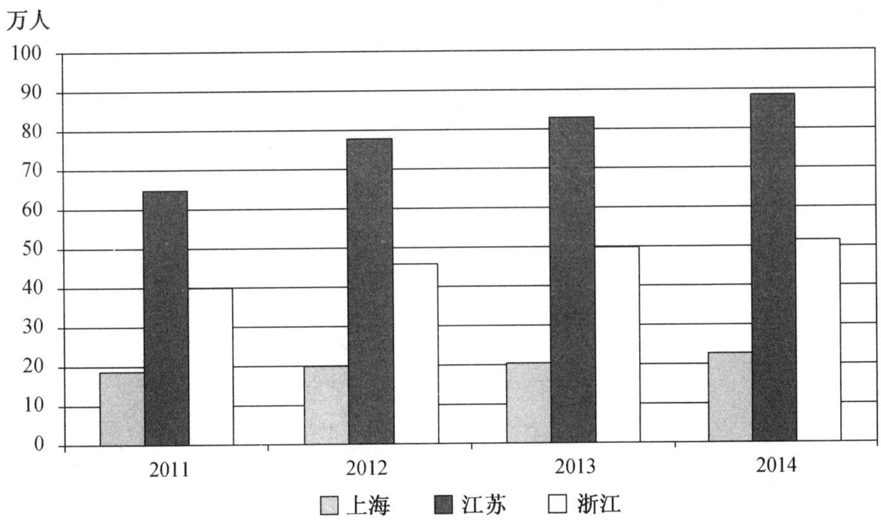

图 5－7　2011—2014 年长三角两省一市规上企业科技活动人员情况

数据来源：根据各年份上海、江苏与浙江统计年鉴整理所得。

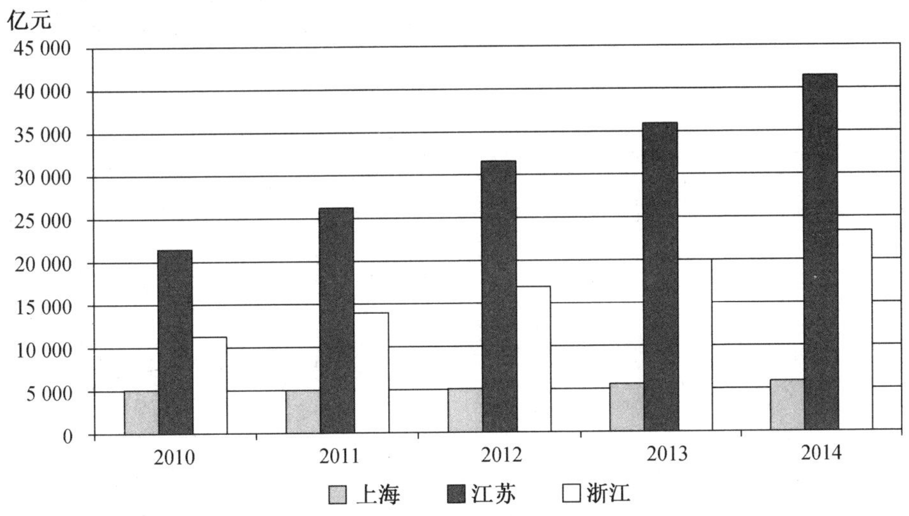

图 5－8　2011—2014 年长三角两省一市固定资产投资情况

数据来源：根据各年份上海、江苏与浙江统计年鉴整理所得。

同时,长三角在技术创新方面也具有较大优势(见图 5－9),专利申请与授权量年均增幅增长较快,其中,江苏省企业专利申请量和授权量均保持全国第一。长三角优势产业技术水平处于全国领先地位,并且部分填补了国内的空白并达到了国际先进水平,为长三角地区产业走出去奠定了坚实的基础。

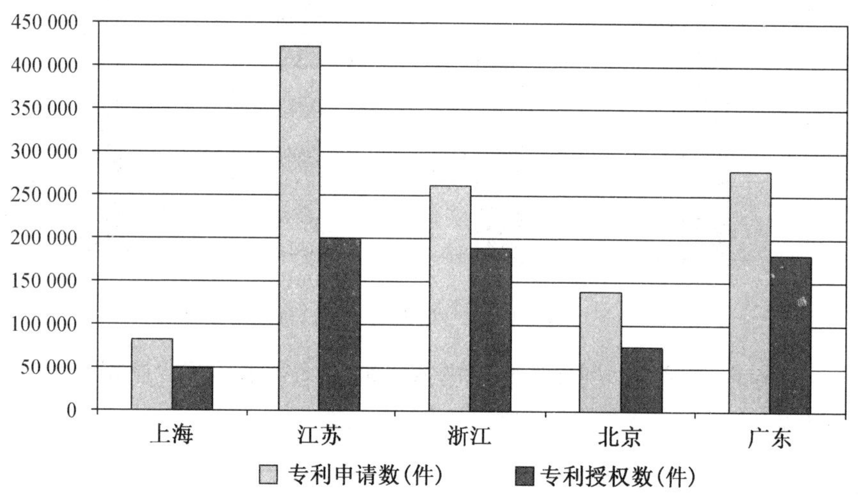

图 5－9　2014 年长三角两省一市专利申请与授权情况

数据来源:根据各年份上海、江苏、浙江、北京与广东统计年鉴整理所得。

从对外投资地区来看,长三角不仅在各地区投资额均呈现非常快速的增长,而且对外投资重点地区转换也较为明显。在产业走出去阶段,长三角在对发达国家投资的同时,开始加快对发展中国家的投资,尤其是在“一带一路”地区对外投资增长明显。如表 5－3 所示,亚洲仍然是江苏对外投资最为重要的地区,占江苏对外投资总额的 57.5%,江苏对北美洲投资总额仅次于亚洲地区,非洲超过欧洲地区排名第三。

表 5－3　2007—2014 年江苏省分地区境外协议投资情况（单位：万美元）

地区	2008	2009	2010	2011	2012	2013	2014
亚洲	35 136	65 457	105 722	186 727	268 443	307 995	414 753
非洲	9 122	16 701	11 229	37 015	36 689	52 266	65 607
欧洲	4 274	3 494	39 628	40 845	51 940	117 642	63 994
拉丁美洲	7 955	4 034	11 459	37 805	43 162	46 895	50 248
北美洲	6 186	9 913	—	—	—	57 556	83 220
大洋洲	787	6 748	13 401	20 836	4 408	31 917	43 749

在行业走出去阶段，不仅要注意在企业走出去基础上量的积累，更要注意在此基础上质的提高，实现规模优势。民营企业在产权结构、组织形式和经营机制上具有一定的优势，要充分利用这些优势打造行业走出去的规模优势。同时，要提高行业资深的竞争优势，实现行业创新和升级，靠多品牌联合打开国际市场，注重行业内部新产品的研发和质量的监控，确保整个行业在国际市场上的声誉。

四、结论与政策建议

长三角产业走向海外既是消化区域内过剩产能、完成工业转型升级的需要，也是企业自身实力增强之后对外扩张的必然，同时还能够在一定程度上将“中国标准”输出海外。现阶段实行国际产能合作，长三角产业走出去势在必行。本章研究发现，在世界投资主体正由发达国家转向发展中国家的过程中，长三角走出去步伐明显加快，不少长三角有实力的企业投资境外工业园区，并且民营企业已成为境外投资的主力军。从走出去阶段来看，当前长三角正处于产品走出去过渡到产业走出去阶段，制造业、租赁和商务服务业以及批发零售业是长三角对外投资的重点领域，在对外投资总额占比较大。在产业走出去阶段，长三角在对发达国家投资的同时，开始加快对发展中国家的投资，尤其是在“一带一路”地区对外投资增长明显，亚洲、北美洲和非洲是长三角对外投资的重点地区。

当前长三角产业处于高中低端全方位走出去的状态。一方面企业在中高科技国际市场上面临着发达国家的残酷竞争，另一方面，原有的劳动密集型低端产业的发展模式又因为面临着东南亚国家、拉美国家等发展中国家的低成本竞争而难以持续保持优势。在这种情况下，部分中小企业陷入了自身定位不明确，一方面缺乏足够的勇气和资源进行转型，另一方面传统经济模式的利润又不断减少，企业陷入发展困境。因此，要实现后发国家对发达国家的赶超，必须建立并依赖于一套行之有效的经济制度，这个制度必须保证有强大的资源动员能力与资源利用能力，也就是说，政府在长三角产业走出去的过程中发挥着重要作用。要塑造核心优势，实现走出去战略，为产业的发展塑造良好的发展环境，就要充分发挥政府的引导作用。引导企业利用“一带一路”、自贸区协定、投资协定、避免双重征税协定等国际贸易投资规则为产业走向世界提供助力，“一带一路”建设将成为国际产能合作的重要通道，为长三角产业走出去提供广阔的发展空间。政府应该在信息管理、信息发布等方面为企业提供服务，推动金融业改革，扩大金融市场开放，使金融市场对长三角产业走出去发挥更大的促进作用。

从产业层面来看，要真正实现产业走出国门，在有了政府的大力支持以后，产业内各企业还必须凭着自身的努力，占据市场领先地位，从根本上提升长三角产业的核心竞争力。因此，长三角产业尤其是制造业走出去应向以下几个方向努力。

一是在高铁、核能、大型成套机电设备等行业以国企走出去为突破点，促进企业提升自主创新能力，鼓励其在国际市场上与发达国家大型制造业公司进行竞争，打响中国品牌，输出中国技术和中国标准。

二是在竞争性领域，鼓励民营企业走出去。加快创新机制和管理体系的改革，提高企业自身的核心竞争力，从而提升企业在国际市场中的地位。鼓励民营企业走出去投资并购研发中心、技术平台、国际知名品牌和销售网络，通过走出去加快民营企业发展成为国际性公司的步伐。

三是以自身优势产业走出去带动长三角地区企业抱团走出去，在境外以工业园区或境外经济技术开发区的模式高效率、低风险地走出去，在政策法规、税收、优惠政策等方面进行一揽子谈判，提高投资的效率，同时降低投资风险。从产品输出转变为产业输出，变单个企业走出去为整个产业链走出去，是一种“抱团”走出去的模式，可有效提高走出去的成效,既能改变单个企业在海外单打独斗、孤军奋战的不利局面,也可避免本地区同行业企业之间在走出去的过程中发生恶性竞争。以优势产业为主导,产业链上下游企业抱团走出去,有利于实现信息共享,资源整合,提高在国际投资中的话语权,增强抗风险能力。江苏红豆集团在柬埔寨西哈努克港建立的红豆工业园区就是一个成功的案例。要特别鼓励龙头企业带领配套企业共同走出去,以产业链投资的模式提升国际竞争力。

四是抓住大数据时代发展的潮流,适时结合互联网进行企业改革,促进企业产品向智能化、服务化方向发展。德国工业 4.0 发展报告、国际众多大型咨询组织的报告都已经指出,大数据互联网已经成为时代发展的重要潮流,大型集约的生产模式与强大数据收集、分析、决策能力的结合将成为最有效率的组织模式。企业应当抓住机遇适时进行数据改革,促进企业产品向智能化、服务化方向发展。

五是重视复合型人才培养,加快人才体系建设。加大国际化人才与科技人才的自我培养与吸收引进,形成产学研制销有机结合。创新与管理的根本是人。企业应该通过自建实验室、研究室等方式来进行企业内部人才培养与科技创新,发挥境内外著名高校、企业、行业协会和中介组织的作用,实行政府资助和企业自我培养相结合,建立跨国投资和经营人才的综合性培训机制,造就一批通晓国际经济运行规则、熟悉当地法律法规、具有国际市场开拓能力的复合型跨国经营管理和技术人才队伍。建立国际商务人才库,积极引进留学或就业海外对相关行业经营管理及市场发展熟悉的专业人才,注重吸纳具有丰富实践经验的走出去高层次人才,推动高层次人才计划中增加吸引高端跨国投资和经营人才的实现,逐步推进企业经营管理的本地化。

参考文献

[1] 陈岩. 中国对外投资逆向技术溢出效应实证研究:基于吸收能力的分析视角[J]. 中国软科学,2011(10).

[2] 陈海波、张悦. 外商直接投资对江苏区域经济影响的实证分析——基于空间面板模型[J]. 国际贸易问题,2014(7).

[3] 董小君. 通过国际转移化解过剩产能:全球五次浪潮、两种模式及中国探索[J]. 经济研

究参考,2014(55).

[4] 葛顺奇.多边投资框架与中国走出去战略[J].当代财经,2002(10).

[5] 黄武俊、燕安.中国对外直接投资发展阶段实证检验和国际比较[J].对外经济贸易大学学报,2010(1).

[6] 厉无畏.经济全球化下的长三角地区发展战略远景[J].科学发展,2009(1).

[7] 刘晓玲、熊曦.对外产能合作、制造业出口贸易与区域经济增长——以湖南省为例[J].经济问题探索,2015(10).

[8] 刘志彪.全球价值链中我国外向型经济战略的提升:以长三角地区为例[J].中国经济问题,2007(1).

[9] 王琳.国际产能合作大有可为.第一财经日报,2015(5).

[10] 吴福象、蔡悦.中国产业布局调整的福利经济学分析[J].中国社会科学,2014(2).

[11] 吴频.中国企业走出去与开展国际产能合作[J].对外经贸实务,2015(6).

[12] 徐亚静、王华.开放条件下的外商直接投资与中国技术创新[J].国际贸易问题,2011(2).

[13] 张梅.对外产能合作:进展与挑战[J].国际问题研究,2016(1).

[14] Buckley, P, J., Clegg, L. J. and Cross, A. R. The determinants of Chinese Foreign Direct Investment [J]. Journal of International Business Studies, 2007, 38 (4): 499 - 518.

[15] In B. Stallings(eds). Global Change, Regional Response[C]. New York: Cambridge University Press, 1995.

[16] Dunning J, H. Location of International Business Activities[J]. Palgrave Macmillan UK, 2014.

第六章　长三角城市群产业结构演化的最新动向

一、问题提出

2009 年，世界银行在《世界发展报告》中以重塑世界经济地理为题指出，某些地方发展势头良好，是因为遵循了区域经济一体化在提高密度、缩短距离和减少分割等方面的内涵和潜在要求，因而促进了地理结构变迁。根据世界银行的研究建议，塑造区域竞争力必须以区域一体化机制来提高地方的供给能力，以全球一体化来扩大当地需求。当前，世界经济地理重塑的趋势是，经济全球化和区域一体化相互包容并相互促进，以便在更大范围内寻求资源的优化配置并且拓展新的发展空间。

近年来，我国也出现了重塑经济地理的趋势。主要体现在两个方面：一是在地区发展战略层面，从单一的城市发展逐渐演变为区域性城市群的一体化发展；二是在国家发展战略层面，一些对国家发展具有重大战略意义的区域发展规划陆续进入国家战略。其中，一个突出的现象是，最近几年来统筹和协调区域经济发展正陆续上升为国家的发展战略。事实上，一个地区发展上升为国家战略，实质上就是通过差别化定位以获取国家整合资源、引导资源流入的能力。截至 2011 年上半年，国务院一共批复了十多个国家级区域发展战略规划，出台速度前所未有，充分显示了国家对区域发展的空前重视。比如，《国民经济和社会发展第十一个五年规划纲要》明确提出，要协调区域经济发展并根据资源环境的承载能力、发展基础和潜力，逐步形成主体功能定位清晰、东中西良性互动、公共服务和人民生活水平差距趋向缩小的区域协调发展格局。2010 年 5 月，国务院正式批准了《长江三角洲地区区域规划》。这是贯彻落实 2008 年《国务院关于进一步推进长江三角洲地区改革开放和经济社会发展的指导意见》,进一步提升长江三角洲地区整体实力和国际竞争力的重大决策部署,也是深入实施区域发展总体战略和促进全国经济平稳较快发展的重要举措。2013 年 9 月,国务院批准设立中国(上海)自由贸易试验区,这是中国新一轮“以改革促开放”大战略的重要决策,这势必会给予长江三角洲地区新的全球化、改革和发展红利。2014 年 9 月,国务院批准《关于依托黄金水道推动长江经济带发展的指导意见》,这要求作为长江经济带龙头的长江三角洲地区,将自身的产业结构转型升级同深化长江流域的产业与园区合作结合起来。后危机时代,长江三角洲地区面临的国内外环境发生重大变化,中国经济进入了以“中高速、优结构、新动力、多挑战”为特征的新常态,劳动力、资源和环境对产业发展的约束不断加大。同时,欧美发达经济体纷纷推进再工业化战略,重塑制造业国际竞争力;欧美发达经济体着力推进 TPP(《跨太平洋伙伴关系协议》)、TTIP(《跨大西洋贸易和投资协定》)和 PSA(《多边服务业协定》),试图以高规格的全球服务与贸易规则替代 WTO 体系,这无疑给长江三角洲地区的持续发展带来了重大挑战。国务院关于长三角地区战略发展的指导意见和规划,对于在新形势下如何加快提升长三角地区经济整体素质和国际竞争力,促进长三角地区科学发展、和谐发展、率先发展与一体化发展等均有着十分重要的指导意义,对于后金融危机时代如何阻遏新国际贸易保护和实现产业结构升级也具有重要的战略意义。然而,人们习惯认为,区域经济一体化进程,往往与地区间产业结构的相似性之间存在着潜在的冲突。那么,长三角地区到底是否存在着产业同构现象呢?如果存在一定的同构现象,那么造成产业同构的原因又是什么呢?适度的产业同构对于区域经济一体化和区域经济协调发展是否也有一定的促进作用呢?对于这些问题的思考和回答,正是本章研究的出发点。

所谓产业同构,是指区域间产业结构在变动过程中所出现的高度相似状态。而产业结构趋同,是指在经济发展过程中区域间产业结构呈现某种共同趋向。从理论上讲,在资源禀赋类似的区域,更容易形成相似或大体相同的产业结构。从现实来看,长三角地区无论是产业发展基础,还是全球价值链中的分工地位,都具有一定的相似性。从动态视角看,在产业升级时,后发国家企业很容易对下一批有前景的产业产生共识。各地政府和企业“扎堆”投资于某些相同的产业非理性行为,不可避免的带来地区产业同构问题。在市场需求并未相应扩大的情况下，又将诱发产能过剩问题。

从亚当·斯密提出分工理论开始，产业同构历来是人们批判的对象，因为人们习惯于将产业同构与地区重复建设、产业低效率联系在一起。当前供给侧改革背景下，化解过剩产能、提升供给质量的产业发展目标，更是要求降低产业同构，使得产业结构调整跟上需求结构的变化。由于在长三角两省一市地方政府主导的现行价格体系下，不存在相同的目标函数，因而投资趋同势必会导致地区产业结构趋同。如果产业同构程度下降，说明三地政府合作的意愿在增强。问题是，在现行价格体系下，长三角是否存在较为严重的产业同构现象，即便存在又应当如何评价这种同构现象呢？要对诸如此类的问题给予明确的回答，必须有大量的统计分析作基础。在原有的市场机制下，长三角出现产业同构的原因是什么？政府行为又会对区域产业结构产生何种影响？还有，在后金融危机时代，国际新贸易保护加大、国内产能过剩普遍的背景下，长三角作为外贸依存度较高的区域，三地政府应当如何科学地对待长三角内部的产业结构和产业分工问题呢？对于诸如此类问题的回答是本章研究的重点。

本章接下来的结构安排如下：第二部分是文献述评，第三部分是假说推演，第四部分进行统计分析，第五部分是计量检验，最后是结论与启示。

二、文献述评

首先，在产业同构问题上，国外的相关研究文献并不多。现有的研究，主要集中在地理集中度和地区专业化等方面。中国作为由计划经济向市场经济成功转型的大国经济体，无疑为产业同构问题的研究提供了极好的素材。比如，Bai & Du 等(2004)以中国省际面板数据为研究对象，并利用动态面板估计方法，对中国产业的地区专业化在地方保护主义之下的情况进行了研究。该文研究发现：地理集中度低的地区，税收超出利润的边界较高；而国有企业的比例越大，地方政府对产业的保护意愿则越强。这一研究结论，支持了规模经济理论在地区专业化中的作用。

而关于产业结构相似性成因的研究，研究者们更是见仁见智。比如，Tuan &

Yee Ng(2007)以吸收 FDI 的效果为切入点,对长三角和珠三角产业集聚状态进行了比较分析,发现位于区域"三角"内的核心城市对于吸收 FDI 发挥了重要的作用。相对于珠三角来讲,长三角吸引 FDI 的弹性更大,并且城市群内部各城市之间产业结构相似程度呈现出更加多样化的特征。主要原因可能是,在长三角区域内部,产品生产活动的竞争更为充分。

关于产业同构性存在的机理,可能与地区贸易壁垒和中间品的关联程度等密切相关。正如 Krugman & Venables(1996)研究指出的,当存在地区贸易壁垒和存在中间品时,经济一体化和地区专业化是集聚力和分散力循环累积的结果。而这些作用力的实现,必须有资本市场一体化和要素在区际能够自由流动等相关条件的支持(Sajid Anwar, 2006)。即便在技术能力和要素禀赋相似的区域,竞争和人力资本积累仍然是地区专业化和区际贸易最为本质的动力源泉(Rotemberg & Saloner, 2000)。在这里,地区产业目标和长期专业化趋势,与当地政府为了发挥当地比较优势而采取的产业选择和产业促进政策高度相关(Klimenko, 2004)。而经济活动的地方化作为地区专业化和产业空间集聚的重要表现,通常需要利用份额偏离分析法和结构熵指数等来对地区集中度和产业空间规模等进行度量(Esteban, 2000)。

下面分析本章最为关注的问题,即长三角产业同构程度果真下降了吗?目前,学界对此问题研究的基本情况是,早期的研究者主要是通过计算该地区两省一市三次产业大类产业或工业部门内部的结构相似系数,得出的结论是:长三角地区产业同构现象较为严重。而近期的研究则表明,人们通常所说的地区产业同构,主要是存在于以三次产业划分的宏观结构层面,并未发生在制造业层面的中观结构。也就是说,长三角地区制造业的结构相似程度明显要小于三次产业的结构相似程度。尽管从相似系数来看,也许还存在着一定程度的产业同构现象,但未必达到了严重的同构水平。而且如果深入到制造业内部产品结构层面来分析产业同构问题,长三角产业同构现象就不会如此严重。况且,长三角制造业产品结构是否形成了产业同构、重复建设和恶性竞争态势,需要通过定量的测量才能做出客观的评判。

不过,即便是在制造业层面,目前学界的主流观点是,尽管长三角一体化水平在不断提高,但制造业结构趋同现象仍然相当严重。针对这一情况,范剑勇(2004)最早在文章中运用新经济地理学分析框架,认为一体化必然带来制造业空间转移和地区结构差异性增强。该文以长三角为案例并通过对一系列衡量地区专业化水平、行业集中度指标的计算,证实了其理论预期。该文研究发现,浙江与上海参与长三角内部地区分工程度明显高于江苏,并且短短几年间长三角制造业发生了激烈的空间调整。不过,该文虽然认为长三角一体化必然会带来制造业空间转移和地区结构差异性增强,但对导致其变化的内在原因并没有揭示,没有对长三角产业同构程度进行定量的测量和评价,也没有对地方专业化产业区的形成机制进行分析。

金祥荣和朱希伟(2002)没有量化分析,但对专业化产业区的生成机制进行了专门的研究,并将其解释为产业特定性要素和重叠性要素的空间竞争。白重恩等(2004)则从定量角度,研究了产业地区集中度的决定因素及其变动趋势,探讨了为什么某些产业集中在部分地区,其他产业则比较均匀地分布在各个地区。该文运用数据集取对数的动态估计方法发现,利税率较高以及国有化程度较高的产业地方保护严重,产业地区集中度低。该文研究范围为全国,在考虑产业地区集中度的决定因素时研究的重点是地方保护主义的作用,虽然也考虑了规模经济以及产业群聚效应对集中度的影响,但对长三角产业同构及产生的机制则没有涉及。

徐现祥和李郇(2005)的论文以长三角城市群为样本,通过对1990—2002年的数据进行实证分析发现,长三角城市经济协调会的成立和运行,显著地降低了地方市场分割对区域协调发展的阻碍作用。该文论证了市场一体化有利于区域协调发展,但数据运用和统计分析中没有细分行业。胡向婷和张璐(2005)的论文,旨在考察地方保护对当地产业结构和地区间产业结构趋同的影响。作者从改变地区间贸易成本和政府直接投资两个方面引入地方政府行为变量,讨论了政府行为对地区产业结构的影响。模型分析发现,贸易成本的增加会促使地区间产业结构趋同,而政府直接投资对产业结构的影响则是不确定的,在一定条件下也有可能促进地区间产业结构差异化。胡和张的论文以全国为考察对象,认为我国地区产业结构的趋势不是趋同而是向着尊重比较优势的差异化发展。在控制了运输条件、地区资源差异以及产业结构等历史因素之后,政府变量对地区产业结构的差异性变化有着显著的影响。特别是当政府设置贸易壁垒和增加地区间贸易成本之后,政府决策行为可能会促进地区产业结构趋同，不过政府的投资行为在整体上还是促进了地区间产业结构的差异化。刘再起和徐燕飞(2014)认为地方政府行为对产业同构的影响在分税制改革前后存在着差异。分税制改革前，以市场分割为特征的政府行为加剧了地方的产业同构。分税制改革后，政府的行为特征转变为以“经营土地”为主，削弱了区域要素流动且降低了贸易壁垒，有助于各地区发挥比较优势，推动地区产业专业化发展。

除了政府的决策行为可能促进区域产业结构趋同，林毅夫等人(2010)认为处于世界产业链低端的后发国家在产业升级时，企业要投资的大多是发达国家发展成熟、技术相对稳定、产品市场已经存在的产业，“后发优势”使得他们在产业选择上产生共识。在信息严重不完备的环境下，会像波浪一样涌向某些相同有潜力的产业，投资出现“潮涌效应”，引发了较为严重的产业同构、产能过剩问题。余东华和吕逸楠(2015)以中国光伏产业为例，研究发现地方政府为追求自身短期利益，扶持企业扎堆发展“战略新兴产业”。以政府补贴、土地价格补贴和金融支持为具体内容的政府干预，给予生产企业大量的实质性补贴，造成过度投资、产业结构趋同和产能过剩。

另外，王业强和魏后凯(2007)、于良春和付强(2008)等人的研究也很有启发性。前者在关于产业特征、空间竞争与制造业地理集中的研究中，以全国 31 个省会城市为研究对象，对影响我国产业地理集中的决定因素建立了一个基于产业特征分析的空间竞争理论框架，通过对 1995—2003 年中国 28 个两位数制造业面板数据的计量检验，得出的结论很有参考价值。后者基于省际面板数据对地区行政垄断与区域产业同构互动关系进行了研究。以上研究，虽然不是专门讨论长三角产业同构及投资趋同导致的冲突与和谐问题，但其分析方法和研究视角对于本章分析长三角产业同构性及其形成机制具有较大的启发和借鉴意义。

三、假说推演

从现有的研究文献中不难看出，政府行为、当地资源、运输条件和产业结构的历史因素等，对地区产业结构的趋同或趋异均有着不同程度的影响。尤其是在行政分权和税制改革之后，中央政府和地方政府行政权力格局的变化，强化了地区产业结构趋同的作用。与改革之前相比，我国现行的财政权和税收权逐渐向中央政府集中，而投融资权和企业管辖权等则逐渐向地方政府下放。这一做法产生了双重效应：一方面削弱了地方政府财政收入的来源，另一方面则赋予了地方政府更多的地方经济决策上的自由。前者导致了地区间长期财政收支不平衡，后者放大了地方政府扩大投资促进增长的欲望和冲动。由此本章猜想，此二者可能正是破解长三角地区产业结构冲突与和谐的关键之所在。主要原因是，财税权、地方投融资权以及企业管辖权的集中和下放，使得地方政府有强烈的愿望巩固税基以保证财政收入。在这种财税体制下，对地方税收有重要贡献的地方企业自然是地方保护的主要对象。此外，从全球产业分工格局来看，长三角地区总体处于全球价值链的低端环节。在产业的动态升级过程中，不可避免地会借鉴发达国家的产业发展历程，因而容易在未来产业选择上产生共识。在信息不完备的情况下，企业投资会潮涌向某些相同的"战略新兴产业"。在 GDP 锦标赛和扩大税基冲动的驱使下，各地政府会在土地、信贷等方面补贴选择进入此类产业的企业。这种对资源和要素价格信号扭曲的干预行为，无疑进一步助长了市场中企业的非理性行为。地方政府的不当干预降低了企业进入市场的进入壁垒，带来了重复建设和产业趋同。而当市场需求低迷时，地区间的产业趋同，必然使得同构产业出现产能过剩。市场"优胜劣汰"机制本应淘汰重复建设的低效率产业，但是利税能力强的企业和产业的兴衰往往关系到本地就业、财政收入和社会稳定，地方政府又会设置很高的退出壁垒，本应被淘汰的企业和产业继续存在，并未降低产业同构。据此本章做如下猜想。

命题 1：倾向于扶持税收贡献能力强产业的政府行为偏好，造成了产业同构；信息不完备和政府干预下市场中企业的非理性行为，加剧了地区产业同构。

命题 1 意在揭示，市场失灵和地方政府的不当干预恶化了产业同构问题。政策扶持和进入限制是政府不当干预的两种主要行为方式，扶持政策无非是对不同性质企业的投资项目和政策措施给予差别化待遇。而限制政策主要是对特定行业和地区的进入壁垒，如果是通过设置贸易壁垒对地方经济实行保护，其结果往往由于加大了贸易成本使得地区产业结构出现趋同。因为根据空间经济学的基本思想，当地方政府在行使直接投资这一地方经济决策权时，如果充分地考虑了"蒂伯特（Tiebout）选择”机制，即将财政支出主要用于加强对当地基础设施建设和人力资源的开发与利用时，那么在区域内的乘数效应和区域间的溢出与反馈效应的共同作用下，其政策效果通过本地市场效应和价格指数效应的前后向关联及循环累积，会使得地区间产业结构在空间上的差异性不断增强。

然而，在现行价格体系之下，代表地方政府投资意愿的国有企业及国有控股企业的投资往往市场化程度较低，而民营企业和外商投资企业的投资决策则大多是在充分地考虑了蒂伯特用脚投票机制的基础上做出的，投资的市场化程度普遍较高。因此，地方保护主义对产业结构往往会产生较大的负面效应。尽管在一定程度上它能保证地方政府财政收入的来源，但地方政府在对当地经济实行保护的同时，往往会忽视其在地方经济决策中企业用脚投票的“蒂伯特选择”功能，因而在克服地区重复建设和有效降低地区产业同构方面存在着潜在的冲突。

上述过程的内在机理，可以援引新经济地理学的理论框架来解释。基本逻辑是，产业结构相似性取决于向心力和离心力两种基本力量。向心力主要来自企业和产业两个层面：企业层面的向心力，主要包括由大规模生产或学习效应所产生的规模技术经济；产业层面的向心力，主要来源于与聚集的劳动力市场相联系的前、后向联系和由于地理邻近性而产生的信息外溢等的外在区位优势。离心力主要来源于不可流动的生产要素，包括土地、自然资源和由拥挤、环境质量、犯罪等外在的非经济因素所产生的阻止集聚的力量。

根据 Amiti(1999)的研究，地理集中的产业具有密集使用中间产品的特点。该结论支持了新贸易理论和新经济地理学的理论观点。因为从理论上讲，产业结构相似性和地理集中度的决定因素，大体上可以分为第一自然和第二自然两类基本因素的作用(Krugman, 1993)。第一自然因素主要指物质和自然资源禀赋，第二自然因素主要是指经济主体间的经济距离。不同的理论模型对于各种自然因素的作用强调的程度不同。比如，比较优势理论强调第一自然因素的影响；新经济地理理论强调第二自然因素的影响；新贸易理论则强调两类自然因素的共同作用。

长三角由于对外贸易依存度非常高，因而可以用新贸易理论的框架来解释。该理论框架强调，产业地理集中模式取决于运输成本的水平，使得在高运输成本下产业分散分布于不同的地区。尽管此时产业链的上、下游企业之间存在着一定的关联效应,但本地市场需求仍然起着主导作用。在这种情况下,每一地区都倾向于建立自我满足的生产结构体系。当冰山贸易成本下降到某一临界水平以下时,产业集聚力超过了自我满足的刺激,产业的地理集中能够持续发生,最终会形成“核心—外围”的生产模式(Baldwin, 2003)。相反,当运输成本降低时,中间品运输成本下降,使得企业间的投入产出联系作用下降。此时,要素价格差异主导着地区产业结构的趋同或趋异(Hoover, 1936)。在这一过程中,最终消费品生产者对中间品的多样性偏好,决定了中间品生产出现规模收益递增现象。而这恰恰是长三角外资代工模式的重要特点。故有如下命题。

命题2:投资来源和投资性质的趋同与趋异是决定长三角产业同构性强弱的主要因素,判定地区产业同构性要考察各类投资的产业生态,这是产业空间布局冲突与和谐的关键。其中,国有及国有控股企业的投资会导致产业同构比例的上升;而“蒂伯特选择”机制下地方政府为发挥地区比较优势而采取的产业选择和产业促进政策的行业基本建设及企业更新改造投资能有效地降低产业同构。

命题2成立的一个内在要求是,相对于当地基础设施建设和企业更新改造投资而言,政府对国有及国有控股企业的投资缺乏外部经济效应,脱离了当地经济循环。长三角在经历了多年的加工贸易之后,目前已经在跨国公司主导的国际生产体系中形成了相对完备的分工体系。因此,总体来讲目前长三角内部细分行业的产业结构,其主流应当是和谐的,并不存在所谓的结构性冲突问题。理由有如下几点。第一,长期以来,长三角企业的组织结构在外资和民企的共同作用下,已经彻底打破了国有资本垄断产业发展的格局,企业间的市场化竞争程度较为充分。第二,企业在组织管理和产业空间布局方面的主动性较大,虽然企业在异地发展中可能会受到部分行政干扰,但这种干扰作用十分有限。况且,长三角地区企业内部的分工和市场化条件下的产业分工体系主要是以专业化分工所带来的效率增进的利润原则为基础的。也就是说,在长三角范围内,在“蒂伯特选择”机制作用下,本土企业包括外资企业在内其生产力空间布局已经反映了长三角城市群内部产业分工的比较优势,内部重复建设和恶性竞争的可能性较低,集群内专业化的分工体系在持续增强。不同企业的同质产品在激烈的竞争中已经形成了差异化的特色,促进了产品质量的提升和市场的繁荣,况且出口产品在国际市场上有明确的细分。可见,长三角两省一市地方政府为发展而竞争,客观上使得产业结构正朝着分工有序方向在深度演化。

从以上分析和推演中,可以进一步提炼出如下命题假说。

命题 3:研判地区产业同构性,除了要考虑政府主导的投资因素之外,还要考虑开放条件下企业主动选择国际分工的差别化定位,企业产品出口地差异、产品在空间上的运输成本和贸易壁垒以及代表历史因素的初始变量和汇率水平等,对产业同构性也会产生影响。但相对于各类投资效果而言,这些因素的作用效果可能是间接的并且存在着一定的滞后效应。

命题 3 的基本逻辑与 Dixon 和 Thirlwall(1975)的模型思想是一致的。该模型由产出与生产率增长 $q=a+\lambda y_{-i}$,成本与生产率增长 $p=w-q$,贸易多因素关联 $x=-b_0 p+b_1 p_f+b_2 z$,贸易增长与产出增长 $y=\gamma x$ 四个方程组成。a 为生产率的自主增长,λ 为 Verdoorn 系数,p 为产出品价格,w 为劳动力成本,b_0 和 b_1 为需求自价格弹性和他价格弹性,b_2 为外部对本地的需求收入弹性,γ 为区域产出增长对其溢出或出口增长效应的反应程度。第一个方程表明生产率增长(q)部分取决于滞后期的产出增长(y_{-i}),部分取决于其他未指明的因素(a);第二个方程表明生产成本(w)的增加将直接反映到区域通胀率上,即生产率的增长能降低通胀率;第三个方程表明出口增长(x)取决于区域内产品价格(p)、主要竞争对手产出品价格(p_f)及区域外收入(z);第四个方程反映区域间产出增长与出口增长的相互关系。

四、统计分析

(一)研究样本

行业选择方面,考虑到农业和服务业以及工业中的采掘业和电力蒸汽热水及煤气自来水生产供应业等都是高度依赖特定性资源和人口分布的行业,制造业相对来讲对当地资源的依赖程度较小,因而本章以制造业为研究对象并对其地区产业结构差异程度进行分析。时间选择方面,由于我国行政分权改革是在 1980—1994 年进行的,中央与地方行政权力格局发生变化是在 1994 年税制改革之后才真正开始的,而长三角经济一体化进程快速推进则是在 21 世纪初才真正开始的,考虑到上述因素和为了统计口径上的一致,本章选取 2000—2013 年共 14 个年份长三角两省一市制造业 27 个行业的数据变量。

(二) 变量定义

1. 产业结构差异度(Dissimilarity of Industrial Structure,简记 Distruct)

理论上讲,反映产业结构差异度的指标有产业结构转换值、摩尔结构转换值、结构熵指数和产业结构相似系数等,本章在计算该变量时,主要是借鉴了 Krugman (1991)所采用的指标度量方法。该指标包括两个层面:一是特定行业 i 的差异度,公式是 $Distruct_{nm,t}^{i}=\sum_{N}^{N}\left|\frac{Y_{in,t}}{Y_{n,t}}-\frac{Y_{im,t}}{Y_{n,t}}\right|$;二是整体行业的差异度,公式是 $Distruct_{nm,t}=\sum_{i}\left|\frac{Y_{in,t}}{Y_{n,t}}-\frac{Y_{im,t}}{Y_{m,t}}\right|$。这里,$n,m=1,2,3,n\neq m$。$n$、$m$ 表示江苏、上海和浙江地区,t 表示时间,i 代表行业。$Distruct_{nm,t}^{i}$和 $Distruct_{nm,t}$分别反映 t 时期地区 n、m 之间用工业产值代表的第 i 行业和整体行业的产业同构状况。计算时所有数据均取自于各地 2000—2013 年制造业分行业规模以上工业企业的总产值。

2. 市场化程度(Degree of Market Competition,简记 Dmar)

该变量主要是用来反映长三角地区细分行业产品市场竞争程度,虽然衡量市场化的指标众多,但是基于行业层面的指标并不多。依据市场的资源配置效率最佳理论,要素和资源总是会流向汇报最高的产业,这将推动各区域的产业结构稳定在自己的比较优势上。那么区域经济的市场活力的提高,将有助于化解产业结构趋同问题。但是信息不完备背景下,市场主体的非理性行为会使得投资涌向部分相同产业,造成重复建设、产业同构和产能过剩等问题。本章利用细分行业民营和三资企业产值,从绝对量和相对量角度设计行业产品市场竞争活力指数。从相对量角度,借鉴产业结构差异度算法求出非国有经济占比差异度,再取其倒数。如果行业非国有经济占比越相近，该变量的值也越大。可以理解为各地区行业市场势力相当时，最为接近完全竞争市场的假设；从绝对量角度，取三地区非国有经济占比平均值，其值大小反映了该行业产品市场大小。根据该指标测度方法，三地区行业非国有经济占比越接近、平均值越高，那么该行业产品市场化程度越高，具体测度公式如(1)所示。其中，$n,m=1,2,3,n\neq m$，n、m 表示江苏、上海和浙江地区，t 表示时间，i 代表行业，y 表示非国有企业产值。

$$Dmar_{nm,t}^{i}=\frac{1}{3}\sum_{n}^{N}\frac{y_{in,t}}{y_{n,t}}\Big/\sum_{n}^{N}\left|\frac{y_{in,t}}{y_{n,t}}-\frac{y_{im,t}}{y_{n,t}}\right| \tag{1}$$

3. 政府干预差异度(Dissimilarity of Government Intervention，简记 Dinter)

该变量用来反映长三角地区政府对行业发展干预动机的差异。地方政府对产业的行政干预，是影响区域产业结构趋同还是趋异的重要因素。现行财税和官员考评机制下，获取产业税金是地方政府干预产业发展的重要动机。故本章借鉴产业结构差异度估量方法，以统计年鉴中制造业各行业税金差异度来反映政府干预差异度。如果各地政府都对某些产业发展前景看好，认为扶持该类型产业发展会对地方财政和经济增长带来巨大拉动作用，那么各地政府会有强烈的动机“扎堆”扶持容易短期见效的产业。在缺乏区域规划协调的前提下，无疑会造成重复建设和产业同构。

4. 国企投资差异度(Dissimilarity of State-owned Industrial Investment，简记 Dgov)

该变量用来反映政府直接参与市场经济活动的程度。鉴于长三角部分省市并未统计国有企业在制造业细分行业的投资，故统一选用国有及国有控股工业企业的固定资产净值年平均余额作为数据来源。借鉴产业结构差异度估量方法，以国有及国有控股工业企业的固定资产净值年平均余额差异度反映政府投资的意愿。

5. 建改投资活跃度(Activity Level of Construction Transformation Investment，简记 Dtiebout)

该变量主要是用来反映在现行价格体系下长三角地区制造业分行业更新改造活跃程度。该变量的度量方法与市场化程度相同，选用各地统计年鉴中行业更新和改造投资支出作为数据来源。虽然该指标也反映了地方政府公共支出情况，但更多的是包括民营和三资企业在内的各种经济主体对于更新改造和转型升级方向的投资支出的活跃程度。地方政府在产业基础设施环境方面的投资，客观上会影响产业空间布局上的集聚或分散，在很大程度上反映了"蒂伯特选择"机制下企业用脚投票的投资意愿和状态。

在利用"国企投资差异度""建改投资活跃度"这两个变量来解释"产业结构差异度"时，解释变量中虽然含有"投资"，但在内涵上有较大的差异。此外，在对资本存量进行估算时，还要涉及折旧问题。比如，对于基准年份资本存量的确定，固定资产投资价格指数的确定，对当年新增投资(I)的调整，以及对折旧率(δ)的处理等。本章采用的是 Goldsmith(1951)、张军(2004)等人的永续盘存法，即利用公式 $Kt = It + (1-\delta_t)K_{t-1}$ 来估算资本存量。这里，Kt 为第 t 年的资本存量，K_{t-1} 为第 $t-1$ 年的资本存量，It 为第 t 年的投资，δ_t 为第 t 年的折旧率。

需要特别说明的是，本章在统计分析和实证检验时所用到的"国企投资差异度"用"固定资产净值年平均余额"来表示，为存量概念；"建改投资活跃度"以当年"分行业更新改造投资"作为数据来源，为增量概念。计算过程中，本章利用份额偏离法分别计算了部分变量的静态时点均值、一阶差分均值和二阶差分均值。本章统计和计量中所采用的数据，均来源于 2001—2014 年的江苏、上海和浙江的《统计年鉴》以及《对外经济贸易年鉴》等统计资料。对于统计年鉴中部分缺失的数据，本章采用插值法予以补充。

（三）统计描述

首先，我们根据江苏、上海和浙江 2000—2013 年制造业 27 个行业工业总产值份额来计算长三角地区制造业 27 个行业总产值的份额偏离程度。然后，根据长三角两省一市统计年鉴中"规模以上工业企业工业总产值"并利用 Krugman 指标度量方法 $Y^i_{nm,t} = \sum_{n}^{N} \left| \frac{Y_{in,t}}{Y_{n,t}} - \frac{Y_{im,t}}{Y_{n,t}} \right|$ 计算出 2000—2013 年江苏、上海和浙江制造业分行业的产出份额偏离的静态时点水平。计算结果显示，长三角制造业 27 个行业工业总产值份额偏离度差异均较大。本章选取长三角产业结构中具有代表性的医药制造、非金

属矿物、化学纤维、黑色金属、交通运输、通信设备等行业加以分析(见图6-1)。

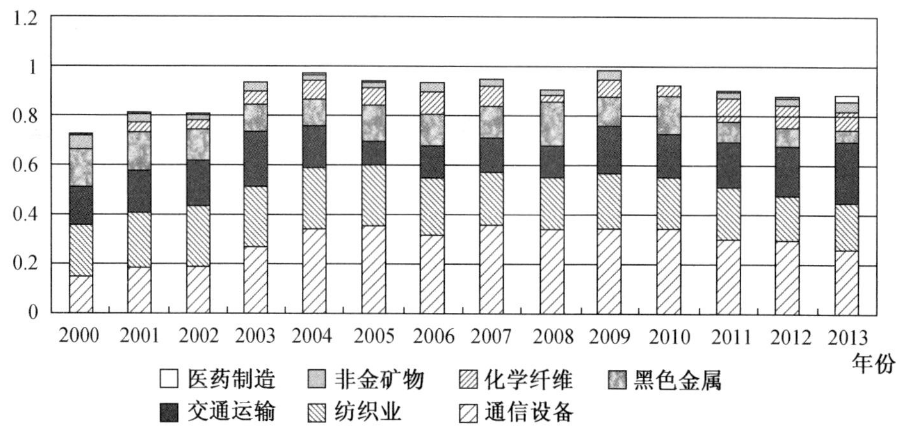

图6-1 长三角制造业部分行业工业总产值份额偏离状况比较

资料来源:根据2008—2014年江苏、上海和浙江《统计年鉴》《对外经济贸易年鉴》等数据整理和计算。

图6-1显示,笼统地评判长三角是否存在产业同构问题是不严谨的。从长三角制造业细分行业视角来看,医药制造、非金属矿物、化学纤维和黑色金属行业存在着较为严重的产业同构问题;相比而言,交通运输、纺织业和通信设备行业产业同构程度较低。对于部分行业存在的严重同构问题,原因归纳有以下几点。第一,长三角两省一市由于地理位置的邻近性、经济发展阶段的相似性以及资源禀赋和文化条件的相似性等,一方面构成了该地区部分产业结构趋同的来源,另一方面也是长三角更大范围内产业集群发展态势形成的基础。第二,从行业性质来看,以化学纤维为代表的石化产业和黑色金属产业属于重资本行业。这些行业往往会对地方财税收入和GDP增长做出重要贡献,在现行财税和官员考核体制下,这些产业无疑都是各地政府重点保护和扶持的对象,所以现行扭曲的体制不可避免地造成此类产业的区域同构。第三,从产业动态升级视角看,后发国家市场主体往往对下一个有前景产业产生认识共识。例如,目前中央和各地政府重点扶持的战略新兴产业中,大多包含新材料、新能源和生物医药等行业,地方政府和企业“扎堆”投资相同产业,从而造成了产

业同构。这在一定程度上解释了长三角地区医药制造、非金属矿物等行业出现的同构问题。

交通运输、纺织业和通信制造行业不仅产业差异度较高,而且有进一步扩大的趋势,这表明这些产业朝着分工协调和产业深化方向发展。在开放的国际生产体系中,长三角产业活动的空间布局在很大程度上是由跨国公司主导的国际资本全球流动直接驱动的,在后危机时代这一趋势将会更加明显。虽然长三角两省一市在资源禀赋上具有较大的同质性,城市群内部大多数城市目前都把电子、汽车、机械、化工、医药等作为其未来发展的主导产业,但从长期的动态变化趋势来看,长三角产业发展依然符合国际产业分工的需要。这些结果与李清娟(2006)等的研究结论比较吻合。从长三角两省一市领先行业构成看,区域产业分工与合作并存。根据测算,在领先行业的差异上 2007—2013 年间江苏排在前 3 位的行业依次是通信设备、化学制品和电气机械,约占当地制造业份额的 34%;上海排在前 3 位的行业依次是通信设备、交通运输和通用设备,约占当地制造业的 43%;浙江排在前 3 位的行业依次是纺织业、电气机械和化学制品,约占当地制造业的 30%(参见表 6-1)。

表 6-1　2007—2013 年两省一市工业总产值位列前 8 位的行业在制造业产值中的比重

位次	江苏(66.14%)		上海(72.67%)		浙江(58.21%)	
	行业	占比	行业	占比	行业	占比
1	通信设备	14.37%	通信设备	19.63%	纺织业	11.53%
2	化学制品	11.20%	交通运输	15.29%	电气机械	9.99%
3	电气机械	8.62%	通用设备	8.29%	化学制品	8.37%
4	黑色金属	7.82%	化学制品	7.90%	通用设备	7.72%
5	交通运输	7.10%	电气机械	6.87%	交通运输	7.29%
6	纺织业	6.41%	黑色金属	5.69%	通信设备	4.46%
7	通用设备	6.10%	石油炼焦	4.96%	化学纤维	4.45%
8	仪器仪表	4.53%	专用设备	4.05%	金属制品	4.41%

资料来源:根据 2008—2014 年江苏、上海和浙江《统计年鉴》《对外经济贸易年鉴》等数据整理和计算。

这里还根据长三角16个核心城市制造业当中的支柱产业规模以上工业企业的总产值，计算了结构熵指数和产业结构相似系数，再按照产业的发展阶段将优势产业分为四种类型：第一类是电子+汽车+重化工类，以上海为代表；第二类是电子+重化工类，包括苏州和南京；第三类是轻纺类，代表城市有绍兴、南通、嘉兴和湖州；第四类是均衡发展类，包括杭州、无锡、宁波、常州、台州、镇江、扬州和泰州等。这些城市在主导产业选择上虽然存在着一定程度的重叠，但产业结构层次上的差异还是相当明显的，存在着一定的差异性和互补性。不过，长三角城市群由于在众多产业上存在着水平分工，有些行业比如纺织、化工及医药制造等在城市群内部已经形成了比较完善的产业链，上下游产业配套极为密切，各城市在这些完整产业链中有时仅仅从事其中的一个或几个环节，使得地区内从事相同产业的结构相似系比实际情况偏高。事实上，区位熵计算结果显示，产业划分越是细化，产业结构差异度越是增强，同时区域划分越细，产业结构差异也越明显。比如，在省级层面，产业结构相似程度较高；市级层面，产业结构相似程度的波动幅度较大；而在县级层面，产业结构的相似程度则明显的要低于省级和市级。

因此，关于长三角产业结构是否趋同及其影响，应当辩证地来看待和评价。比如，产业集群理论认为，产业结构趋同既是经济发展到一定阶段的产物，也是为专业化分工充分地利用比较优势和竞争优势提供必要的准备。产业结构一定程度上的趋同是产业集聚的基础，产业同构也会通过有效竞争走向产业集聚与产业分工。相关研究也证实，当前长三角产业结构并没有出现严重的、普遍的恶性竞争态势和逆工业化现象。比如，沿沪宁线上的城市带就已经初步显现了长三角内部理性的产业空间分工格局。当然，必须清醒的是，当前长三角制造业还存在着一定程度的低成本费用利用率现象，存在着一定程度的企业规模不经济、重复建设以及过度争夺外资、资源和市场的现象。虽然这些所谓的低成本费用利用率和行业低平均利润率现象并没有构成长三角地方产业发展的倒推力，但长三角的产业发展仍然处于粗放型发展阶段，经济增长仍然是依靠中西部廉价生产要素的不断流入来支撑。况且，这种增长模式目前正面临着新国际贸易保护主义、工资成本上升、原材料价格上涨以及人民币汇率升值等多重压力的严峻考验。

五、计量检验

（一）模型设定

基于前面的假说推演和统计分析，下面构建长三角产业同构影响因素的计量模型。考虑到上一期的产业结构将会对本期的产业结构带来一定的影响，故将产业结构差异一期滞后项作为解释变量放入模型。

$$Distruct_{i,t}=\alpha_0+\alpha_1 Distruct_{i,t-1}+\alpha_2 Dmark_{i,t}+\alpha_3 Dinter_{i,t}+\alpha_4 Dgov_{i,t}+\sum\phi_j\cdot Dtiebout_{i,t-j}+\varepsilon_i+\gamma_t+\mu_{it} \tag{2}$$

本模型中，Distruct、Dmark、Dinter、Dgov、Dtiebout 分别代表产业结构差异度、市场化程度、政府干预差异度、国企投资差异度和建改投资活跃度。鉴于建改投资为增量指标，考虑到其“蒂伯特选择”效应发挥存在滞后性，所以本模型将建改投资一阶和二阶滞后项纳入。国企投资是存量指标，依据柯布-道格拉斯生产函数对存量资本的处理原则，故将其直接纳入模型。ε_i 表示不可观察的行业固定效应，γ_t 为时间效应，μ_{it} 为随机误差项。

（二）回归分析

下面对长三角两省一市产业结构差异度的影响因素进行计量检验。在检验时，由于模型中出现了被解释变量的滞后一期项，这将与不可观察的截面异质性效应产生相关性，将会带来参数估计的非一致性问题。为解决这一问题，可以采用“广义矩估计法”(Generalized Method of Moments, GMM)。这一方法的思路是通过一阶差分法消除个体效应，使用解释变量和被解释变量所有可行的滞后变量作为工具变量。GMM 可以分为差分 GMM 和系统 GMM，差分 GMM 容易受弱工具变量和小样本偏误的影响，而“系统广义矩估计法”(SYS-GMM)结合了差分方程和水平方程两种估计信息，可以提高估计的效率，故选择使用“系统广义矩估计法”估计面板数据模型。本章选取了 2000—2013 年共 14 个年份的各项指标。考虑到烟草和石油炼焦行业的特殊性和数据的歧异，本章在检验时将其剔除，最终保留了 26 个行业，研究样本一共是 260 个(检验结果参见表 6-2)。

以产业结构差异度为被解释变量，分别以产业结构差异滞后一期项、市场化程度、政府干预差异度、国企投资差异度、建改投资活跃度一期和二期滞后项为独立解释变量依次引入模型。结果显示产业结构差异一期滞后、政府干预差异度、国企投资差异度和建改投资一期滞后项与产业结构差异度正相关，并且通过了显著性检验，市场化程度与产业结构差异度显著负相关。模型(1)和(2)中，滞后一期的产业结构差异与本期的产业结构差异呈正相关关系，这与区域产业结构受历史因素影响的事实相符，即区域产业结构的调整需要一个逐渐转变的过程。出于计量结果的稳健性考虑，同时也汇报了差分 GMM 的回归结果。表 6-2 中(5)和(6)列显示两种估计方法结果相近，这说明模型的计量结果是可靠有效的。

表 6-2　长三角制造业产业差异度影响因素的计量检验

变量	SYS-GMM					DIF-GMM
	(1)	(2)	(3)	(4)	(5)	(6)
Constant	0.058 5***	0.035 5***	0.015 3***	0.019 0**	0.016 8*	0.014 4
	0.006 31	−0.001 2	0.002 05	0.008 3	0.009 6	0.010 7
$Distruct_{-1}$	0.002 4*	0.028 9*	0.030 9	0.064 8	0.097 8	0.073 6
	0.059 1	0.049 3	0.053 3	0.065 5	0.082 6	0.099 3
Dmark	−0.000 8***	−0.000 6**	−0.000 5**	−0.000 5***	−0.000 8***	0.000 5**
	0.000 2	0.000 3	0.000 2	0.000 1	0.000 2	0.000 2
Dinter		0.249***	0.238***	0.254***	0.227***	0.242***
		0.062 0	0.054 2	0.054 6	0.053 7	0.052
Dgov			0.086 1***	0.081 9**	0.069 2*	0.075 9***
			0.031 2	0.039 4	0.036 7	0.028 6
$Dtietbout_{-1}$				0.004 2***	0.005 3***	0.005 7***
				0.001 1	0.001 5	0.001 3

（续表）

变量	SYS-GMM					DIF-GMM
	(1)	(2)	(3)	(4)	(5)	(6)
$Dtiebout_{-2}$					0.000 8	0.001 2
					0.001 4	0.001 3
Wald	18.87	25.78	39.84	59.57	68.04	115.38
	0.011 8	0.000 0	0.000 0	0.000 0	0.000 0	0.000 0
AR(2)	0.475 4	−1.142 4	0.354	0.316 8	−0.330 3	0.343 0
	0.634 5	0.253 3	0.723 3	0.751 4	0.741 2	0.731 5
Saragan	23.595 4	24.348 0	23.124	19.217 7	23.892 4	17.755
	0.995 0	0.992 9	0.996 0	0.999 6	0.992 0	0.972 6

注：数据来源同表1；实证结果均由stata12处理得出；***、**、*分别表示1%、5%、10%的显著性水平；Wald检验的原假设为变量是外生的(H:/athrho=0)；AR(2)检验主要用来反映扰动项的差分是否存在二阶自相关；Saragan检验主要用来观察工具变量过度识别问题。

（三）结果解释

以上回归结果表明，长三角产业结构的趋同或趋异主要受以下因素驱动。

第一类因素是各行业的产品市场化程度。该变量反映各行业市场经济力量对产业结构差异的影响，本章计量结果显示市场化程度与产业结构差异度显著负相关。完全竞争市场环境中，资源配置效率最高，实现地区产业结构与当地比较优势匹配，从而避免区域产业同构。对于本章计量“悖论”的理解，应结合近年来部分产业发展的“潮涌现象”。整体而言，长三角处于全球产业分工的低端环节。在推进产业转型升级时，市场主体很容易对下一波有前景产业产生共识。在本章的统计分析环节中，与当前战略新兴产业关联度较大的医药制造、非金属矿物等行业存在严重的区域产业同构的事实也验证了这一点。在信息不完全情况下，市场主体不可避免地涌向某些相同的产业，市场主体的非理性行为将在一定程度上造成区域产业同构。而现有体制的种种不完善，无疑又放大了市场失灵。地方政府为追求短期经济利益，不顾本地实际情况，出台超常规优惠政策扶持某些新兴产业发展。地方政府利用土地产权、银行预算软约束和环境保护等体制上的缺陷，给予进入企业实质性生产补贴。这种产业成本、风险外化行为，扭曲了企业投资行为，造成了重复建设和产业同构。

第二类因素是各行业政府干预的差异。该变量反映了现行财税和官员考核体制下，地方政府对产业布局规划干预动机的差异。本章计量结果显示政府干预差异度与产业差异度显著正相关，该结果表明如果地方政府都偏好干预某些产业的发展，那么区域产业结构差异度将下降。本章的统计环节中，化学纤维、黑色金属等行业同构问题严重的事实也印证了这一点。上述重资本行业具有很强的利税能力，地方政府往往都会有着强烈的动机干预此类产业发展，因而容易出现产业同构。各地方政府往往会通过信贷、设置贸易壁垒和优惠的招商政策等方式，给予对地方财税具有重要贡献的产业以扶持，甚至设置区域贸易壁垒，造成省域层面的产业同构和产能过剩问题。

第三类因素是国有企业及国有控股工业企业在各行业投资上的差异。该变量在很大程度上反映了国有企业投资的意愿，是用来反映各地国有企业行业投资程度差异的指标。本章计量结果显示国企投资差异度与产业结构差异度显著正相关，那么各地国有企业行业投资强度差异越小，区域产业同构问题越严重。国有企业在制造业各行业的投资选择代表了政府的利益诉求，各地政府出于产业布局、升级需要，会对某些产业的投资进行取舍。如果各地国有企业行业投资趋同，将不可避免地造成区域重复建设和产业同构。

第四类因素是行业企业更新改造投资活跃程度。本章计量结果显示企业更新改造投资活动越活跃，越有利于实现区域产业差异化布局。该指标虽然也反映了地方政府公共支出的行业分布，但更多的则是反映包括民营经济在内的各种经济主体对于行业基本建设和更新改造的认同和取舍。政府主导的行业基础设施投资能够有效提高区域内的产业配套能力和公共服务能力，而基础设施的空间“溢出效应”和“蒂波特选择”机制，促进人才与产业的区域流动，有助于形成合理的区域分工和专业化生产，缓解产业同构问题。该变量能很好地解释产业同构，反映了市场经济微观主体用脚投票的意愿。正是由于各类投资在投资来源和投资方向上存在着动态的替代或互补性变化,使得长三角产业结构状态在行业、空间和时间等不同维度呈现出复杂多变的周期性变化。同时,由于各类投资主体在跨国公司主导的国际分工体系中普遍存在着为发展而竞争、为出口而进口和为出口而投资的欲望和冲动,客观上造就了长三角产业结构目前正朝着分工有序方向进行深度演化。

六、结论与启示

本章选取长三角两省一市制造业 27 个行业的数据,并对这些行业规模以上工业企业的产值份额偏离情况进行了统计分析。统计结果表明,笼统地评判长三角产业同构问题是不严谨的。由于长三角地区发展条件的相似性以及现行体制扭曲和市场失灵问题,非金属矿物、黑色金属等行业存在着一定的产业同构;通信制造、交通运输等行业分工并没有出现以往人们所普遍认为的同构现象,反而朝着差异化和分工协作方向演化。从更细化的产业和更低的行政区域层面看,产业结构差异表现得相当明显,反映了长三角城市群核心城市对产业分工的凝聚作用。

本章实证检验的结果显示,信息不完备条件下,市场主体的非理性行为以及地方政府的不当干预是造成长三角产业同构性存在的重要原因。该结论的启发意义在于,为了更好地贯彻落实国务院长三角《指导意见》和《长三角区域规划》精神,必须加快推进体制机制供给侧改革,重塑区域产业国际竞争力。注重通过供给端的结构性变革和制度创新,为区域经济的持续发展注入新动力。首先,要增加政府管理、社会发展、生态保护等多维度的制度有效供给,完善制度的顶层设计。以高效的制度供给和与时俱进的开放理念,优化市场主体生产经营环境,激发微观主体创新、创业、创造的潜能。其次,在发挥市场在资源配置中起决定性作用的同时,发挥好政府"守夜人"的角色,塑造"有效市场,有为政府"的经济发展新模式。发挥政府在产业升级中的服务和引导作用,及时发布产业投资和市场需求信息,避免重复建设。转变政府职能,减少政府对市场行为的不当干预,政府补贴从供给侧向供给与需求双侧转变。

此外,本研究还发现,当前长三角的产业结构形态和现行的产业分工模式主要是由地方政府主导下的各种投资联合驱动的。这种结构性差异的存在,不仅源于政府主导下各种投资来源和投资性质的差别，而且源于开放条件下企业为了提高产品出口竞争力而主动选择的国际分工的差别化定位。国有及国有控股企业投资的行业分布趋同会导致产业同构比例上升；“蒂伯特选择”机制下的行业基本建设和企业更新改造投资能够明显地降低产业同构；并且出口产品的来源地和目标地差异越大产业同构程度越低。后危机时代，国内外经济环境发生重大变化，成本、资源和环境对产业转型升级的压力不断加大，长三角现有的产业结构和产业分工模式必须适应新的国际国内形势。因此，地方政府在战略性新兴产业规划和投资中，不仅要注重新增投资行业投资方向的审核，而且要加强区际行业分工协调，尤其是要通过制度建设来强化区域统筹，以减少地区行政分割体制和竞争性行业投资造成的市场和资源配置分割的负面影响，促进产业结构向集聚和分工协调方向发展。比如，在产业选择上，上海可进一步向外转移劳动密集型产业并专注于资本技术密集型、港口型和都市信息型产业，集中从事通信设备和交通运输设备的研究开发；浙江可继续稳步吸收上海和江苏转移出来的劳动密集型行业，重点发展纺织业和电气设备制造业；江苏可充分发挥其先进制造业的技术配套上的优势，通过吸收和释放的动态调整，并围绕打造装备制造和生物医药工程的完整产业链，来重点配置资源。

本章研究对于如何正确处理区域内产业分工与国家层面的区域整体开发和区域统筹战略也具有一定的启发意义。因为众所周知的原因，在后金融危机时代传统的劳动力等比较优势正逐渐成为抑制中国制造业地理集中的主要因素，而制造业的地理集中则主要由产业的技术偏好、市场规模和产业关联等因素来联合推动，具有明显的区域技术外溢效应，越是邻近的区域，相互间的溢出效应和反馈效应强度越大。因此，为了更好地配合实现中西部区域振兴并支持培育中西部增长极的国家开发战略，必须缩短区域间的经济距离，加强东中西三大地带区域间的产业协调。在此问题上，长三角和珠三角等东部发达地区要尽更多的义务。一方面，这些地区自身的产业结构必须尽快地实现全面的转型升级，以提升其在全球价值链中的地位，同时要抓住全球金融危机背景下国际分工和贸易的新变化，并结合企业的自身比较优势走联合开发和自主创新之路，实现区域内基础产业协调发展、新兴产业共同发展、支柱产业互补发展的一体化战略。另一方面，长三角和珠三角地区要将传统的制造业有计划、有步骤地向中西部地区转移,集中从事高端生产性服务业。同时,这些率先发展起来的地区要加大对外围地区福利补偿的力度,要让外围地区也能从核心区产业发展中享受更多的收益。在此方面,政府应有所作为,比如可以在区域开发中结合国家区域整体规划的需要,将东部地区某些产业引导甚至直接"规划"到中西部地区。通过拓展投资渠道并强化投资管理来实现区际产业转移,以弥补单纯依靠中央财政转移手段对区域公平和福利改善功能之不足。

当然,本章研究还存在着多方面值得改进的地方。第一,本章对长三角两省一市制造业 27 个行业进行了统计分析和计量检验,没有深入到长三角城市群内部的城市和企业层面。第二,在检验三资企业投资和出口结构能否有效降低产业同构时,限于篇幅,本章没有报告三资企业出口产品的地区和国别分布状况的统计结果,也没有将工资成本差异及汇率的变化对产业同构的影响纳入模型展开分析和讨论。第三,技术进步、产业结构转换与经济增长之间是相互关联的,尤其是投资差异度与产业结构差异度之间存在着复杂的多重因果联系,限于篇幅,本章没有报告这些变量的检验结果,也没有对其传导机制及原因展开分析和讨论。最后,本章没有给出判断产业同构现象严重程度的量化标准,没有给出确定的数值区间来回答当产业结构差异度高于某个特定的临界值时就可以直接判定存在严重同构。基于此,在后续的研究当中,希望能够对上述问题,尤其是对不同空间尺度下克鲁格曼和赫尔普曼的钟形区域差异的内在机理进行建模和仿真。

参考文献

[1] 白重恩,杜颖娟,陶志刚,全月婷. 地方保护主义及产业地区集中度的决定因素和变动趋势[J]. 经济研究,2004(4):29 - 39.

[2] 胡向婷,张璐. 地方保护主义对地区产业结构的影响[J]. 经济研究,2005(2):102 -112.

[3] 范剑勇. 长三角一体化、地区专业化与制造业空间转移[J]. 管理世界,2004(11):77 -84.

[4] 金祥荣,朱希伟. 专业化产业区的起源与演化[J]. 经济研究,2002(8):74 - 84.

[5] 刘再起,徐艳飞. 市场化进程中地方政府经济行为模式与产业结构演进[J]. 经济管理,2014(9):12 - 24.

[6] 林毅夫,巫和懋,邢亦青."潮涌现象"与产能过剩的形成机制[J].经济研究,2010(10):4-20.

[7] 李清娟.长三角产业同构向产业分工深化转变研究[J].上海经济研究,2006(4):47-57.

[8] 王业强,魏后凯.产业特征、空间竞争与制造业地理集中[J].管理世界,2007(4):68-80.

[9] 徐现祥,李郇.市场一体化与区域协调发展[J].经济研究,2005(12):57-68.

[10] 余东华,吕逸楠.政府不当干预与战略新兴产业产能过剩:以中国光伏产业为例[J].中国工业经济,2015(10):53-69.

[11] 于良春,付强.地区行政垄断与区域产业同构互动关系分析:基于省际的面板数据[J].中国工业经济,2008(6):56-67.

[12] 张军,吴桂英,张吉鹏.中国省际物质资本存量的估算:1952—2000[J].经济研究,2004(10):35-44.

[13] Amiti Mary. Specialization Patterns in Europe[J]. Weltwirtschaftliches Archiv, 1999, 135(4): 573-593.

[14] Arellano, Manuel, Bond Stephen. Some Tests of Specification for Panel Data: Monte-Carlo Evidence and an Application to Employment Equations[J]. Review of Economic Studies, 1991, 58(2): 277-297.

[15] Baldwin, Richard et al. Economic Geography and Public Policy[M]. New Jersey: Princeton University Press, 2003.

[16] Chyau Tuan, Linda Fung-Yee Ng. The Place of FDI in China's Regional Economic Development: Emergence of the Globalized Delta Economies[J]. Journal of Asian Economics, 2007, 18(2): 348-364.

[17] Chong-En Bai, Yingjuan Du, Zhigang Tao, Sarah Y. Tong. Local Protectionism and Regional Specialization: Evidence from China's Industries[J]. Journal of International Economics, 2004, 63(2): 397-417.

[18] Dixon R. J, Thirlwall. A. P. A Model of Regional Growth-Rate Differences along Kaldorian Lines[J]. Oxford Economics Papers, 1975(27): 201-214.

[19] Eleonora Cutrini. Using Entropy Measures to Disentangle Regional from National Localization Patterns[J]. Regional Science and Urban Economics, 2009, 39(2): 243-250.

[20] Hoover, Edgar M., Jr.. The Measurement of Industrial Localization[J]. the Review of Economics and Statistics, 1936, 18(4): 162-171.

[21] Julio J. Rotemberg, Garth Saloner. Competition and Human Capital Accumulation: a Theory of Interregional Specialization and Trade[J]. Regional Science and Urban Economics, 2000, 30(4): 373-404.

[22] J. Esteban. Regional Convergence in Europe and the Industry Mix: a Shift-share Analysis[J]. Regional Science and Urban Economics, 2000, 30(3): 353-364.

[23] Krugman Paul. First Nature, Second Nature and Metropolitan Location[J]. Journal of Regional Science, 1993, 33(2): 129-144.

[24] Mikhail M. Klimenko. Industrial Targeting, Experimentation and Long-run specialization[J]. Journal of Development Economics, 2004, 73(1): 75-105.

[25] Paul Krugman. Geography and Trade[M]. Leuven: Leuven University Press, 1991.

[26] Paul Krugman, Anthony J. Venables. Integration Specialization and Adjustment[J]. European Economic Review, 1996, 40(3-5): 959-967.

[27] Sajid Anwar. Factor Mobility and Wage Inequality in the Presence of Specialization-based External Economies[J]. Economics Letters, 2006, 93(1): 88-93.

[28] Sebnem Kalemli-Ozcan, Bent E. Sørensen, Oved Yosha. Economic Integration, Industrial Specialization and the Asymmetry of Macroeconomic Fluctuations[J]. Journal of International Economics, 2001, 55(1): 107-137.

第七章　依托园区飞地优化长三角产业空间布局

一、问题提出

中国改革开放以来，中国经济的发展有着明显的区域不平衡的特征（Naughton，2007）。十二届全国人大三次会议提出，我国要拓展区域发展新空间，统筹实施“四大板块”和“三个支撑带”战略组合。这其中，以“一带一路”“京津冀协同发展”“建设长江经济带”为内容的三大支撑带，将突破传统的行政边界，引领区域经济协调发展，为经济发展提供了持续的动力。区域战略的核心是产业布局重塑，使得区域中各主体能充分发挥比较优势，实现优势互补。如今，长三角地区位于“一带一路”与“长江经济带”的叠加区，理应在两大战略区域中利用自身的禀赋优势，发挥更广的辐射作用，成为产业流动的源泉与动力，联动区域发展。

当前，长三角地区面临着更为复杂的区域发展环境。一方面，在发达国家“再工业化”、国内资源环境压力下，长三角现存的产业体系面临着转型瓶颈与产能过剩的困境。由于供给与需求无法匹配，长期高投资惯性带来的产能难以消化，许多传统行企业亏损情况严重，导致实体经济投资回报率低下。另一方面，长期以来国内非均衡的经济地理格局仍然没有向均衡方向收敛的迹象，“胡焕庸线”依然是中国经济地理上难以破解的难题。根据1935年胡焕庸的统计，占全部陆上国土面积36%的东南部区域，人口占比高达96%；而根据第五次人口普查数据测算，2000年东南部43.8%的国土面积，依旧承载了高达94.1%的人口（葛美玲和封志明，2008）。虽然西部地区贫困率较高，但东部地区却集聚了大部分的贫困人口，造成了财富水平的严重分化。单一的转移支付手段难以缩小日益扩大的区域差距，亟须以产业布局再调整的手段重塑国内经济地理(吴福象和蔡悦,2014)。近日,国家发展改革委出台了《国家发展改革委关于进一步加强区域合作工作的指导意见》指出了合作的必要性及合作的路径,并说明了各类园区在区域合作中的平台性作用。

长三角多年以来积累了发展产业园区的经验。园区经济是长三角经济发展的一大特色,下一阶段长三角应当积极发展走出去的模式。这是因为,一方面长三角地区资源、环境承载能力有限,近期人口红利锐减,要素成本集聚上升;另一方面,以苏州丰富的园区开发经验为支撑,积极与中西部地区与当地政府合作共同开发园区,不仅能带动当地经济发展与就业情况改善,还能促进苏州"腾笼换鸟"进行产业升级。因此,长三角地区有能力也有义务将园区经验示范推广至全国,主动担当园区建设方面的"导师"。具体来说,走出去可分为三个阶段。第一阶段是理念上走出去,主要由各地政府与投资方来长三角的示范园区学习经验与建设理念,然后再回当地自主开发园区。第二阶段是制度层面上的走出去,即其他地区通过模仿、复制长三角地区园区的管理制度,再进行自主开发。第三阶段为模式上的走出去,将成熟的园区开发模式输出其他地区,与当地政府展开合作。长三角地区可借鉴新加坡过往成功的经验,从园区走出去的过程中探寻巨大的利润空间。通过技术、品牌、管理经验输出等方式,建设遍布全国乃至全世界的园区飞地,实现自身和东道地区的持续增长。

但园区飞地的建设面临重重困境。国内层面上,地方政府和市场的边界难以厘清。由于园区共建提高东道地区的经济增长率以及就业率,所以在政绩考核压力下,地方政府有扭曲要素价格来吸引资本的动力。这会使得原本落后的企业因政策因素得以存活,进而变成"僵尸企业",降低了要素的利用率,也一定程度上造成了产品同质化过剩。国际层面上,在异国投资建设园区,则存在较高的投资壁垒。这种投资壁垒并非税收等硬性壁垒,而是文化、理念冲突造成的软性壁垒。投资壁垒的存在,也将影响产业园区的建设,不利于资本对外输出。实现园区飞地的稳步建设,是"一带一路""长江经济带"推行的战略保障,也是当前长三角产业升级的必经之路。本章围绕这一问题展开,从数据上分析当前产业园区空间布局情况、长三角园区飞地建设的现状与条件,为下一阶段长三角园区在异地建设飞地提供一定的意见与建议。

二、理论和文献综述

（一）产业集群理论

产业集群(Industrial Cluster)是集中于一定区域内,特定产业的众多具有分工合作关系、不同规模等级的企业和与其发展有关的各种组织机构等行为主体,通过纵横交错的网络关系紧密联系在一起的空间集聚体,具有群体竞争优势和集聚发展的规模效益(金祥荣,2011)。产业集群创新是运用产业集群优势进行技术创新,是以专业化分工和协作为基础的同一产业或相关产业的企业,通过地理位置上的集中,产生创新集群效应,从而获得创新优势的一种创新形式(Broekel, 2012)。产业集群创新起源于集群内若干家创新型企业,这些企业刺激集群内的其他企业创新成长,如美国在线(American Online, AOL)带动的华盛顿电信业集群(Lin & Hsia, 2011)。

产业集群产生的原因在于集聚的外部性。集聚的外部性有三种,分别是 MAR (Marshanll-Arrow-Romer)外部性、Jacobs 外部性和 Porter 外部性(Glaeser et al., 1992;赵伟和隋月红,2015)。在地理尺度上,与产业园区相关的是 MAR 外部性与 Porter 外部性。MAR 外部性强调某专业化带来的集聚效应,MAR 将其归纳为劳动联合、知识溢出和要素共享等三个方面。MAR 外部性关注的是某一产业发展过程中各主体的业务关联效应,其表现形式主要为各类产业集群。以 Krugman 为代表的新经济地理学,将产业集群形成的机制嵌入了一般均衡框架,认为集群产生是源于集聚的外部效应,运输成本的下降导致集群的形成(Krugman, 1991)。Porter 通过对 10 多个工业化国家的考察发现,产业集群是工业化过程中的普遍现象(波特,2003)。在所有发达的经济体中,都可以明显看到各种产业集群。作为在特定区域中具有竞争与合作关系,产业集群表现为在地理上集中有交互关联性的企业、专业化供应商、服务供应商、金融机构、相关产业的厂商及其他相关机构等组成的群体。不同产业集群的纵深程度和复杂性相异。产业集群发展状况已经成为考察一个经济体,或其中某个区域和地区发展水平的重要指标。

长三角地区的各类产业园区培育了长三角的产业集群(Long & Zhang, 2012)。一般来讲,产业园区具有以下基本功能:资源集聚功能、企业孵化功能、技术渗透功能、示范带动功能及外围辐射功能。同时,产业园区还具有一些地域功能,其可以促进规模经济形成,优化区域产业结构,并增强城市功能,促进城市新区迅速形成,进而促进区域经济社会的发展。实证研究证实,长三角的产业集群推动了区域技术进步,使得社会的索罗剩余递增(陈建军和胡晨光,2008)。但是,长三角的产业园区有其大的开放背景。在第一波全球化的时期,以苏州工业园区为代表的长三角园区,主要以加工贸易的外向型经济为主(刘志彪,2012)。如今经济发展进入新常态,加工贸易的开放模式难以为继。长三角的园区需要实现自身转型,谋求获得第二波全球化的红利。根据阮建青等提出的理论,产业集群一般会经历数量扩张期、质量提升期和研发与品牌创新期三个阶段(阮建青等,2014)。长三角地区的产业园区,正步入质量提升期与品牌创新区。其内在需要将同质化的低端产业部分转移,并且将园区的品牌进行推广。此即是长三角园区建设的逻辑。

(二)苏南模式简析

在传统工业园的发展上,人们更多地考虑的是自然资源、区位因素等,且大多产业结构趋同,同质化竞争激烈,造成了很大的资源浪费。在发展过程中,传统工业园也引发出一定的城市可持续发展问题。一种现代的生态型工业园成为城市发展可持续发展的选择。现代工业园主要侧重指生态工业园。在这样的工业园之中,各种产业、企业为提高各自经济绩效而集聚起来,进行副产品交换和能源的层递使用。与传统工业园相比,生态工业园和现代工业园最主要的表现是把有关联的产业聚集在一起共同发展,要求企业进行副产品交换等共生式合作以构建生态产业链模式、实现物质的封闭循环和能量的多极开发利用,旨在寻求社会、经济、生态多方效益和共同发展。

苏南模式作为典型的引进发展型,通过建立工业园区,以强势政府和有效政府为基础,以招商引资为手段,以土地换资金,以空间求发展。以苏州工业园区、苏州新区、昆山经济开发区、吴江开发区为代表的园区经济,构成了苏州经济的新亮点。苏州拥有的4个国家级经济开发区和9个省级开发区,基本上是在20世纪90年代初开始建设的,在基础设施上投入了巨额的资金。如今,苏州工业园区几乎与苏州园林一样有名。这个中新两国政府的重要合作项目,经过10多年开发各项主要经济指标基本达到苏州市1993年的水平,相当于再造了一个新苏州。昆山则成为台商在大陆投资的大本营。改革开放之后,作为一个传统的农业县,昆山工业基础薄弱,综合经济实力在苏州地区8个县中长期排在第六名上下。迄今为止,昆山共有台资企业1 000多家,其中有30多家是台湾的上市公司。昆山利用台资的金额,至少占到大陆台资总量的九分之一。在昆山的台商究竟有几万人,现在谁也给不出一个准确的数字,在过去的10年里,他们在这座小城已经投资了100亿美元,远远超过了对上海地区投资的总和,上海市政府几年来源源不断地派人到昆山学习招商经验,并把昆山当成了自己的竞争对手。多年来,昆山全市财政收入的50%以上、两税的60%以上、工业销售的70%以上、工业投资的80%以上、出口总额的90%以上均来自中国台湾和日本的投资。政府在这种外生式区域经济的发展模式中扮演着重要作用。地方政府以经营城市的理念进行类公司化的运作,这个公司以土地、税收优惠、城市品牌为资源,以外资为客户,以增加投资为拉动增长的主要手段,以GDP为自己的营业额,以地方财政收入为利润。

三、国内飞地建设的条件与布局

(一) 要素价格约束条件

在空间经济学理论范畴中,尤其是在Krugman的C-P模型框架下,区域一体化会使得经济地理集聚化;而在考虑了土地这一要素时,Helpman(1998)发现,一体化会使得经济地理格局呈现分散化特征。当前长三角在异地建设园区飞地,主要源自长三角内部部分城市开始出现饱和状况,即人口拥挤、环境污染、高企的土地成本等"城市病",降低了集聚经济效率。

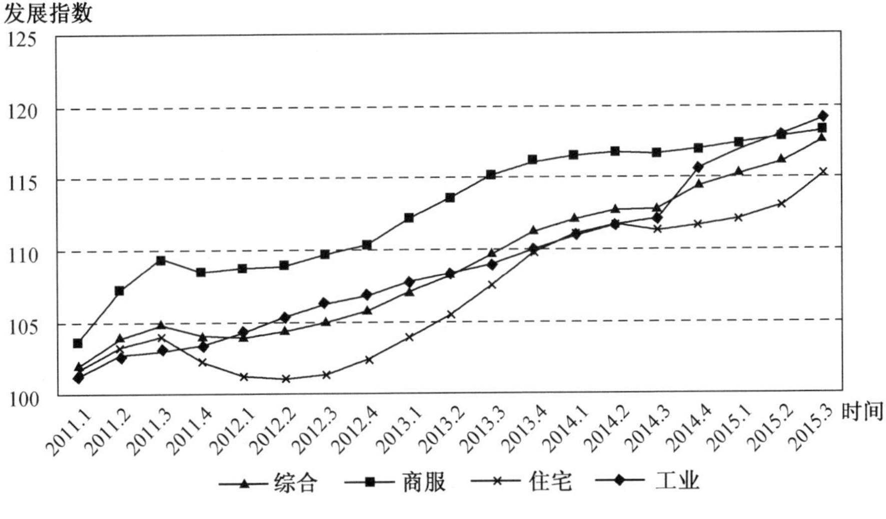

图 7-1　长三角地区各类土地价格发展指数

注:发展指数即是以 2010 年第四季度为基期,计算的价格涨幅情况。单位为%。数据来源于中华人民共和国国土资源部网站每月发布的城市地价监测报告,发展指数为作者根据数据自行计算整理所得到的。

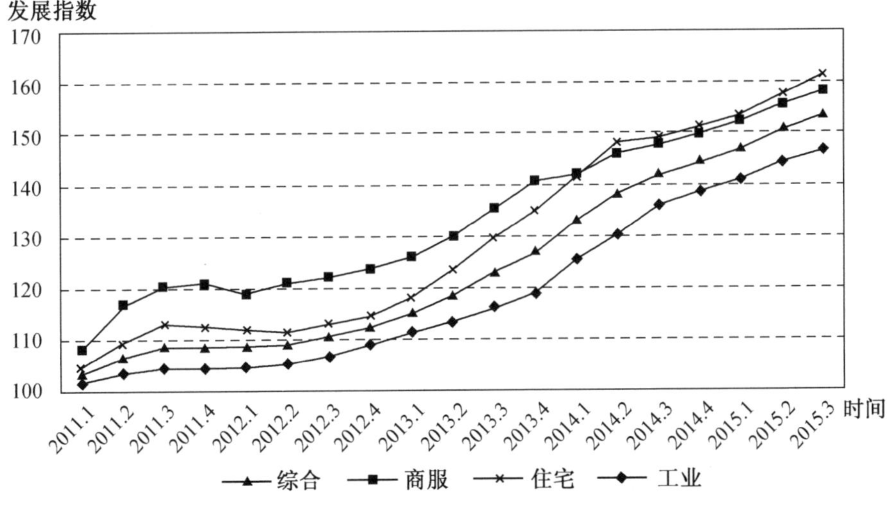

图 7-2　珠三角地区各类土地价格发展指数

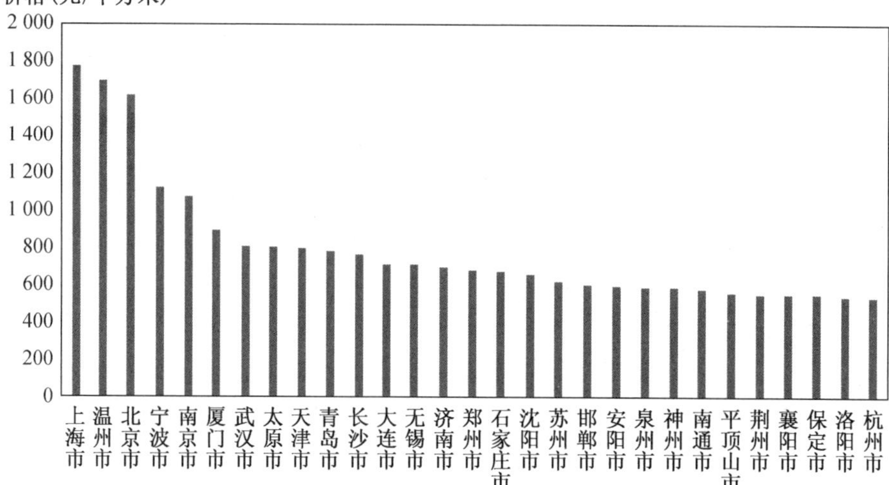

图 7-3　2013 年工业用地价格排名前 30 位的城市

从土地价格的变化趋势来看,图 7-1、图 7-2 分别描绘了 2011 年来,长三角地区与珠三角地区各类土地价格发展指数。对比来看,长三角地区和珠三角地区土地价格变化最大的不同在于工业用地价格的变化趋势。由于长三角工业体量更大,且拥有更多的产业园区,其工业用地价格上涨速度明显快于商服用地与住宅用地。长三角地区的工业企业所面临的土地租金将进一步攀升。在现今实体行业投资回报率普遍下降的阶段,地价成本的上升将极大地压缩长三角地区工业体量上升的空间,即会制约产业园区数量上的增长。

再从全国范围内横向对比来看,长三角不少城市工业土地价格较高,如图 7-3 所示。上海、温州、宁波、南京等长三角地区的城市,工业用地价格位居全国前列。对于传统产业来说,无法承担如此高额的土地成本。长三角的传统企业必须向外谋求发展空间,对内提高自己在全球价值链中的控制地位,从而将园区飞地布局至成本较低的其他区域。

(二)国内园区空间布局情况

长三角地区在园区方面,有先发优势。以苏州工业园区为代表的一批产业园区,是支撑中国东南沿海外向型经济的保障。以苏州工业园区为例,1994 年园区地区生产总值仅 11.32 亿元;2014 年地区生产总值已达 2 001 亿元,增长了百余倍。其中 2014 年工业增加值达 1 106 亿元,进出口总额 803 亿元。可见,产业园区内可以承载高密度、大体量的经济活动,成为推动区域增长的发动机。

从目前长三角地区产业园区发展的整体状况来看,势头良好。不论是在数量上,还是质量上,在全国都处于领先地位。表 7-1 列举了全国部分省、直辖市的各类园区数量。从表中可以看出,长三角地区在国家级经济技术开发区和国家级高新技术产业开发区上,具有绝对优势。其中江苏省这两类园区数量均位居全国首位。某种程度上来讲,这反映了长三角地区不但产业体量大,高新技术产业也走在全国前列,高新技术产业园区也是中国产业转型的龙头地带。从省级开发区数量来看,长三角地区数量也非常高。省级开发区分布相对比较分散,是一个区域内部产业布局均衡化的指标。因为省内对口援助共建园区等,一般是以这种形式开展,所以从长三角地区数量众多的省级开发区可以看出,园区对内走出去已经具有较大规模了。

表 7-1　部分省、直辖市各类开发区数量　　单位:个

	国家级经济技术开发区	国家级高新技术产业开发区	国家级保税区	省级开发区
上海	6	2	1	23
江苏	15	15	1	84
浙江	15	8	1	84
北京	1	1	0	17
广东	6	12	4	64
河南	9	7	0	13
重庆	3	2	0	33
辽宁	9	8	1	34
四川	8	7	0	33
贵州	2	2	0	14
湖南	8	6	0	64

（续表）

	国家级经济技术开发区	国家级高新技术产业开发区	国家级保税区	省级开发区
广西	4	4	0	42
新疆	9	3	0	9
内蒙古	3	2	0	37

资料来源:中国开发区网。

从园区发展质量来看,长三角地区的产业园区也具有较强的竞争能力。表 7－2、表 7－3 分别为同济大学发布的《2015 中国产业园区持续发展蓝皮书》和《2014 中国产业园区持续发展蓝皮书》中,持续发展竞争力综合排名靠前的部分园区。可以看见,上海张江国家自主创新示范区与苏州工业园区稳居第 2、第 3 位,属于全国产业园区中的顶尖行列。另外,昆山经济技术开发区、漕河泾经济技术开发区也位于高竞争力的园区梯队。

表 7－2　2014 年中国国家级产业园区持续发展竞争力综合排名

排名	园区	排名	园区
1	中关村国家自主创新示范区	11	大连经济技术开发区
2	上海张江国家自主创新示范区	12	漕河泾经济技术开发区
3	苏州工业园区	13	合肥高新技术产业开发区
4	天津经济技术开发区	14	武汉经济技术开发区
5	广州经济技术开发区	15	成都高新技术产业开发区
6	武汉东湖国家自主创新示范区	16	西安高新技术产业开发区
7	青岛经济技术开发区	17	北京经济技术开发区
8	长春高新技术产业开发区	18	烟台经济技术开发区
9	深圳高新技术产业开发区	19	合肥经济技术开发区
10	昆山经济技术开发区	20	沈阳经济技术开发区

资料来源:《2015 中国产业园区持续发展蓝皮书》。

表 7－3 2013 年中国国家级产业园区持续发展竞争力综合排名

排名	园区	排名	园区
1	中关村国家自主创新示范区	11	深圳高新技术产业开发区
2	上海张江国家自主创新示范区	12	漕河泾经济技术开发区
3	苏州工业园区	13	成都高新技术产业开发区
4	武汉东湖国家自主创新示范区	14	西安高新技术产业开发区
5	天津经济技术开发区	15	合肥高新技术产业开发区
6	广州经济技术开发区	16	长春高新技术产业开发区
7	青岛经济技术开发区	17	沈阳经济技术开发区
8	武汉经济技术开发区	18	北京经济技术开发区
9	昆山经济技术开发区	19	烟台经济技术开发区
10	大连经济技术开发区	20	长春经济技术开发区

资料来源:《2014 中国产业园区持续发展蓝皮书》。

从表 7－2 中还能看到,综合竞争力排名前 20 的园区中,有 13 家在东部,中西部仅有 7 家。并且对比来看,中西部园区排名较上一年普遍下滑,中部领先的武汉东湖国家自主创新示范区从第 4 名跌至第 6 名,西部领先的程度高新技术产业开发区从第 13 名跌至第 15 名。从某种程度上来说,中西部园区竞争力排名下滑,是源于东部园区依托良好的产业基础开始转型升级。因为东部数量型发展已面临瓶颈,目前在寻求质量上提升的阶段。转型升级的过程中,原有的产业也会进行扩散,但先扩散的一般是生产率较低的产业(Baldwin & Okubo, 2006)。虽然百强榜中东部地区的入选数量占据绝对优势,但部分中西部地区的国家级园区也有不俗表现。按各省市区入选百强榜园区数量来看,排名前 5 的省份为江苏(15 家)、山东(13 家)、广东(8 家)、浙江(7 家)、安徽(5 家)。因此,目前产业园区发展的区域态势是,中西部产业园区数量上有明显追赶的趋势,比如表 7－1 中,河南、四川、湖南等各类园区数量已经在接近长三角地区的各省份;但质量上来看,目前中西部地区还是以数量扩张为主,而长三角地区的园区正在培育综合竞争力,力求在国际市场上立足。

长三角园区在国内建设园区飞地一般两种方式:第一种方式是区域内部合作共建,第二种方式是跨区域援助建设。以苏州工业园区为例,在长三角区域内部已有多处飞地建设:如 2006 年苏州宿迁工业园区启动、苏通科技产业园、苏相合作区等。此外,苏滁产业园则是苏州工业园区旗下中新集团走出江苏与安徽省跨省共建的第一个项目,在系统性编制产城一体规划后,苏州模式被复制到滁州。虽然苏滁产业园跨越了省级行政边界,但依旧是在泛长三角区域建设的飞地,属于区域内部的飞地。第二种方式的飞地以援建霍尔果斯经济开发区为代表。霍尔果斯经济开发区具有重要的战略意义,这是因为霍尔果斯地处中欧班列的重要节点,是长三角经济向丝绸之路经济带辐射的重要出口。类似的陆上口岸还有阿拉山口、满洲里、北部湾经济带的各类口岸等。长三角地区在建设国内跨区域园区飞地时,首先必须考虑这些节点城市。因为长三角地区有长期国际贸易与加工制造的经验,而目前"一带一路"的价值链正在重塑,以往长三角所具备的产业功能需要向西部的口岸地区转移。因此,长三角地区有必要将自身的园区经验在各内陆口岸进行推广,同时也能缓解自身资源环境的压力。

四、海外园区飞地建设的现状与思考

十八大以来,以"一带一路"为战略支点,中国经济地理格局开启了重塑趋势。首先,虽然近年来我国贸易增速趋于放缓,但对外投资增速在逐年加快,供给空间和需求空间在同步变动,尤其是与"一带一路"沿线国家的价值链链接也愈发紧密。从资本总体流向看,2015 年上半年非金融对外投资金额达 560 亿美元,是 2006 年同期的 9 倍左右,其中对"一带一路"沿线国家的跨国投资增长更为明显(参见图 7-4)。2015 年 1—11 月,我国企业对相关的"一带一路"国家直接投资额 140.1 亿美元,同比增长35.3%;新签合同额 716.3 亿美元,占同期对外承包工程新签合同额的 43.9%,同比增长 11.2%。根据国务院发布的《国务院关于推进国际产能和装备制造合作的指导意见》,下一阶段,我国将继续以钢铁、有色、建材、铁路、电力、化工、轻纺、汽车、通信、工程机械、航空航天、船舶和海洋工程等作为重点行业,有序推进国际产能合作，进一步将国内产业资本配置的空间逐渐拓宽至“一带一路”沿线国家。

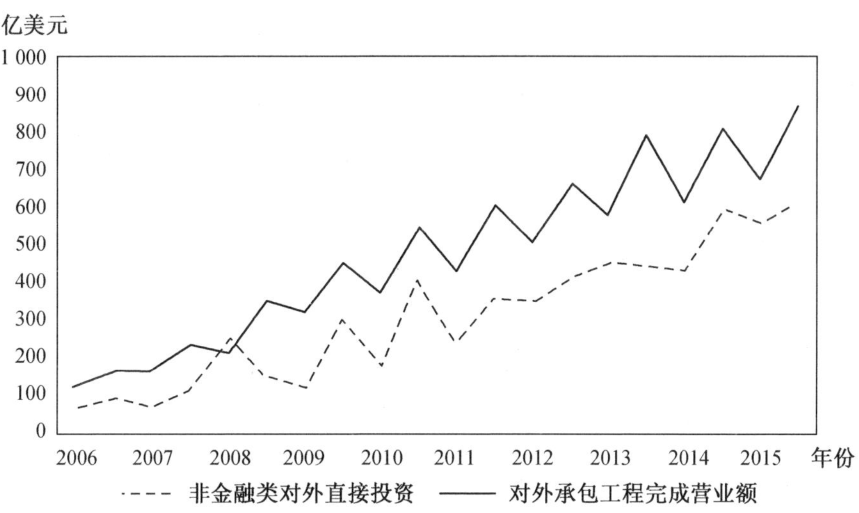

图 7 - 4　中国非金融类对外直接投资与对外承包工程完成营业额

资料来源：中华人民共和国商务部公布的统计数据。

园区飞地方面，据《2015 中国产业园区持续发展蓝皮书》统计，我国目前在海外建设的园区已达到 118 家，涉及近 50 个国家和地区。不过大多数海外园区飞地属于企业自建自用和企业自建他用这两种园区类型，与国外合建的园区极少，并且在开发规模管理方式和运营效益等方面也还处于初级阶段。

目前中国在海外合作建设的园区飞地，是以境外经济贸易合作区的形式建立。境外经济贸易合作区是指在国内注册、具有独立法人资格的中资控股企业，通过在境外设立的中资控股的独立法人机构，投资建设的基础设施完备、主导产业明确、公共服务功能健全、具有集聚和辐射效应的产业园区。截至 2015 年底，仅 13 家境外经济贸易合作区在海外建立，如表 7 - 4 所示。

表 7-4 通过确认考核的境外经贸合作区名录

合作区名称	境内实施企业名称	实施企业出资方及总部所在地
柬埔寨西哈努克港经济特区	江苏太湖柬埔寨国际经济合作区投资有限公司	江苏红豆集团等
泰国泰中罗勇工业园	华立产业集团有限公司	杭州华立集团股份有限公司
越南龙江工业园	前江投资管理有限责任公司	温州前江投资管理有限责任公
巴基斯坦海尔-鲁巴经济区	海尔集团电器产业有限公司	青岛海尔集团电器产业有限公司
赞比亚中国经济贸易合作区	中国有色矿业集团有限公司	中国有色矿业集团有限公司(北京)
埃及苏伊士经贸合作区	中非泰达投资股份有限公司	天津泰达投资控股有限公司、中非发展基金有限公司
尼日利亚莱基自由贸易区(中尼经贸合作区)	中非莱基投资有限公司	中国铁建股份有限公司(含中国土木工程集团有限公司)、中非发展基金有限公司、南京江宁经济技术开发总公司
俄罗斯乌苏里斯克经贸合作区	康吉国际投资有限公司	黑龙江省吉信工贸集团、浙江省康奈集团、温州华润公司
俄罗斯中俄托木斯克木材工贸合作区	中航林业有限公司	中国航空技术国际控股有限公司、烟台西北林业有限公司、烟台开发区经销中心
埃塞俄比亚东方工业园	江苏永元投资有限公司	江苏永元投资有限公司
中俄(滨海边疆区)农业产业合作区	黑龙江东宁华信经济贸易有限责任公司	黑龙江东宁华信工贸集团
俄罗斯龙跃林业经贸合作区	黑龙江省牡丹江龙跃经贸有限公司	牡丹江龙跃经贸发展有限公司
匈牙利中欧商贸物流园	山东帝豪国际投资有限公司	临沂天源国际物流有限公司、中财国通投资担保有限公司、山东东方路桥建设总公司

资料来源:中华人民共和国商务部网站。

从表 7-4 可知,目前境外经济贸易合作区主要集中在发展中国家,以原材料行业、加工制造为主。其中大部分园区位于“一带一路”之中,少数位于非洲地区。从出资方来看,境外合作园区主要由长三角、山东、黑龙江、北京等地的企业建立。其中,长三角地区是境外合作建设园区的“排头兵”,涉及半数境外飞地建设。这源于长三角自身转型的需要,也源于长三角地区长期积累的园区开发与管理经验。

从理论上讲,长三角地区在海外建设园区飞地,正是顺应了长三角当地经济发展的客观需要,让产业结构中处于低端的劳动密集型产业和资源密集型产业逐步走出去,将产业链条中的高端部分留在长三角本地。大力发展新兴产业和服务业,逐步完成由要素资本推动向知识技术拉动转移,推进产业结构调整,提升产业的能级。

过去几十年,世界产业转移大趋势可概括为先从美国到日本,再从日本到亚洲四小龙,20 世纪 90 年代亚洲四小龙再把这些产业转到大陆。转移过后,美国留下最顶端的设计和服务,日本传承了一部分设计和高端服务,中国台湾和韩国在设计方面有所保留,中国香港和新加坡留有销售服务优势。新一轮转型期到来,长三角地区在进行产业转移时可效仿先行者的经验,如中国台湾的企业外迁更多是受综合成本和产业配套的影响,是集群式转移——企业总部留在岛内,生产环节和生产链整体转到大陆。让产业结构中处于低端的劳动密集型产业和资源密集型产业逐步走出去,同时将产业链条中的高端部分留在苏州,新兴产业和服务业得到一定发展,逐步完成由要素资本推动向知识技术劳动转移,促进了地区间的产业结构优化和升级,从而使苏州作为高等级城市,与高等级要素、产业相匹配,位居国内价值链高端。

五、结论与政策建议

长三角地区的园区向外寻求发展空间与国家“一带一路”倡议推动东部沿海地区开放型经济率先转型升级的战略意图相吻合。不过按照经济的空间扩散顺序来讲,目前长三角地区园区飞地主要是在区域内部建设,或者扩散至泛长三角地区。但近年来,已开始逐渐向更广的区域扩散。从国内产业布局来说,虽然中西部园区以较快的势头崛起,但与长三角地区合作建设的较少,主要以援助的形式支援相对落后的地区。从国际上讲,长三角地区走出去的步伐较早,已在部分发展中国家布局了园区飞地。综合如上事实,本章提出如下几点建议。

首先,循序渐进走出去,逐渐将园区模式推广至飞地地区。长三角园区走出去可分为三个阶段。第一阶段是理念上走出去。主要由各地政府与投资方来长三角园区学习经验,学习园区建设理念,然后再回当地自主开发园区。第二阶段是制度层面上的走出去,即其他地区通过模仿、复制长三角园区的管理制度进行自主开发。第三阶段为模式上的走出去。将成熟的园区开发模式输出到其他地区,与当地政府展开合作。目前国内园区开发以第二阶段的制度层面走出去为主。地方政府间应主动打破行政壁垒,积极探索跨区域合作机制,尤其是长三角地区需要与中西部各个陆上口岸、长江中上游口岸地区共同开发园区,将国内的供应链延伸至这类节点城市。

其次,注意园区飞地建设与自身产业升级并重。一方面,通过园区飞地建设,让产业结构中劳动密集型产业和资源密集型产业逐步走出去;另一方面,可在更大范围整合利用全球资源,主动融入全球产业链、供应链、价值链、资金链,在全方位开放中塑造新的比较优势。逐步完成由要素资本推动向知识技术拉动转移,推进产业结构调整,提升产业的能级。引导具有比较优势的纺织服装、机械设备等行业的企业到境外或中西部地区投资发展,培育本土跨国公司。并且随着部分加工制造业转移向中西部,长三角地区的物流企业可凭借多年积累的经验,在采购供应链与销售供应链上积极与中西部企业合作,在中西部重要制造业地区增设物流网点,将业务重心"西移"。同时侧重集聚高层次的商贸物流人才,成为吸纳培养人才的高地,通过引进、培养、培训等多种方式,构建适合园区商贸物流业发展的人才梯队,实现人才培养本地化。

最后,将长三角园区模式品牌化。长三角的各类工业园区经过多年发展,收获的不仅是经济成就,更是园区设计规划、亲商理念、一站式服务等园区建设管理经验。"园区经验"不仅理念和制度先进,而且具有可复制性和操作性,是品牌式的模式输出。发挥长三角自身园区建设管理比较优势,帮助沿线国家实现产业发展与升级。推动企业联合当地合作伙伴实施一批市场潜力高、带动性强的重大产业合作项目,打造具有代表性的产业与物流合作示范园区,将"一带一路"经贸合作落到实处。

参考文献

[1] 陈建军,胡晨光.产业集聚的集聚效应——以长江三角洲次区域为例的理论和实证分析[J].管理世界,2008(6):68-83.

[2] 葛美玲,封志明.基于GIS的中国2000年人口之分布格局研究[J].人口研究,2008,1:51-57.

[3] 胡焕庸.中国人口之分布——附统计表与密度图[J].地理学报,1935(2):33-74.

[4] 金祥荣,余冬筠.创新效率,产业特征与区域经济增长[J].浙江大学学报:人文社会科学版,2010,40(5):116-125.

[5] 刘志彪.基于内需的经济全球化:中国分享第二波全球化红利的战略选择[J].南京大学学报,2012,2:51-59.

[6] [美]迈克尔·波特.竞争优势[M],陈小悦译,华夏出版社2003年版。

[7] 吴福象,蔡悦.中国产业布局调整的福利经济学分析[J].中国社会科学,2014(2):96115.

[8] 任浩.2014中国产业园持续发展蓝皮书[M].同济大学出版社,2014.

[9] 任浩.2015中国产业园持续发展蓝皮书[M].同济大学出版社,2015.

[10] 阮建青,石琦,张晓波.产业集群动态演化规律与地方政府政策[J].管理世界,2014(12):79-91.

[11] 赵伟,隋月红.集聚类型,劳动力市场特征与工资——生产率差异[J].经济研究,2015,50(6):33-45.

[12] Baldwin R E, Okubo T. Heterogeneous firms, agglomeration and economic geography: spatial selection and sorting[J]. Journal of Economic Geography, 2006, 6(3): 323-346.

[13] Broekel T. Collaboration intensity and regional innovation efficiency in Germany—a conditional efficiency approach[J]. Industry and Innovation, 2012, 19(2): 155-179.

[14] Glaeser E L, Kallal H D, Scheinkman J A, et al. Growth in Cities[J]. Journal of Political Economy, 1992, 100(6): 1126-52.

[15] Helpman E. The size of regions[J]. Topics in public economics, 1998: 33-54.

[16] Krugman P. Increasing Returns and Economic Geography[J]. The Journal of Political Economy, 1991, 99(3): 483 - 499.

[17] Lin L M, Hsia T L. Core capabilities for practitioners in achieving e-business innovation[J]. Computers in Human Behavior, 2011, 27(5): 1884 - 1891.

[18] Long C, Zhang X. Patterns of China's industrialization: Concentration, specialization, and clustering[J]. China Economic Review, 2012, 23(3): 593 - 612.

[19] Naughton B. The Chinese economy: Transitions and growth[M]. MIT press, 2007.

第八章　长三角地方政府债务风险的识别与防范

一、问题提出

2015年国际国内形势已经以及正在发生巨大的变化，中国面临着诸多的挑战，一方面是当前全球经济下行压力环境下导致的地缘政治及贸易保护主义抬头所带来的经济环境的恶化，另一方面是国内在新常态环境下进行深化改革所面对的压力。针对这一问题，在十八届五中全会中通过的《中国中央关于制定国民经济和社会发展第十三个五年规划的建议》（以下简称《建议》）中系统地提出了中国在未来一段时间发展的思路和战略，特别是对当前中国在经济领域发展中存在的一些主要问题提出了相应的指导意见，即不断地优化经济结构，控制政府债务杠杆率高，进行地方债管理体制改革等，以此来保证我国改革不断深化的进程。在此背景之下，长三角地区作为我国经济增长的核心地区在识别及化解地方债风险的举措方面无疑对于全国而言具有非常重要的示范作用。

地方政府公司化倾向是我国地方政府间竞争制度安排的产物，也是我国泡沫经济产生的基础性因素，地方政府公司化引发的日趋严重的地方政府债务危机与地方政府竞争的制度安排之间只有事实上的联系，而没有逻辑的、必然的对应联系，在中国地方政府目前特殊的举债融资机制下，即使偿债率、债务负担率等指标不高，也可能因泡沫经济破裂而直接导致经济危机（刘志彪，2013）。地方债是地方政府为满足地方公共支出而利用自身信用发债，从而吸收社会资金进行财政支出的一种行为，是市场经济中我国政府债务体系结构中的重要组成部分，同时也是国家宏观调控的重要工作和分权财政体制的内在要求。

根据《第一财经日报》整理，当年我国 25 个省份债务规模呈现从 1 000 亿～10 000亿元不等的格局(详见图 8－1)。江苏省政府债务最高，约 10 954 亿元。紧随其后的是山东、浙江、广东、辽宁、贵州，债务规模均超 9 000 亿元。可以看到长三角地区的江苏、浙江位居前列，超过全国债务平均增速，在当前经济增长放缓、财政收入形势严峻的背景下，必然会带来偿付能力的下降以及发生风险的可能。为此，对于长三角地区地方债务发行和管理过程中可能存在的风险进行识别与防范就显得尤为重要。

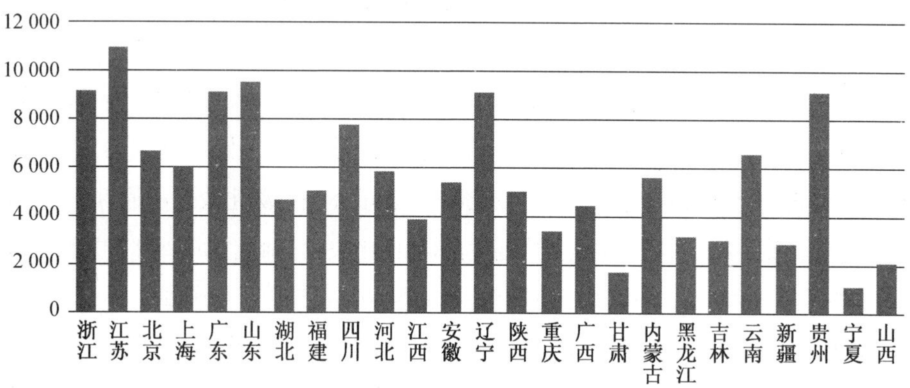

图 8－1　2015 年各省债务规模(亿元)

资料来源：各省审计部门整理。

诚然，面对地方政府在发行和管理地方债务过程中存在的诸多问题，必然会存在以下问题：为什么我国地方政府在发行地方债问题上会产生财政机会主义行为？如何应对地方政府债务规模增长过程中的风险及防范？如何妥善解决地方政府资金来源？地方政府债务的解决途径？对于上述问题，本章将从理论与实际的角度进行分析与解答。

本章结构安排如下：第二部分为相关理论评述与国内外文献回顾，对相关理论和地方债的发展演变理论进行梳理；第三部分介绍我国及长三角地区地方债体系的构成及发展历程、形成产生特点进行剖析；第四部利用因子分析法对我国 30 个省(直辖市)进行经济实力评级，并结合结论与实际对长三角地方债的风险进行分析；第五部分结合实际对长三角地区地方债务风险的防范给出相关建议。

二、理论概述及文献回顾

地方债主要是指由财政收入的地方政府及公共机构为了筹集资金而利用自身信用发放债券，同中央政府发行的国债一样以当地政府的税收能力作为还本付息的担保，其作为地方政府自主筹措财政收入的一种形式在世界许多国家存在，其收入列入地方政府预算，可作为政府在交通、通讯、住宅、教育、医院和污水处理系统等公共设施建设方面的财政支出。

（一）国外研究现状

Hempel(1972)认为，地方政府举债与企业发债在信用风险方面存在较大的差异，虽然地方政府的信用等级明显高于企业，但由于地方政府的举债政策存在着方向上的极大不确定性，信用风险也随之增大。另外，一旦危机爆发，地方政府违约产生影响深度和广度远比企业债务违约要大得多。Hyman(2001)则比较了国债与地方政府债券的信用风险水平，认为中央政府所发行的国债的信用风险几乎不存在，即使发生危机中央政府还有发行货币权；而地方政府则没有这种权利，而且法律允许其倒闭，因此地方政府债相对于国债存在着一定的风险。Lewis(2003)对东南亚国家地方政府债券违约风险与偿债能力的相关性进行了比较分析，指出该地区地方政府债券多以中央政府代发的形式实现的，地方政府是否有能力还款或者还款的比例大小直接由中央政府决定。具体而言，当地方政府财政收入相对稳定时，中央代发的地方债券规模较大，申请相对较易，但要求还款比例较高；如果地方政府财政状况较差，申请发行政府债券的条件则较为苛刻，同时还款比例可能会相对较低，这种发债模式类似转移支付和国债发行的结合。Reck & Wilson(2006)着重研究了美国地方政府债价格制定影响因素和流通交易市场债券的易手率。另外，还有一些学者对地方政府债券的再保险业务进行研究，旨在增强地方政府债券安全性。

（二）国内研究现状

刘尚希教授(2012)从公共风险的视角对地方债的风险进行研究，认为地方债务的风险首先来自公共风险，为此需要从公用风险的角度入手对地方政府融资风险进行研究，认为减税、增支、控赤字是控制风险的有效手段；刘志彪教授(2013)认为，近年来地方政府公司化是地方政府融资风险的主要来源。唐洋军(2011)认为国家采取的分税制造成地方政府在财、政分离情况下开展的债务融资活动，再加上中央对地方财政支持的不均衡进一步加大了地方融资的需求；魏加宁等(2012)利用审计署 2011 年第 35 号公告的数据，通过构建地方政府债务的多层次测算体系，测算出包括乡镇、养老保险隐性债务和地方公路债务在内的宽口径地方政府债务为 13.71 万亿元，占 GDP 比重为 34.17%，并根据国际经验得出地方政府债务风险已处于过高水平的结论。刘蓉和黄洪(2012)根据审计署 2011 年第 35 号公告的数据，借鉴《马斯特里赫特条约》的相关规定，指出 2010 年地方政府债务余额处于可控范围内，但新增债务比率已经超过了警戒线，存在较大的潜在风险；马俊，张晓蓉等(2013)从政府资产负债表的角度分析了地方债所带来的地方融资风险，为阻止地方债务转化为系统风险，建议用地方债为主的融资模式取代融资平台，并通过披露担保项等或有债务等方式进行防范。

由于历史原因，人们一直认为允许地方政府自主发行地方债存在较大的财政机会主义风险，为此，地方政府自主发行地方债一直没有真正意义上的实施。但实际上，地方政府通过种种方式举债的行为已经屡见不鲜，目前中国地方政府债务主要包括：地方政府直接承担的债务(财政负债)以及地方政府提供信用担保的债务(地方政府融资平台债务)两大类。特别是近年来我国经济的快速发展中由于结构调整所带来的宏观紧缩和房地产调控给地方政府带来的巨大的财政压力，同时中央与地方政府债财权与事权上的不匹配进一步增加了地方政府的压力，一定程度上限制了区域经济的发展。为此，2013 年财政部网站发布《2013 年地方政府自行发债试点办法》，明确经国务院批准适当扩大自行发债试点范围：上海市、浙江省、广东省、深圳市、江苏省、山东省开展自行发债试点。可以看到，作为全国经济的动力增长点长三角地区一直走在全国前列，为此，本章以长三角地区的地方债发行和管理为样本对地方债存在的风险及防范等问题进行深入研究。

三、我国地方债发展现状与问题

（一）我国地方债现状

在"十二五"时期，我国对于全国地方债问题进行了系统性调研，通过调研结果得到当前地方债在整体管理体制、操作规范上存在着许多问题。为了进一步了解我国地方债存在风险的根源，下文将从我国地方债产生、改革到演化的不同历史进程进行分析，进而剖析其发展历程中存在的相应问题。

1. 我国地方债发展三阶段

(1) 代理发行阶段。新中国成立之初，国家曾允许地方政府发行"地方经济建设折实公债"等债券，特别是在 20 世纪 80 年代末至 20 世纪 90 年代初，许多地方政府为了筹集资金修路建桥，也都发行过地方政府债券，有的采用以无息支援国家建设的名义摊派给各个单位，甚至直接充当部分工资。这一阶段地方债的发行主要由国务院同意，由中央代理发行，并列入地方预算管理的发行机制，在地方债到期时，先由财政部代为还本付息，而后地方政府择机向财政部偿还相应款项。1985 年，中央政府为了控制地方政府的投资规模，决定暂时停止地方政府地方债的发放权利，直至 1994 年通过《中华人民共和国预算法》明确规定地方各级预算不算赤字，"除法律和国务院规定的意外，地方政府不得发行政府债券。"在随后的一段时间里，地方政府为了弥补建设资金的不足，采取通过搭建融资平台、向金融机构贷款或者到企业债市场进行融资等方式变相进行债务发行，但是受制于当时的资金需求环境和金融市场环境的发展程度，虽然规模一直增长，但整体而言增速和规模都比较缓慢。

(2) 自发代还阶段。随着我国地方债规模的快速增长，对于地方债务风险的问题日益突出。全国人大在总结之前地方债务发行经验的基础上，于 2011 年对全国开展了防范地方政府债务风险问题的专项调研。同年 10 月 20 日财政部公布，经国务院批准允许上海市、浙江省、广东省、深圳市自2011年起成为我国地方政府自行发债试点，广东省2011年的地方政府债券额度为69亿元，上海市、浙江省和深圳市分别为71亿元、67亿元和22亿元，四省市合计229亿元。与此前财政部代理发行不同的是，这四个省市将自行组建债券承销团，具体发债定价机制亦由试点省市自定，而不是由财政部面向国债承销团，采取统一代理的方式分期打包发行。亿元地方政府债券发行额度内，因而不会对债券市场造成供给冲击。

随后，审计署分别于2011年和2013年对全国政府债务和全国政府性债务进行审计，并根据审计结果向全国人大常委会进行了详细的报告。为规范地方政府举债，中央政府自2009年开始代理地方发债，至2014年累计代理地方发债16 000亿元。这一阶段地方债主要实行年度发行额管理制度，与代理发行阶段相似的地方在于，依然有财政部代理发行并还本付息后再由各地方政府进行偿还。

(3) 自发自还管理阶段。为了进一步规范和发展地方政府债务管理，在2011年开展地方政府债务自发代还试点的基础上，于2014年国务院公布的《关于2014年深化经济体制改革重点任务的意见》指出，“要规范政府举债融资制度，对地方政府债务实行限额控制，分类纳入预算管理”。同年经国务院批准，在上海、浙江、广东、江苏、山东、北京等10个地区开展自发自还试点，这一点对于我国地方债的发展意义深远，标志着我国地方债发行市场化的开始。

综上，可以看到发行地方政府债券一方面有利于我国政府不断探索、建立规范的地方政府举债融资机制，另一方面降低了地方融资成本并在一定程度上控制了地方政府债务的急剧膨胀，对于我国财政体系的成熟与发展具有重要意义。

2. 我国政府债务概况及问题

为了进一步说明我国当前政府债务规模及结构情况，本节参考审计署在2011年和2013年发布的《全国政府性债务审计结果》中数据对我国政府债务情况进行分析。

(1) 全国政府性债务规模情况。从表8-1中可以看到，从2010年到2013年期间，地方政府债务规模增速较快达到66.93%，同时政府或有负债占比较高，政府负有担保责任的债务和政府可能承担一定救助责任的债务占比分别为91.11%、65.25%。

表 8 - 1　全国政府性债务规模情况表　(单位:亿元)

年份	政府层级	政府负有偿还责任的债务(政府债务,下同)		政府或有债务				合计	增速
				政府负有担保责任的债务		政府可能承担一定救助责任的债务			
		债务额	占比	债务额	占比	债务额	占比		
2010 年底	地方	67 109.51	—	23 369.74	—	16 695.66	—	107 174.91	—
2013 年 6 月底	中央	98 129.48	47.41%	2 600.72	8.89%	23 110.84	34.75%	123 841.04	—
	地方	108 859.17	52.59%	26 655.77	91.11%	43 393.72	65.25%	178 908.66	66.93%
	合计	206 988.65	100.00%	29 256.49	100.00%	66 504.56	100.00%	302 749.70	—

数据来源:2011 年和 2013 年《全国政府性债务审计结果》并做了适当测算。

(2) 地方政府债务性余额举债主体情况。表 8 - 2 中可以看到,2013 年我国地方政府举债主体主要为融资平台公司、政府部门和机构、经费补助事业单位,其中:融资平台在三类债务中的债务额占比分别为当年总体的 37.44%、33.14%、46.36%,整体占比较高;政府部门和机构在三类债务中的债务额占比分别占比为 28.40%、36.33%、0;经费补助事业单位在三类债务中的债务额占比分别为 16.32%、3.87%、11.88%。相对于 2010 年的债务总额而言,政府负有偿还责任的债务和可能承担一定救助责任的债务增长较快。

表 8 - 2　2010—2013 年全国地方政府债务性余额举债主体情况

单位:亿元

年份	举债主体类别	政府负有偿还责任的债务		政府或有债务			
				政府负有担保责任的债务		政府可能承担一定救助责任的债务	
		债务额	占比	债务额	占比	债务额	占比
2010 年	合计	67 109.51	—	23 369.74	—	16 695.66	—
2013 年	融资平台公司	40 755.54	37.44%	8 832.51	33.14%	20 116.37	46.36%
	政府部门和机构	30 913.38	28.40%	9 684.20	36.33%	0.00	0.00%

（续表）

年份	举债主体类别	政府负有偿还责任的债务		政府或有债务			
				政府负有担保责任的债务		政府可能承担一定救助责任的债务	
		债务额	占比	债务额	占比	债务额	占比
2013 年	经费补助事业单位	17 761.87	16.32%	1 031.71	3.87%	5 157.10	11.88%
	国有独资或控股企业	11 562.54	10.62%	5 754.14	21.59%	14 039.26	32.35%
	自收自支事业单位	3 462.91	3.18%	377.92	1.42%	2 184.63	5.03%
	其他单位	3 162.64	2.91%	831.42	3.12%	0.00	0.00%
	公用事业单位	1 240.29	1.14%	143.87	0.54%	1 896.36	4.37%
	合计	108 859.17	100.00%	26 655.77	100.00%	43 393.72	100.00%

数据来源：2011 年和 2013 年《全国政府性债务审计结果》并做了适当测算。

表 8-3　2010—2013 年全国地方政府性债务余额层级分布情况表

单位：亿元

年份	债务类型	政府负有偿还责任的债务		政府或有债务				合计	
				政府负有担保责任的债务		政府可能承担一定救助责任的债务			
		债务额	增速	债务额	增速	债务额	增速	债务额	增速
2010 年	省级	12 699.24	—	11 977.11	—	7 435.59	—	32 111.94	—
	市级	32 460.00	—	7 667.97	—	6 504.09	—	46 632.06	—
	县级	21 950.27	—	3 724.66	—	2 755.98	—	28 430.91	—
2013 年	省级	17 780.84	40.01%	15 627.58	30.48%	18 531.33	149.22%	51 940.45	61.75%
	市级	48 434.61	49.21%	7 424.13	−3.18%	17 043.70	162.05%	72 902.90	56.34%
	县级	42 643.72	94.27%	3 604.06	−3.24%	7 818.69	183.70%	5 4067.38	90.17%

数据来源：2011 年和 2013 年《全国政府性债务审计结果》并做了适当测算。

(3) 地方政府债务性债务情况

表 8-3 中可以看到,2010 年至 2013 年期间,政府负有偿还责任的债务中县级类达到 94.27%增幅较大,省级和市级增幅分别为 40.01%和 49.21%;在政府负有担保责任的债务中省级为 30.48%,市级和县级为负增长;在政府可能承担一定救助责任的债务中增幅较大,省级、市级和县级分别达到了 149.22%、162.055 和 183.70%。

(二) 我国地方债问题

虽然近年来各级人大和政府在地方债的发行和管理制度上不断地提出建议和改革,希望以此来进一步加强对政府地方债务的监督和管理,并且也取得了一定的成果,但是不得不考虑两个方面的因素才能有效地保证上述政策的效果:一方面是如何明确地界定地方政府的债务规模合理水平,从而制定适合地方政府发展的债务限额;另一方面是如何有效平衡地方政府的发债动机和考核目标之间的逻辑关系,只有这样才能增加地方政府的债务风险意识,做到举债动机和经济发展规律相适应。当然,由于一些体制性的问题还不能彻底解决,例如:政府和市场职称的划分,中央和地方财事和权事的范围的界定,转移支付制度的完善等,导致地方政府在形使其管理职能和面对财政压力的同时难以抑制举债投资的动机。因此,我国地方政府在地方债的发行、管理和监督方面还存在着不少问题。

1. 抑制债务规模难度较大

目前我国政府对地方政府的债务余额采取的是限额管理制度,主要目的在于适当控制总体债务规模的快速增长,但是当前我国地方债的管理中还存在以下几个方面的问题。首先,我国地方债务存量规模较大增速较快。2014 年地方政府债务余额 15.4 万亿元,比 2013 年 6 月底净增 4.5 万亿元,增幅达到 41%左右。2014 年末地方政府债务余额是 2014 年地方一般公共预算收入的 1.2 倍。其次,依然存在较大的新债举债动机。在当前经济环境整体出现下行压力的情况下,地方政府面临资产价格下降所带来的抵押违约风险,特别是中西部地区在基础设施建设方面依然有较大的建设资金需求压力,希望能够通过新债的发行来缓解经济发展所带来的资金需求压力。最后,变相举债现象较为普遍。由于现行的相关规定并未给予地方政府发行地方债务的权利,同时对于地方政府的举债融资行为也缺少具体全面的行为规范,导致部分地方政府通过融资平台公司及城投债等方式进行变相举债,或者采用地方财政与银行、国有企业等合作成立基金的形式,支持城市建设和产业发展,这类基金运作中行政色彩较多,投资风险控制机制不完善,未来可能会在现行法律和政策框架外出现“变相债务”,从而增加了我国地方政府债务规模控制的难度。

2. 举债规模和偿债风险的错配

现行财政体制下地方政府财力普遍不足,财政平衡主要依靠上级转移支付,越到基层困难越大。各级地方财政在剔除促发展、保民生以及中央各类政策、项目配套资金等支出后,能够安排用于还债的资金极为有限,这就为地方政府的偿债风险埋下了隐患。虽然地方政府在新债后的投资也形成了一批资产,但是由于投向主要以地方经济建设为主,资产的变现能力相对较弱,从而不断积累地方政府的偿债压力,也成为地方政府继续采用出让土地收入来增强偿债能力的最主要的动机。同时,地方存量债务利率普遍较高,大多在7%以上,有些项目利息甚至高达20%以上,从这一点来看,在当前全球经济增速放缓,我国经济环境面临下行压力加大,国家对地方政府的土地出让政策的管制进一步削弱了地方政府的偿债能力的情况下,增加了偿债风险。

3. 债务风险识别和管理机制不健全

首先,或有负债存在识别风险。由于我国尚未建立规范的地方政府债务统计制度,各级政府部门在地方债的统计口径和方法也存在着不同,导致对于政府负债的可识别性较差,额外增加了政府在债务确认中的风险识别成本,降低了债务管理的效率,对于或有负债的风险无法制定有效的措施和安排。其次,地方政府举债存在机会主义行为动机,责权利还做不到统一。现行管理规定赋予省级政府适度的举债权限,市县级政府确需举借债务的,由省级政府代为举借。这种举债融资机制造成上级政府实质上需要对下级政府的负债背书,而市县等基层政府作为债券资金的使用者和责任人,又没有获得足够的举债融资权限,举债权利与还债责任脱节可能带来一定的债务风险。最后,问责机制有待完善,虽然在新预算法和国务院颁布的《国务院关于加强地方政府性债务管理的意见》文件中都有对于相关的原则性规定,但是还缺少具体可行的操作指导文件。

同时,人大的监督机制也有待加强。目前我国地方债除财政部代发外,其余地方政府的债务并未进入预算管理,虽然新预算法规定自 2016 年起将存量置换的债务纳入预算体系,但是具体的操作细节和保准还需要相应的指导文件的出台。

4. 存量债务置换渠道单一

截至 2014 年末全国地方债余额为 15.4 万亿元,到期期限及规模具体如下(详见图 8-2)。由于我国目前地方政府债券的市场化程度不高,同时受制于我国当前金融市场规模和制度的发展水平影响,债务置换的程度和渠道还不能有效地从根本上解决存量债务的全部置换。目前置换的主体主要为银行系统,相对比较集中,短期大规模的单一渠道置换只能使风险向银行系统转移,不利于风险的分摊和降低。

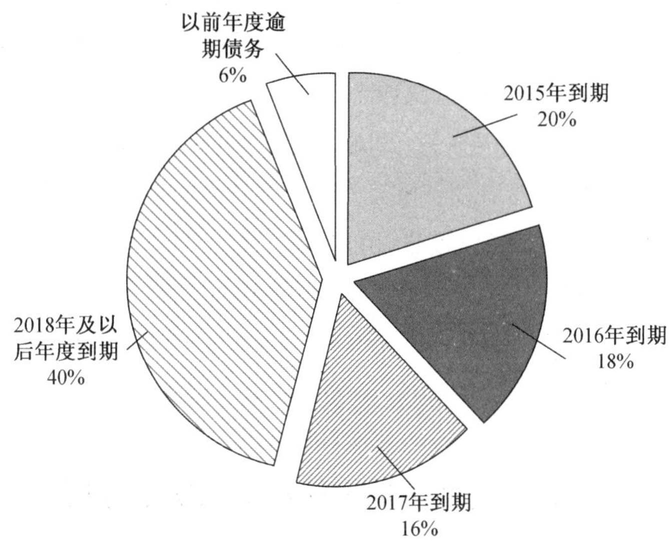

图 8-2　2014 年末全国 15.4 万亿元地方债期限

资料来源:全国人大常委会地方债管理专题调研报告。

（三）我国地方债制度建设

地方政府债务是我国经济建设发展过程中的必然阶段，为了有效避免这一阶段中存在的问题，更好的发挥地方债在我国经济建设中的作用，全国人大、国务院和各级地方政府一直在有针对性的完善相关的法律和制度文件，以便能更好实现对地方债的发行、监督和管理职能，近年来举措如下。

(1) 新预算法的实施。2014 年 8 月 31 日，十二届全国人大常委会第十次会议表决通过了预算法修正案，对地方政府债务管理做出了整体制度安排，在举债主体、举债方式、规模控制、预算管理、举债用途、风险控制和责任追究等方面都做出了明确规定。

(2) 完善地方政府债务管理制度。在新预算法的基础之上，国务院于 2014 年 9 月颁布了《国务院关于加强地方政府性债务管理的意见》(国发〔2014〕43 号，以下简称 43 号文)，从建立规范的地方政府举债融资机制、对地方债务实行规模控制和预算管理、控制和化解地方政府性债务风险、完善配套措施等方面，提出了规范和加强地方政府性债务管理的政策措施，还规定了妥善处理存量债务和确保在建项目后续融资等政策措施，增强了规范性和可操作性。

(3) 初步建立地方债务风险识别机制。财政部在吸收国际先进经验的基础上，设置风险警戒线，分地区监控债务风险水平，并通过新增债务率、偿债率、逾期债务率、或有债务代偿率等指标多角度监测债务风险，进行综合评价。

(4) 实行地方政府债务限额。按照修改后预算法要求，全国人大常委会根据地方政府债务的来源及具体项目性质进行审核，审议批准了国务院提出的 2015 年地方政府债务限额。

四、长三角地区地方债风险的实证分析

对于长三角地区地方政府债务风险的研究本部分将从两个方面进行，首先，参考国内外地方政府评级报告利用因子分析法对我国 30 个省(直辖市)进行整体实力评级排名进行横向对比分析，然后利用债务风险指标对长三角地区政府地方债的风险进行分析。

（一）地方政府整体实力评级

1. 指标体系的建立

目前对于地方政府的评级研究上还存在着不同的标准，不同的地方政府可能选择不同的信用评级机构进行评级，这就导致不论是在数据统计口径上还是在方法上都不能做到完全的统一。为此，本部分内容的指标体系的选取在主要参考国泰君安研究所提供的地方政府评价指标的基础上进行适当调整，最终选择如下指标进行分析(详见表8-4)。

表8-4　指标选取

选取指标	指标解释
经济实力	以GDP作为衡量地方政府经济实力的标准
财政收入	以地方政府当年的平均一般预算收入(公共财政预算收入)衡量地方政府的财政实力
收入稳定性	采用一般预算收入中的税收占比的三年均值，来衡量地方政府预算收入的稳定性。该指标越接近1，代表一般预算收入越稳定
收入平衡性	指一般预算收支的平衡性，由于预算内赤字在所难免，故采用一般预算收入/支出的三年均值，来衡量预算平衡性。该指标越接近1，代表一般预算收支平衡性越好
GDP增速	GDP当年增速
负债指标	地方政府负有偿债责任的债务额
收入增速	财政收入当年增速

资料来源：国泰君安研究所、作者整理。

2. 样本的选择和数据来源

为了能够进一步说明长三角地区的经济及信用水平，选取全国30个省(直辖市)作为样本，以便对长三角地区进行横向对比和分析。指标样本数据的来源详见表8-5，数据主要来自2014年公开发行的各地政府的《国民经济和社会发展统计公报》《地方政府信用评级报告》《政府工作报告》《统计年鉴》及国泰君安证券研究数据等方面的搜集和整理，部分动态指标分别选自 2011 年、2012 年、2013 年上述相关资料。

表 8－5　选取样本

区域	省份(直辖市)
华东地区	江苏省、浙江省、安徽省、福建省、江西省、山东省、上海市
华南地区	广东省、广西壮族自治区、海南省
华北地区	河北省、山西省、北京市、天津市、内蒙古自治区
华中地区	湖北省、湖南省、河南省
东北地区	辽宁省、吉林省、黑龙江省
西南地区	四川省、云南省、贵州省、重庆市
西北地区	宁夏回族自治区、新疆、青海、陕西、甘肃省

3. 计算方法及计算步骤

因子分析的出发点就是将原始指标综合成较少的指标，用少数几个因子来描述许多指标或因素之间的联系，以较少几个因子来反映原资料的大部分信息的统计学分析方法，在保证数据信息丢失最少的原则下，对高维变量空间进行降维处理，最后对计算结果进行排名。以下对计算过程进行简要说明。

借助 SPSS19.0 软件对 30 个省(直辖市)的 7 个指标进行标准化，并计算标准化变量的系数矩阵，得到结果如下(表 8－6)：

表 8－6　解释总方差

成分	初始特征值			提取平方和载入			旋转平方和载入		
	合计	方差的%	累积%	合计	方差的%	累积%	合计	方差的%	累积%
1	3.42	48.81	48.81	3.42	48.81	48.81	2.77	39.56	39.56
2	1.22	17.38	66.19	1.22	17.38	66.19	1.52	21.78	61.34
3	1.11	15.85	82.04	1.11	15.85	82.04	1.45	20.70	82.04
4	0.58	8.23	90.27						
5	0.37	5.29	95.56						

(续表)

成分	初始特征值			提取平方和载入			旋转平方和载入		
	合计	方差的%	累积%	合计	方差的%	累积%	合计	方差的%	累积%
6	0.26	3.74	99.30						
7	0.05	0.70	100.00						

数据来源:软件 SPSS19.0 计算所得。

由表 8-6 得到,按照特征值大于 80%的原则,正交旋转后 3 个因子累计方差贡献率为 82.04%,有效的保留了原有 7 个指标中 82.04%的信息,因此正交旋转并没有改变因子总体的解释能力。但是正交后每个因子的特征值发生了变化,最大特征值由 3.42 变为 2.77,最小特征值由 1.11 变为 1.45,说明各因子的解释能力更加平衡。

同时,从原有 7 个指标中提取 3 个公共因子:F1,F2,F3 来表达其信息含量,说明用他们来代替原有指标进行分析是可行的,对四个公共因子建立载荷矩阵,得到表 8-7。

表 8-7 公共因子指标矩阵

指标	成分		
	F1	F2	F3
经济实力	.867	-.210	.085
负债指标	-.860	-.032	.063
财政收入	.835	-.252	.349
收入平衡性	.681	-.206	.555
收入增速	-.013	.882	-.311
GDP 增速	-.324	.772	.297
收入稳定性	.110	-.002	.907

数据来源:软件 SPSS19.0 计算所得。

最后，根据表 8－6 和 SPSS19.0 计算的因子得分矩阵得到综合得分矩阵(表 8－8)及排名，其中 F1 指标主要代表经济实力、负债指标、财政收入和收入平衡性指标；F2 主要代表收入增速和 GDP 增速指标；F3 主要代表收入稳定性指标。

从表 8－8 中可以看到，综合排名越靠前，信用评级越高，其中浙江、江苏、上海分别排名第 1、第 4、第 10，长三角地区整体排名处于全国排名的前列，整体实力评级较高。

表 8－8 综合得分矩阵

省份(直辖市)	F1	F2	F3	排名	省份(直辖市)	F1	F2	F3	排名
浙江	1.632 3	−0.179 8	−0.000 7	1	新疆	−0.328 5	−0.116 6	−0.762 8	16
福建	2.547 4	−0.077 2	0.468 3	2	陕西	−0.724 8	0.402 3	0.368 8	17
湖南	−0.752 1	2.603 9	1.72	3	内蒙古	0.096 7	1.327 3	−1.156 6	18
江苏	1.844 9	−0.256 1	0.930 6	4	宁夏	−1.062	−0.839 9	0.195 6	19
河南	0.263 3	0.738 5	1.562	5	安徽	−0.020 7	0.219 7	−0.182 6	20
山东	0.339 4	−0.500 7	2.139 4	6	湖北	−0.114 9	0.004 3	−0.023 7	21
黑龙江	−0.597 3	2.098	0.252 1	7	广西	−1.656 2	0.510 1	−0.119 8	22
北京	0.633 7	−0.930 9	1.488 3	8	辽宁	−0.550 1	−0.102	−0.666 4	23
江西	0.714	0.883 2	−0.728 8	9	海南	−0.183 6	−1.088 2	−0.224 7	24
上海	0.048 5	0.919 2	−0.026 1	10	甘肃	−0.343 3	−1.345 5	−0.632 9	25
广东	0.428 7	−1.092 4	1.519	11	四川	−0.043 7	−1.443 8	0.109 8	26
青海	−1.696 9	−0.336 4	−0.201	12	山西	−0.671 6	0.132 1	−0.707 1	27
河北	−0.918 2	−0.902 1	0.258 4	13	重庆	−0.292 4	−0.984 4	−0.793 3	28
贵州	0.386 8	1.302 3	−0.814 4	14	吉林	0.133 3	−0.888 1	−1.518 9	29
云南	−1.045 4	−0.658 5	−0.095	15	天津	1.932 8	0.601 5	−2.357 3	30

数据来源：软件 SPSS19.0 计算所得。

（二）长三角地区地方债风险分析

虽然长三角地区整体在实力评级上处于全国前列水平，但是依然不能忽视地方债务风险的识别和防范。参照国际上流行的对地方政府债务风险预警指标体系的分类，根据作用对象的不同划分为基于需求和供给模式下的两类。其中，基于需求控制模式的预警指标体系比较完善和健全，最常用的两个指标是负债率和债务率，其中负债率是衡量经济总规模对政府债务的承载能力的指标，通常以《马特斯里赫特条约》（即《欧洲联盟条约》）规定的 60%作为警戒线；债务率是衡量债务规模大小的指标，通常以国际货币基金组织确定的 90%～150%作为控制标准参考值；其余指标则是在此基础之上的拓展而来。另外，基于供给控制模式的预警指标体系的构建则相对薄弱和不完善，还有待进一步完善。因此，本章接下来主要探讨的是基于需求控制模式下的地方政府债务风险预警指标体系（详见表 8－9）。

表 8－9　长三角地方政府债务风险识别指标

省份	债务率	土地出让金/财政收入	全省政府性基金收入增长率	地区生产总值增长率
浙江	59.17%	96.66%	71.91%	8.20%
江苏	58.96%	66.52%	38.91%	9.60%
上海	84.10%	48.75%	81.31%	7.70%

资料来源：《2014 年浙江省政府债券信用评级报告》《2014 年江苏省政府债券信用评级报告》《2014 年上海市政府债券信用评级报告》，作者测算。

注：债务率＝负有偿还责任的债务/地方政府综合财力，负债率＝负有偿还责任的债务/GDP。

1. 浙江地方政府债务风险识别分析

浙江省综合财力雄厚，近年来保持了较快的增长，财政收支平衡情况良好，从表 8－8 的排名中可以看到，在全国 30 个省（直辖市）的经济实力评级中浙江省排名第一。在 2013 年度中全省地区生产总值实现 37 568.49 亿元，其中全省实现政府性基金收入规模较大，2013 年增长率为 71.91%，地区生产总值增长率为 8.2%。从债务情况来看,浙江省政府性债务指标良好,全省政府负有偿还责任债务率为 59.17%,低于国际参考标准值。

从债务状况分析,首先,虽然浙江省总体债务率低于国际参考值,但是浙江省县级政府债务占比较高,举债主体主要为政府融资平台,这在一定程度上积累了县级政府的债务风险。其次,浙江政府债务资金的融资来源主要为银行贷款、债券和信托融资,银行在负有偿还责任和或有负债中的占比为 55.68%、59.11%,风险较为集中。最后,从表 8-9 中可以看到,土地出让金收入占财政收入占比较高,同时 2012 年底浙江省,省、市、县政府负有偿还责任债务中,承诺以土地出让收入为偿债来源的债务余额为 2 739.44 亿元,占省、市、县三级政府负有偿还责任债务余额 4 133.91 亿元的 66.27%,债务偿还对土地出让依赖程度较高,存在一定风险。

2. 江苏地方政府债务风险识别分析

江苏省经济发展基础条件好,支柱产业多元,集群效应突出,抗风险能力强,从表 8-8 中可以看到,在全国 30 个省(直辖市)的经济实力评级中浙江省排名第四。在 2013 年度中全省地区生产总值 59 161.80 亿元,其中全省实现政府性基金收入年增长率为 38.91%,地区生产总值增长率为 9.6%。从债务情况来看,浙江省政府性债务指标良好,全省政府负有偿还责任的债务率为 58.30%,低于国际参考标准值。

从债务情况分析,首先,江苏省在经济发展和城市建设中形成了较大规模的政府性债务,其中江苏县域经济发展较好,县级政府债务占比较大,2013 年的政府直接负债债务占比达到 49.58%,或有负债占比 40.53%,举债主体为融资平台。其次,江苏省债务资金主要来源为银行贷款、债券和信托融资,银行在负有偿还责任和或有负债中的占比为 51.72%、54.94%,风险相对集中。最后,从债务结构角度来看,江苏省政府性债务短期内规模大增速快,虽然目前债务逾期率较低,但是对于未来的债务转置存在一定的压力和风险,同时,地方政府性债务对土地出让收入的依赖程度较高,存在一定风险。

3. 上海地方政府债务风险分析

相对于江浙两省而言,上海具备区位、人才、资本和急速等多项资源优势,政府创新能力和意识较强，金融市场程度高偿债环境较好。2013 年上海地区生产总值 21 602.12亿元，其中政府性基金收入年增长率为 81.31%，地区生产总值增长率为 7.70%。债务规模指标良好，全市政府负有偿还责任的债务率为 84.10%，低于国际参考标准值。

首先，上海市政府财政体制下沉于区县，这就造成政府负有偿还责任的债务集中在区县层级，所占比例为 61.9%，融资平台公司、政府部门和机构、国有企业为政府负有偿还责任债务的主要举债主体，占比合计超过 70%，虽然目前资产盈利能力较强，但是存在一定的宏观经济风险。其次，债务资金来源主要为银行贷款、债券和信托融资。最后，地方性政府性债务对土地的依赖适中，但是考虑到目前上海土地价格上涨较快，未来存在一定程度的资产价格下跌导致的政府偿债能力下降的风险。

五、地方政府债务风险防范的路径

长三角地区是我国经济发展的重点区域，地方债对于长三角的经济发展也发挥了重要的作用。为此，对于长三角地区地方债风险的防范工作就显得更为重要，一方面能够保证经济发展的果实，另一方面也为全国其他地区的地方债风险防范做好了示范。对于长三角债务风险防范问题，无论是实践领域还是理论领域都提出相关建议。本章对长三角地方债务风险的防范路径应该采取依法“开源节流，易疏不堵，做好引导”，建议如下。

（一）加强管理建立预警体系防范风险

首先，在制度上要做好长三角地区现有地方债的风险识别和防范，在对长三角地区地方债审计核查的基础之上，依法根据地方政府的偿付能力和债务规模建立相应可行的债务偿付及风险预警指标体系。其次，在风险监控工作上要明确责任，落实“谁举债、谁受益、谁偿还”的原则，做到责权利相统一，实现地方债的合理化真正实现地方政府的自发自还。最后，做到信息公开，明确政府债务的种类、规模、结构、期限、层级、债权人等信息，并将其纳入绩效考核体系中。

（二）依法举债控制规模

长三角地区作为国务院“43 号文件”中的地方债自发自还试点地区，可以看出国家对于地方债对长三角地区经济增长的促进作用的认可。但同时必须依法做好地方新债的举债工作，明确各级地方政府只能通过发行地方政府债券举借债务，政府担保仅限于依法对外债转贷提供担保，在上级政府下达的限额内举借债务，必须列入本级预算调整方案，报本级人民代表大会常务委员会批准。同时对于债务的支持必须严格规范使用途径，不能用于经常性支出。对于存量债务的转置也要依法创新合理渠道，吸引社会力量的加入，积极化解存量债务。

（三）发展政府债券融资市场

长三角地区的地方债发展要遵循经济发展规律，运用市场机制来发行和管理，只有这样才能形成地方债风险和收益的市场化定价，从而获得市场投资者的认可，形成买者自负、风险自担的市场化环境。同时，地方政府要做好地方债的信用评级工作，有效披露政府地方债务的财政、收支、偿付能力等相关信息，做到信息透明公开，向市场和投资者传递正确的风险和收益信号，吸引投资者的关注。最后，要积极开拓投资者主体范围，逐步实现投资者多样化，鼓励社保基金、住房公积金等社会金融机构进入，同时也要逐步向个人投资者和企业开放，实现投资主体的多元化。

（四）做好风险控制和经济增长相适应

在当前全国经济处于下行压力的大环境下，长三角地区的经济创新发展使命意义重大，这就要求长三角地区政府处理好地方债风险控制和推动经济发展相适应的双重任务。一方面要严格控制地方债的审批、发行和管理工作，做到债务风险的有效防范和化解；另一方面又不能因为强调过分的风险控制而影响经济的发展。为此，长三角地区特殊经济环境中，明确政府和企业的发展关系，完善和规范举债融资机制，逐步推进融资平台公司的市场化转型，拓宽融资渠道，在遵循市场经济规律的前提下快速发展，实现风险控制和经济的协调发展。

（五）增强长三角地方债的监督工作

首先，明确长三角地方政府债务的监督主体和监督机制，确定人大对于各级地方政府的监督权限，健全审查监督程序，并进一步规范审查监督的重点、审查监督的内容、方式方法、手段措施和审查频次。其次，严格落实依法发行、依法管理、依法转置的地方债管理政策，从预算管理作为入口严格控制地方政府的债务发行端口，对于已经发行项目要对项目的进展及当前和未来可能存在的风险进行分析和预测，对于即将逾期和已经逾期的债务做好后续的转置和风险防范工作。最后，要进一步推进长三角地区的地方政府债务法制建设，加强和完善法制约束，将政府的债务管理条例上升到法律层面，对各级政府举债主体、举债方式、举债程序、规模限制、资金使用、偿还机制、风险预警机制、应急处置机制、预算监督、信息披露、法律责任等做出明确规定，引导各级地方政府依法举债、依法用债、依法还债、依法管债，并对相关责任人实行追责制度。

参考文献

[1] 刘尚希，赵全厚. 政府债务：风险状况的初步分析[J]. 管理世界，2002(05)：22－32.

[2] 刘尚希，赵全厚，孟艳等. “十二五”时期我国地方政府性债务压力测试研究[J]. 经济研究参考，2012(8)：3－58.

[3] 刘志彪. 我国地方政府公司化倾向与债务风险：形成机制与化解策略[J]. 南京大学学报(哲学. 人文科学. 社会哲学版)，2013(9)：24－31.

[4] 马骏，张晓蓉，李治国. 国家资产负债表研究成果及其应用[J]. 科学发展，2013(12)：9－18.

[5] 朱太辉，魏加宁. 我国地方债发行的金融学理论基础[J]. 财政研究，2012(5)：19－21.

[6] 贾康等. 中国经济中长期风险和对策(6)[J]. 经济参考研究，2010(14)：2－28.

[7] 贾康，孟艳. 运用长期建设国债资金规范和创新地方融资平台的可行思路探讨[J]. 理论前沿，2009(2)：9－11.

[8] 龚仰树，关于我国地方债制度设计的构想[J]. 财经研究，2001(11)：18－22.

[9] 姜维壮，王倩. 地方债发行管理比较研究[J]. 中央财经大学学报，2009(10)：60－65.

[10] 杨志勇. 地方债启动之配套条件研究[J]. 地方财政研究，2009，(4)：4－8.

[11] 林勇明. 从国际经验看地方政府债务融资的风险管理与规范发展[J]. 中国经贸导刊，2013(4)：23－25.

[12] 邢治斌，仲伟周，丁晓辉. 我国地方政府债务膨胀的诱因及其治理[J]. 经济与管理评论，2014(1)：78－84.

[13] 李腊生，刘磊，毛书宇. 欧债危机的演化路径及应对策略——基于区内国家竞争性财政支出的分析[J]. 经济学家，2012(08)：43－51.

[14] 杨华. 日本地方政府债务管理及近年来的改革动向[J]. 首都经济贸易大学学报，2011(4)：13－17.

[15] 刘煜辉，沈可挺. 中国地方政府公共资本融资：问题、挑战与对策——基于地方政府融资平台债务状况的分析[J]. 金融评论，2011(60)：1－18.

[16] 刘少波，黄文青. 我国地方政府隐性债务状况研究[J]. 财政研究，2008(9)：64－68.

[17] IMF. Fiscal Monitor Report[R]. 2012.

[18] Harvey S. Rosen. 财政学(第 9 版)[M]. 北京：清华大学出版社，2012.

[19] Kharas Homia' Deepak Mishra. Hidden Deficits and Currency Crisis[J]. The World Bank, 1999. 68－75.

[20] Hana Polakova Brixi. Contingent Government Liabilities: A Hidden Risk for Fiscal Stability [J]. World Bank Working Paper, 1988. 34－41.

[21] Easterly William. When is Fiscal Adjustment an Illusion? [J]. World Bank, 1998. 20－29.

[22] Macdonald, James, A Free Nation Deep in Debt: The Financial Roots of Democracy [J]. Princeton University Press. 2006(4)：17－20.

第九章　长三角自然资源资产负债表的编制实践

一、问题提出

自20世纪80年代中国改革开放以来，我国经济建设水平高速增长，人民生活水平得到了极大的改善，社会生产力也得到了快速的发展。但经济的快速发展也给社会带来了一系列的问题，其中人与自然资源间的矛盾尤为突出，特别是为了经济发展而导致的环境和自然资源的破坏引起了全社会乃至全世界的关注，如何做好经济发展和自然环境间的协调发展已经成了全世界的重要研究课题。为了保护全球生态系统的可持续发展、利用以便满足人类发展所需，联合国于2001年6月5日世界环境日之际由世界卫生组织、联合同环境规划署和世界银行等机构等组织开展了《千年生态系统评估》计划，首次提出对全球生态系统进行的多层次综合评估，将生态学保护的自然环境和资源目标整合到经济社会决策之中。2012年2月，联合国统计委员会批准了“环境经济核算体系核心框架”，期望世界各国将来如同采纳国民经济核算体系一样执行该框架。2013年联合国统计委员会又进一步采纳了“环境经济核算体系试验性生态系统核算”。英国、澳大利亚等国积极寻求超越GDP的核算体系，探索生态系统核算的方法与应用机制，已经开展了自然资源核算的试点。

与此同时，我国政府在十八届三中全会《中共中央关于全面深化改革若干重大问题的决定》(以下简称《决定》)中也明确提出“探索编制自然资源资产负债表，对领导干部实行自然资源资产离任审计”；2015年全国人民代表大会和中国人民政治协商会议提出了加快推进自然资源资产负债表编制工作的要求。2015年3月，环保部重启绿色GDP研究工作。2016年的“十三五”规划纲要中明确提出绿色发展、加快改

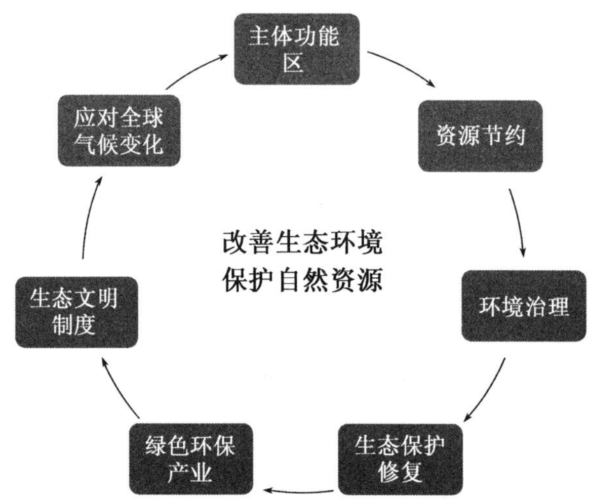

图 9-1 绿色生态发展计划

善生态环境的重要工作内容(如图 9-1),同时在 2016 年的《政府工作报告》中明确了今年的绿色生态环境资源改善指标,规定:单位国内生产总值用水、能耗、二氧化碳排放量分别下降 23%、15%、18%;森林覆盖率达到 23.04%;地级以上城市空气质量优良天数比率超过 80%;在加大环境治理力度推动绿色发展方面也设定了相关工作目标(详见表 9-1)。这些都为我国开展自然资源资产负债表编制工作的开展创造了条件。

表 9-1 2016 年政府工作报告绿色发展环保举措

十三五时期主要目标任务和重大举措	项目	目标
推动形成绿色生产生活方式加快改善生态环境	单位国内生产总值用水下降目标	23.00%
	单位国内生产总值能耗下降目标	15.00%
	单位国内生产总值二氧化碳排放量下降目标	18.00%
	森林覆盖率达到	23.04%
	地级以上城市空气质量优良天数比率超过	80.00%

（续表）

十三五时期主要目标任务和重大举措	项目	目标
加大环境治理力度	化学需氧量下降	2.00%
	氨氮排放量下降	2.00%
	二氧化硫排放量下降	3.00%
	氮氧化物排放量下降	3.00%
	重点地区细颗粒(PM2.5)浓度继续下降	—
	全面推广车用燃油国五标准	—
	淘汰黄标车和老旧车380万辆	—

资料来源:2016年《政府工作报告》。

编制自然资源资产负债表,就是要以资产核算账户的形式,对全国或一个地区主要自然资源资产的存量及增减变化进行分类核算。通过编制自然资源资产负债表,可以客观地评估当期自然资源资产实物量和价值量的变化,摸清某一时点上自然资源资产的"家底",准确把握经济主体对自然资源资产的占有、使用、消耗、恢复和增值活动情况,全面反映经济发展的资源消耗、环境代价和生态效益,从而为环境与发展综合决策、政府生态环境绩效评估考核、生态环境补偿等提供重要支撑。同时,也以此作为对领导干部实行自然资源资产离任审计的重要依据,有利于形成生态文明建设的倒逼机制,破除和扭转唯GDP的发展模式(江泽慧,2015)。目前,我国贵州、深圳、海南、内蒙古等省(市)自治区已纷纷先行开展地市级区域级的自然资源资产负债表的试编工作,作为我国经济发展的核心区域,长三角地区更应该重视地区经济发展与自然资源资产的核算和评估工作,尽早纳入地区经济发展的经济核算指标体系当中,做到绿色发展。

当然,由于我国经济发展的特殊情况,在对资源资产的核算方面的研究起步相对较晚,对于自然资源资产负债表编制过程中的关键概念、基本框架设计、统计口径和方法等方面还难以达成普遍性的共识。为此,本章将对上述问题进行研究,具体章节内容安排如下:第二部分为编制自然资源资产负债表的相关理论回顾,明确编制的必要性并梳理理论研究脉络;第三部分介绍国家资产负债表与自然资源资产负债表间的关联及特点,分析二者间联系的必要性和现实意义;第四部分对自然资源资产负债表面临的问题进行分析并给出相关建议;第五部分总结了长三角地区编制自然资源资产负债表带来的启示。

二、理论回顾与文献评述

我国改革开放30多年以来,经济发展水平取得了快速的增长,国民生产总值、总量都取得了令世人瞩目的成绩,中国也由此重新得到了全世界的关注。但是在快速单一发展经济的同时忽视了对于环境和自然资源的保护,由此带来的环境日益恶化不但引起了国内的普遍关注,甚至也使周边国家受到了影响。为此国家在第十三届三中全会中提出发展经济必须以合理利用自然资源资产和保护生态环境作为前提,编制自然资源资产负债表将作为考核工具纳入执政者的评价体系中。自然资源资产负债表的编制能够表明一国(地区)的自然资源资产的总体状况,同时在一定程度上还能体现一届政府在执政期间用于发展经济所消耗的自然资源资产和或者破坏生态环境的程度,也可以说经济的发展有多大程度是依赖消耗或者牺牲自然资源和环境资产进行置换所得到的。这就需要综合考虑多方面的因素,从而将自然资源资产进行量化和评估,通过存量、消耗和结余等方式进行结算,从而对相应领导干部所管辖地区经济发展和自然资源资产置换后的综合政绩进行正确的评估和审核,这也是国家在《决议》中提出建立生态环境算还责任终身追究制的目的。为此,自然资源资产负债表的编制工作也引起了我国学者们的普遍关注并成为研究的热点问题。

早在20世纪70年代,就有学者对自然资源资产负债表的编制进行研究,最初采用单一的自然资源会计核算方法,后逐步发展到向综合性自然资源环境报表转变。Leontief & Victor 采用投入产出模型对自然资源数量和价值量进行分析,把自然资源恢复量残余物排放视作常规经济活动产品,把自然资源的消耗利用与产出纳入传统的投入产出框架之中,建立了包含自然资源在内的国民经济投入产出表,雷明继承

Leontief 的复合核算思想，把以 SNA 为基础的国民经济核算和以实物量核算为基础的资源环境核算联系起来，建立了资源—环境绿色投入产出表，从经济活动对资源环境的消耗和占用两个方面，反映经济系统和资源环境的关系(雷明等，2006)。胡文龙等学者则提出，以 SNA 2008 和 SEEA 2012 为线索，在借鉴国家资产负债表的基础之上尝试对自然资源资产负债表进行编制(胡文龙，2014)。耿建新基于自然资源资产离任审计的角度，对我国自然资源资产负债表的编制与运用进行了初步探讨(耿建新，2014)。王姝娥等对自然资源资产负债表的编制进行研究，并提出对国家资产负债表进行了改进(王姝娥等，2014)。甘泓等尝试从自然资源资产负债表的角度对水资源资产负债表进行研究和编制(甘泓，2014)。封志明、陈艳利等初步梳理了国内外自然资源核算研究历程和方法进展，讨论了基于自然资源核算编制自然资源资产负债表的框架设想与可能路径(封志明等，2014)(陈艳利等，2015)。

同时，部分学者对国家资产负债表和自然资源资产负债表的关系进行了研究。胡文龙采用国家资产负债表的方法对自然资源总体情况进行信息披露，就是利用会计学中的资产负债表工具，客观全面反映生态责任主体在某一时点的自然资源静态存量情况，显示某一时间上自然资源资产的家底和结构，反映一定时间内的自然资产存量的变化(胡文龙等，2015)。耿建新对国家资产负债表和自然资源资产负债表的概念、内容及其相互关系进行了较为详尽的梳理，并总结了这两种报表与会计、审计的联系，在此基础上，阐述了编制和运用国家资产负债表、自然资源资产负债表的初步设想(耿建新，2015)。封志明等对国家资产负债表的基本概念与内涵进行了探讨，然后详细梳理了国内外国家资产负债表的发展历程及有关自然资源项的核算，概括分析了国家资产负债表的一般形式以及估值方法，在借鉴国家资产负债表相关经验的基础之上，就自然资源资产负债表表式的基本概念、资产与负债的确认原则以及自然资源资产的核算方法等基本问题提出了具体建议(封志明等，2015)。

可以看到，自然资源资产负债表的编制工作对于我国未来“十三五”乃至更长远的发展规划具有重要的现实意义，一方面有利于进一步完善我国国民经济核算体系，推进国家资产负债表的编制和完善工作从而实现国家的战略改革；另一方面，有利于我国在经济快速发展的过程中实现对环境和生态的保护，对于健全我国的资源节约利用与绿色环境的优化和配置工作，形成人与环境和谐发展的社会远景具有重要意义，同时这也符合当前的全球的经济和环境协调发展的趋势。

三、自然资源资产负债表的分析框架

（一）国家资产负债表研究带来的启示

国家资产负债表是将企业资产负债表的经验运用于经济体，将经济体内某一时点所有经济部门的资产与负债分类加总列示，得到反映该经济体总量(存量)的报表，其作为国民经济核算体系的重要组成部分，核算对象是一国或地区经济资产的存量(马骏等，2012)。从核算内容看，国家资产负债表核算的资产包括非金融资产和金融资产两大项，其中金融资产包括国内外各种金融债权、储备资产等。非金融资产界定比较复杂，需满足拥有交易记录、与金融资产和负债相匹配以及具有某种合理可行估值方法三个条件，主要包括固定资产、存货和其他非金融资产(资源资产、无形资产等)(林忠华，2013)。国家资产负债仅指金融负债，是一国或地区内所有机构单位的债务，无实物对应项。国家资产负债表中，资产与负债的差额为净资产，对应于企业资产负债表中的所有者权益。一般来说，纳入国家资产负债表的经济资产必须同时具备明确的所有权、控制权以及效益性等特征。我国 20 世纪 80 年代曾展开过对国家资产负债表的研究工作，并于 1996 年起正式编制国家和地方资产负债表，此项工作于 2007 年后便停止了，直至党的十八届三中全会重新提出编制计划，可以说我国国家资产负债表还处于试编制阶段。但是相对而言，西方国家和学者对于国家资产负债表的研究和编制工作已经近半个世纪，目前澳大利亚、加拿大、英国、日本已经能够定期编制和公布其国家资产负债表。

由国内外自然资源资产负债表研究进展可以看出，经过 50 多年的实践探索，一些西方国家的国家资产负债表体系已相对成熟和本土化。中国资产负债表研究与编制工作起步相对较晚，目前官方正式的资产负债表仍处于试编阶段。由国家资产负债表研究经验可看出，核算体系方面，大多数国家都是参照国民经济核算体系的格式；核算内容方面，各国都积极将自然资源作为资产纳入资产负债表中，只是各国资源环境条件的不同使得纳入资产负债表中的资源不尽相同；核算方法方面，由于数据、方法的多样性，核算的结果也会有较大出入，当前国家资产负债表编制的可比性不强（封志明，2015）。但借鉴国家资产负债表的编制经验，本章认为自然资源资产负债表的编制可以在表式、自然资源资产和负债的确认，以及核算方法等方面参照国家资产负债表中相对成熟且可操作的方法。

（二）自然资源资产负债表的相关理论

1. 国民账户体系（SNA）

国民账户是国民收入和产品帐户的简称，是测量 GDP 的基本方法和框架。国民账户体系（System of National Accounts）是西方国家用来对国民经济活动进行综合考察和统一核算的制度，是一套逻辑严密、协调一致而完整的宏观经济账户、资产负债表组成，它们的基础是一套符合国际惯例的概念、定义、分类和核算规则，简称为 SNA（李洁明等，2014）。西方经济理论认为所有生产物质产品的活动和提供劳务的活动都是生产活动，凡是从事生产活动的公私企业、机构和个人都列入生产部门，一切生产部门活动的成果都是社会产品，社会产品总量是物质产品价值和服务活动价值之和。

1953 年，联合国统计委员会出版了《国民经济账户体系和辅助统计表》供各个国家参考，这个就是著名的旧 SNA。十多年后，联合国又组织以斯通为主席的专家小组对旧 SNA 进行了补充和修订，于 1968 年公布新国民经济核算方案《国民账户体系》，即新 SNA。1968 年后，随着世界经济形势的巨变，联合国根据国际环境和需求的变化对 SNA 进行修订，1993 联合国第 27 届统计委员会会议通过了该修改方案，即为我们所熟知的 SNA1993。SNA1993 在总结各国 SNA 时间和应用基础上进一步改进和完善了国民经济核算体系，使之较 1968 年 SNA 更加简化、合理并与其他国际统计标准协调一致，标志着国民经济核算体系进入成熟期。当今国际推行的国民经济核算体系为 SNA2008，是由联合国统计司主导，欧盟委员会、经合组织、国际货币基金组织、世界银行等机构的相关部门共同起草完成的，2009 年联合国统计委员会的第四十次会议上通过了将 SNA2008 作为国民经济核算的国际标准,并鼓励所有国家都尽可能按照其标准编辑并报告国民经济账户,而国家资产负债表从属于《国民账户体系 2008》。

如表 9-2 所示,其为 SNA2008 中编制的国家资产负债表,以国家为主体借鉴了企业资产负债表的编制形式和技术进行编制的,表示一国在特定时点所拥有的所有资产和全部负债的情况。根据资产负债表的编制原理可以知道,国家资产负债表所代表的资产负债账户通过 14 个明细账户反映了一国在期初、期末的资产、负债和净资产存量的关系,可以清晰地表明一国的"家底"。

表 9-2 SNA 2008 中的国家资产负债表

国民经济各部门 各类项目	非金融公司部门	金融公司部门	政府部门	住户部门	为住户服务的非营利机构部门	经济总体	国外部门	总计
一、非金融资产								
(一) 非金融生产性资产								
1. 固定资产								
2. 存货								
3. 贵重物品								
(二) 非金融非生产性资产								
1. 自然资源								
土地								
矿产和能源储备								
非培育性生物资源								
水资源								
其他自然资源								
无线电频谱								
其他								
2. 合约、租约和许可								
3. 商誉和营销型资产								

(续表)

各类项目＼国民经济各部门	非金融公司部门	金融公司部门	政府部门	住户部门	为住户服务的非营利机构部门	经济总体	国外部门	总计
二、金融资产								
1. 货币性黄金与特别提款权								
2. 通货与存款								
3. 债务性证券								
(其他略)								
三、金融负债								
1. 货币性黄金与特别提款权								
2. 通货与存款								
3. 债务性证券								
(其他略)								
四、净资产								

资料来源:《环境经济综合核算体系—核心框架(SEEA2012)》。

注:为节省篇幅本表中仅列出了自然资源所包含的明细项目。

2. 环境经济综合核算体系(SEEA)

环境经济综合核算体系(System of Integrated Environmental and Economic Accounting 简称 SEEA)是国民经济核算体系(SNA)的卫星账户体系,是可持续发展经济思路下的产物,主要用于在考虑环境因素的影响条件下实施国民经济核算。

1993 年联合国统计司(UNSD)出版了 SEEA1993 初稿,首次建立了与 SNA 相一致的、系统地核算环境资源存量和资本流量的框架。但是 SEEA 并不是 SNA 的更新或替代,而是在不改变 SNA 的基础上,考虑环境因素,对以 SNA 为核心的账户体系的补充。2000 年联合国统计司(UNSD)出版了 SEEA 指导手册,该手册没有阐述 SEEA 的全部内容或模块,只是描述那些在目前可行的,至少数据充分并能与

SNA 连接的部分内容。2003 年联合国统计署又推出了 SEEA 的最新版本，又进一步扩大了 SNA1993 的核算内容与范围，促进了 SNA1993 与资源、环境信息直接联系的概念变化。直到 2013 年联合国携手欧盟委员会、联合国粮农组织、国际货币基金组织、经济合作与发展组织以及世界银行共同开发的环境经济核算体系 2012—中心框架，简称 SEEA2012—中心框架，才获得联合国统计委员会批准并作为进行环境经济核算的国际统计标准予以公布(高敏雪，2015)。

由表 9 - 2 中可以看到，在国家资产负债表中将自然资源资产作为一类资产体现出来，说明自然资源资产负债表对应着国家资产负债表中的自然资源资产账户。同时在 SEEA2012 中也对自然资源资产的核算方法进行了探讨、分类和核算方法的讨论，从现有的资料可以看到 SEEA2012 是对自然资源资产核算最全面和标准的指引。为此，本章以澳大利亚在 SEEA2012 框架下编制的土地资源资产负债表为例进行说明。表 9 - 3 反映了土地的用途、分类和存量的变化。当然，除此表之外澳大利亚还编制了相应的类似核算表格来反应土地资源资产的变化，以此作为该表的子账户并进行说明和支持。当然，在此框架之下澳大利亚还分别对矿产和能源、土壤、木材和水等资源资产账户分别进行了编制。

表 9 - 3　澳大利亚的土地利用表(货币计量)

	农业用地	林业用地	水产养殖	建筑用地	保持恢复环境用地	未分类土地	未使用土地	内陆水域	合计
期初土地存量									
存量增加									
获得土地									
重新分类									
增加合计									
存量减少									
处置土地									
重新分类									
减少合计									
期末土地存量									

资料来源：澳大利亚统计局网站 http://www.abs.gov.au/.

同理，由上可以看到，国家资产负债表和自然资源资产负债表间存在着一定程度的总分对应关系，自然资源资产负债表相当于国家资产负债表自然资源账户下的分账户，二者存在着一定的总分关系，互为前提和基础。

3. 自然资源资产和国民账户体系循环机理

根据 SEEA—2012 的中心理论框架，本章将环境的经济核算的核心内容主要归纳为以下三个部分：(1) 实物流量核算，通过物质与能源实物流量数据描述经济与环境之间的关系；(2) 价值流量核算，显示在经济体系内发生的与环境有关的交易的规模和结构关系；(3) 自然环境资产存量及其变化核算，展示所拥有的环境资产总量、构成及其变化原因(高敏雪，2015)。

从图 9-2 中可以看到经济系统和环境生态系统二者间流量循环关系，人类的一切活动发生于自然界，依赖于自然环境产生和发展，并最终归结于自然环境的生态系统这样一个循环往复的过程。首先，就自然生态环境而言，矿产、森林、土地、水等自

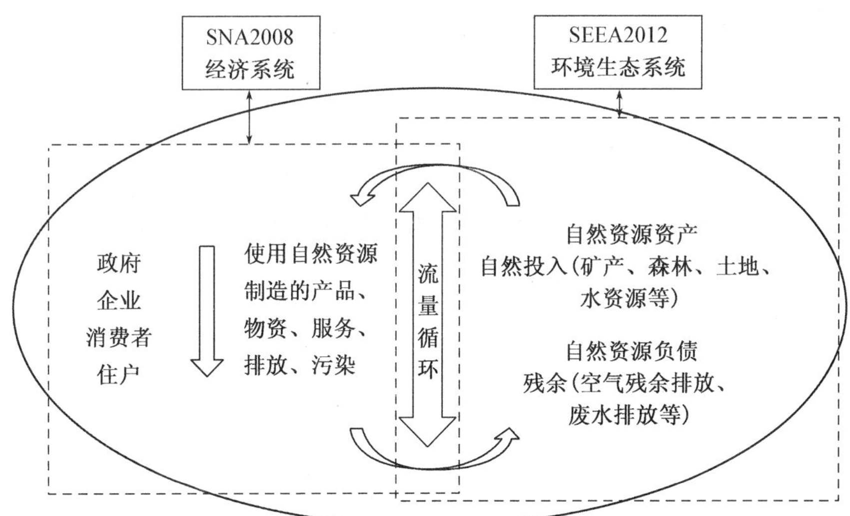

图 9-2　自然资源环境流量循环和核算体系构建的关系

资料来源：胡文龙. 自然资源资产负债表基本理论问题探析[J]. 中国经贸导刊，2014，(10)：62-64.

然资源是自然存在的,是自然生态环境系统的天然构成部分,但是由于其在人类的经济活动中所具有的各种功能,成为一种资源资产要素进入了人类的经济系统中,成了自然资源资产,产生了实物流量流入。然后,自然资源以不同的形式进入人类的经济系统的价值流量中,此时自然资源作为环境生态系统中的自然资源资产账户发生减值,而作为经济系统的资产账户发生增值。在这一过程中,自然资源资产通常以两种形式进行循环,一种是以生产要素的形式进入经济体系中进行循环,另一种则是以产品和服务的形式进入经济体系中进行循环,两种形式在加工循环的过程中实现经济价值的增值。最后,当自然资源在经济体系中完成循环并丧失使用价值的时候,将会以人类活动残余物体的形式回归到环境生态系统中,多见于固体、气体和废水等形式回流到环境生态系统中进行消化、吸收和转化。

从以上自然资源资产在环境系统和机构及系统中循环流通的过程中可以看到,环境生态系统将自然资源资产不断地循环到经济系统中从而配合人类经济活动的生产和生活,这体现了生态环境的资源功能;人类经济活动对自然资源的消耗和残余物的回流体现了环境的受纳功能。这两点分别在 SNA2008 和 SEEA2012 的自然资源体系中得到了一定程度的反应,有利于建立更为全面系统的自然资源和生态环境经济核算体系。

四、自然资源资产负债表编制中的问题

与国家资产负债表相比,自然资源资产负债表作为一个崭新的概念,尚未见编制先例,加之相关概念、内涵的不确定以及价值化体系不完善等问题,其编制具有相当大的难度(甘泓等,2014)。自十三届三中全会提出编制自然资源资产负债表以来,各级政府部门都对此项工作给予了高度的重视,同时学界对此问题也展开了广泛的研究,但是限于我国对此问题研究的起步较晚和现有国内外成熟的可借鉴的经验较少等原因,目前的对于自然资源资产负债表的设计和编制工作还有许多问题有待进一步的研究和解决。

(一)执行组织体系的建立和完善

目前我国的自然资源管理体制提供的管理职能对于编制自然资源资产负债表的需求还存在较大的不匹配性,不能完全满足对于自然资源资产的评估、管理和审计需要。对于我国生态环境中的自然资源的管理主要由相关对应的政府主管部委对各省进行直线管理,同时,各省及地方政府根据各部委的管理办法对辖区内的水、森林、矿产和国土等资源进行统一管理。在这种管理模式下,虽然可以对各种自然资源资产进行详细的专项核算,但是难以做到全国或地区的全面统筹核算和审计,就难免夹杂着一些部门的绩效考核利益。

但是众所周知,对于国家自然资源资产负债表的编制工作由于涉及政府、企业、金融机构和居民等部门数据的长期配合,包括数据的收集和核算,这就要求由中央到地方基层具有良好统一的协作机制保证这项复杂系统的工作有序进行。特别是对自然资源资产的分类编制、核算的方法和收集的手段都极具复杂性和挑战性,这就意味着编制自然资源资产负债表是一个复杂的系统工程,对于执行体系的完善性和协调性具有较高的要求,这样才能保证数据收集、整理工作的具备准确和完整性。

在整个自然资源资产负债表编制的过程中,自然资源资产数据的收集是重中之重。由于我国多年来一直采取的资源管理模式为多部门交叉管理,这就必然导致资源核算表格的碎片化,不便于做到数据的统一和完整,影响资源数据收集和整理的效果。为此,希望借鉴 SEEA2012 和国外成熟国家的经验,根据我国国情来完善自然资源收集整理的执行组织体系。故建议如图 9－3 所示,作为整个复杂执行体系的中心,国家统计局必须担负起整个中国环境经济体系核算体系的协调和管理工作,一方面同财政部进行协调,对于自然资源资产负债表的相关内容、方法和标准的制定和完善工作;另一方面,组织和管理成立相关的工作专题小组,按照统一的资源调查口径、方法和标准对相关内容进行调查并开展自然资源资产负债表的编制工作。在这一过程中,要做好工作的逐级开展,对于数据的收集和整理在授权多部门、多机构统筹协调工作的同时还要做好反馈数据的统一性,保证数据的有效性和全面性。

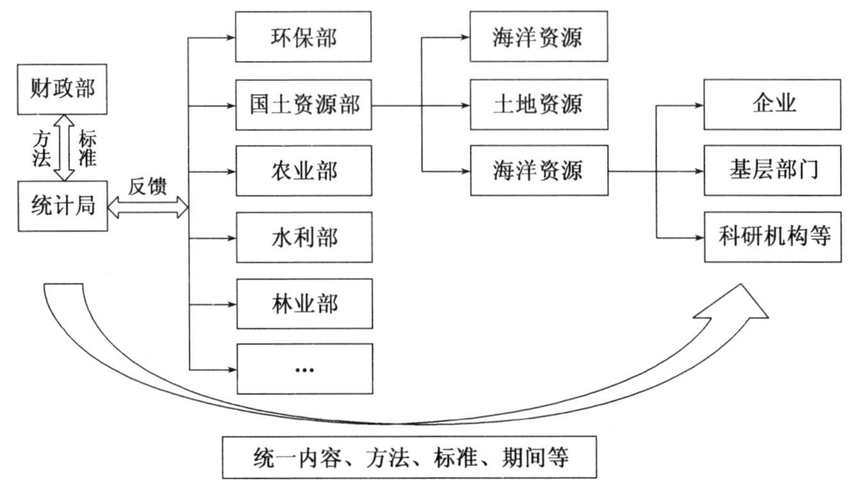

图9-3 编制自然资源资产负债表的执行组织体系

（二）自然资源要素的确定和计量

从《决定》的提出可以看出党和国家对于我国的经济和自然资源资产核算体系的构建提出了更高的要求，并将其同政府执政者的绩效考评机制相挂钩，对于中国而言是对于经济和环境发展关系认识的一次深刻的变革，特别是对于自然资源要素的确定和计量工作重视是决定自然资源资产编制工作的关键，而这一问题也是编制工作中要解决的又一重点课题，但是目前会计和审计学界对于这一问题的研究深度和广度还有待进一步的深化。

为此，借鉴会计学原理尝试对自然资源要素的计量进行界定，参考国家资产负债表的编制和 SEEA2012 可知，有等量关系"自然资源资产－自然资源负债＝自然资源净资产"对三者的要素分别尝试进行界定。

1. 自然资源资产

首先，对于自然资源资产要素的确定要明确自然资源资产的归属主体，这样才能做到资源主体的责权利相统一，执行对自然资源资产保护和管理的同时也能够实现自然资源资产的最优化配置，提高自然资源资产的利用效率。其次，由于自然资源资产存在的多样性和复杂性,对于自然资源资产价值的评估也要根据资产属性选择适当的计量和统计方法,对于不同自然资源资产价值的统一也可以尝试参考资源转化后的市场价值进行参考。最后,对于资源产生的效益要从使用价值、附加价值和生态价值等方面进行综合考虑。

2. 自然资源负债

自然资源负债主要从显性负债和隐形负债两个方面进行考虑。首先,显性负债指对资源的直接开采所带来的自然资源的消耗,这一部分自然资源资产的价值可以参考资源要素转换后的市场价值。其次,隐形资源负债指在开采的过程中由于不合理的方法和开采效率的低下导致的资源耗损的增加以及对环境造成的额外消耗,同时还包含对于造成的污染和生态破坏产生的治理成本等。最后,对于进入到经济体系当中的自然资源资产的消耗所带来的固体、气体、水的残余物处理所产生的成本也应计入自然资源负债的构成。由于隐形资源负债发生的隐蔽性和对生态资源影响的滞后性,这就给自然资源负债的统计带来了一定的困难,相信这也是《决定》中提出对领导离任审计并追责的主要原因之一。

3. 自然资源净资产

自然资源净资产的产权主体是国家,但是对于该资源的具体管理和合理配置职能还是下放到当地政府。对于自然资源净资产的核算和统计体现了国家当前所拥有和控制的自然资源资产总量,即自然资源资产与自然资源负债的差额。同时,自然资源资产负债表中的自然资源净资产还要做到同国家资产负债表账户中自然资源账户内容的统一。

(三)监管和审计核算工作面对的挑战

《决定》中提出对领导干部进行自然资源资产离任审计,无论对于地方政府对自然资源资产的使用的监管还是对于自然资源资产价值的审计都充满了挑战。一方面要通过监管和离职审计强调在经济发展过程中对于自然资源资产的合理利用和对生态环境的保护;另一方面还要合理的正确审计政府执政过程中对自然资源资产的使用、自然资产负债的产生，不合理的监管和审计必然会导致对地方政府执政发展的束缚。

为此，在对地方政府领导干部的自然资源资产离任审计的过程中，一方面要全面了解各种自然资源的种类和属性特征，扩大对资源的审计范围，加大审计力度，对自然资源资产进行全面、深入、准确的审计，同时也为自然资源资产负债表的编制工作提供良好的审计基础。另一方面，也要通过对领导干部的自然资源资产离任审计工作来进一步构建和改善具体的审计方法和完善考评指标，尽可能地降低指标效果滞后效应对考评结果产生的不良影响，从而提高审计工作的公正性和权威性，这必将是一项长期复杂的工作，需要不断地去探索和完善。

五、对自然资源资产负债表编制的启示

自然资源资产负债表的编制工作是未来一段时期我国经济系统和生态环境系统的长期协调发展的基础，是我国下一阶段绿色发展的指导思想和工作原则，作为中国经济发展核心的长三角地区更要深入贯彻国家的这一重要指导工作。长三角地区是我国的经济发达地区，近年来经济发展增速较快，同时也是经济系统和自然生态环境系统矛盾突出的地区，为此，做好长三角地区的自然资源资产负债表的编制工作既有利于处理好经济和生态环境保护协调发展的关系，又能够为其他地区提供经验上的借鉴。为此，建议长三角地区的自然资源资产负债表的编制工作主要围绕以下几个方面进行。

（一）设立自然资源资产管理专项部门

自然资源资产包括的范围较广，主要包括矿藏、水流、森林、山岭、草原、荒地、海域、滩涂等全部国土空间的各类自然资源资产。但是，长期以来我国自然资源资产管理中存在着所有者不到位、所有权边界模糊等问题。由于产权关系不明确、产权边界不清晰，在生态环境保护中造成了诸多问题。为此，建议长三角地区率先设立自然资源资产专项管理部门，明确辖区内自然资源资产的归属及管理保护责任，一方面，可

以逐步解决生态环境保护的“外部性”问题，通过推动所有权和使用权相分离，建立有偿出让制度。另一方面，按照责权发生制的标准，对辖区内自然资源资产的使用、评估和负债情况进行审核和管理，编制基层自然资源资产负债表。

（二）加强自然资源资产管理部门间协作

由于自然资源资产属性的复杂性，对于资产的管理和保护难以做到同相关部门间的一一对应，同时，由于我国当前的行政管理体系多采用直线制的权利管理，造成部门之间的相互独立，不能做到自然资源资产管理信息的相互流通和共享，从而难以做到对相关自然资源的精细化管理。为此，建议长三角地区在自然资源资产专项小组的带领下，加强行政管理体制的改革，对于当前自然资源资产相关部门间的协作机制进行重新梳理，打通信息流动通道，做到自然资源信息管理的协调和统一。同时，加强长三角地区间的沟通和联系，对整个长三角地区的自然资源资产进行协同管理。

（三）发展自然资源资产交易市场

长三角地区通过对自然资源资产归属的明确，可以进一步实现自然资源资产所有权和使用权的分离，这就为自然资源使用权的市场化提供了基础，能够做到资源利用效率的最大化。为此，长三角地区可以推行自然资源产权登记和使用许可证制度，从而建立自然资源使用经营权交易市场，引入各种体制的企业，在实现自然资源资产利用效率最大化的同时还能兼顾生态环境的保护。当然，同时也要对自然资源资产交易市场的发展进行必要的制度和立法建设，避免行业垄断等问题的发生。

（四）完善计量核算体系

长三角地区自然资源资产丰富，有效推进自然资源资产的计量工作有利于国家层面自然资源资产负债表编制工作，具有非常重要的参考价值。为此，长三角地区有责任对自然资源资产的核算内容和方法等进行开创性的尝试，对相关自然资源资产责任主体编制相应的自然资源资产账户，对自然资源资产和自然资源负债进行核算和反映，同时汇总到各地区负责的统计局进行整理和上报，从而形成全面系统的自然资源资产负债表。同时不断扩大和完善监管和计量的自然资源资产领域，完善数据检测和收集的技术手段，提高相关数据的收集整理能力，充分发挥现代化信息技术的手段，为国家自然资源资产负债表的编制做好基础。

参考文献

[1] 江泽慧. 加快研究编制自然资源资产负债表[N]. 人民日报，2015-05-19.

[2] Leontief W. Environmental Repercussions and the Economic Structure: An Input-output Approach[J]. Review of Economics and Statistics, 1970, 52(3): 262-271.

[3] Victor P A. Pollution: Economy and Environment[M]. Toron to: University of Toronto Press, 1972: 26-35.

[4] 雷明，李方. 中国绿色社会核算矩阵编制[J]. 经济科学，2006(3):84-96.

[5] 胡文龙. 自然资源资产负债表基本理论问题探析[J]. 中国经贸导刊，2014(10):62-64.

[6] 耿建新. 我国自然资源资产负债表的编制与运用探讨:基于自然资源资产离任审计的角度[J]. 中国内部审计，2014(9):15-22.

[7] 王妹娥，程文琪. 自然资源资产负责表探讨[J]. 现代工业经济和信息化，2014(9):15-17.

[8] 甘泓，汪林，秦长海，等. 对水资源资产负债表的初步认识[J]. 中国水利，2014(14):1-7.

[9] 封志明，杨艳昭，李鹏. 从自然资源核算到自然资源资产负债表编制[J]. 中国科学院院刊，2014(7):449-456.

[10] 陈艳利，弓锐，赵红云. 自然资源资产负债表编制:理论基础、关键概念、框架设计[J]. 会计研究，2015(9):18-26.

[11] 马骏，张晓蓉，李治国，等. 中国国家资产负债表研究[M]. 北京:社会科学文献出版社，2012.

[12] 林忠华. 国家和政府资产负债表初探[J]. 山西财政税务专科学校学报，2013，15(6):41-51.

[13] 李洁明，祁新娥. 统计学原理[M]. 上海:复旦大学出版社，2014.

[14] 高敏雪.《环境经济核算体系 2012》发布对实施环境经济核算的意义[J]. 中国人民大学学报，2015(6):47-55.

[15] 杨世忠，曹梅梅. 宏观环境会计核算体系框架构想[J]. 会计研究，2010(8):9-15.

第十章　大数据下长三角小微企业经营模式转变

小微企业不仅是国民经济平稳快速发展的重要力量，也是国家提升自主创新能力、加快经济转型发展的重要主体，在创造就业、活跃市场、增加税收和社会稳定等方面都发挥着巨大作用。据2008年统计数据显示，作为中国民营经济和外向经济最发达、最活跃的地区之一，长三角集聚了中国32%的中小微企业，长三角两省一市约有127万户中小微企业，占长三角企业总数的99.57%，其从业人员数占长三角从业人数的85.1%，创造的生产总值超过50%。但当前长三角的中小微企业也面临着一系列新的挑战，特别是2010年下半年以来，受国内外复杂多变经济形势的影响，中小微企业面临融资贵、用工难、税负重、成本高、利润薄等五大困境，小型微型企业尤为突出，其中既有国际市场下滑、出口订单减少的原因，也有原材料、劳动力成本上涨以及汇率、利率上升的原因。进入2012年，我国经济下行趋势已经得到确定，经济增长进入"新常态"发展阶段，投资、出口增速回落，通缩压力不断加大。长三角地区已进入创新驱动、转型发展的重要时期，承担着打造中国经济升级版的重要使命，而中小微企业是长三角地区经济发展的活力源泉，并在很大程度上反映着乃至决定着长三角地区经济发展的增长性和平稳性。

一、"互联网＋"提出的背景及内涵

"互联网＋"这一概念最早是于扬先生在2012年11月第五届移动互联网博览会议上提出，他提出"互联网＋"是多屏全网跨平台用户场景结合之后产生的一种化学公式，启发企业遵循这一思路，寻找与互联网的结合点。2015年3月5日第十二届全国人民代表大会第三次会议上，李克强总理在政府工作报告中首次明确提出了"互联网＋”行动计划。“互联网＋”实际上是创新 2.0 下互联网发展新形态、新业态，是知识社会创新 2.0 推动下的互联网形态演进。伴随知识社会的来临，驱动当今社会变革的不仅仅是无所不在的网络，还有无所不在的计算、无所不在的数据、无所不在的知识。

所谓“互联网＋”，是指以互联网特别是移动互联网为主的一整套信息技术在经济社会各部门各领域扩散与应用、不断释放数据流动性的过程。简单来说，“互联网＋”便是让互联网与传统产业结合，就像前两次工业革命中的蒸汽、电能一样，带来的是第三次工业革命。如果说十八世纪的工业革命是通过机械代替了手工，完成了生产方式的飞跃，那么现在的“互联网＋”便是要通过互联网对传统产业进行新的改造。但这并不是简单的两者相加，而是利用信息通信技术以及互联网平台，让互联网与传统行业进行深度融合，创造新的发展生态。它代表一种新的社会形态，将互联网的创新成果深度融合于经济、社会各领域之中，提升全社会的创新力和生产力，形成更广泛的以互联网为基础设施和实现工具的经济发展新形态。“互联网＋”的风潮正在促进企业的重构，对每一个创业者和投资者都带来重大的影响。

“互联网＋”最核心的载体就是企业，因此企业互联网下的产品特性，是把企业看作一个抽象的个体，并对个体做解决方案或者服务。小微企业作为中国数量最大、最具创新活力的企业群体，一直走在“互联网＋”的路上。然而，如何为小微企业在“互联网＋”时代的转型升级中寻找到有力支点，成为业界共同面临的问题。

二、理论回顾与文献述评

目前，学术界对于“互联网＋小微企业”的发展战略研究，主要集中在互联网思维、互联网给企业发展带来的机遇和小微企业自身的发展战略三个方面。

第一，互联网思维。陈雪频(2014)认为互联网思维是在互联网高速发展的背景下，企业对用户、产品、营销重新审视的一种思维，它是一种方法，更是一种理念，适合所有的企业。黄生民等人(2015)指出，互联网思维包含三个维度，即时间、空间、精神，然后从互联网的三个核心装置:电商、大数据、终端反证其思维的存在基础以及运行机制。姜奇平(2014)从互联网思维的社会特征、生产方式特征、技术特征、制度特征、创新特征分别进行阐述。李海舰(2014)认为,互联网思维包括三个层次:一是互联网精神,二是互联网理念,三是互联网经济。根据互联网思维,传统企业必须进行再造,其方向是打造智慧型组织:网络化生态、全球化整合、平台化运作、员工化用户、无边界发展、自组织管理。

第二,关于互联网给企业带来的影响。对互联网给企业带来的机遇,学者界的认识都十分统一,主要区别在于侧重点不同。宝凯馨等人(2014)认为,互联网思维为企业的品牌传播提供了崭新的理念,企业运用用户、数据、粉丝、跨界思维整合营销,通过形成品牌效应来扩大营销渠道,注重品牌的传播内容和过程管理,提升品质服务,构建品牌文化,创新品牌传播策略,最终实现发展模式的转型。冯雪飞等人(2015)提出,互联网思维为企业的商业模式创新提供了捷径,通过产生一种新理念,不断地整合现有资源,促使其他经济成员共同参与,从而开拓市场,实现商业模式创新。沈雁(2014)指出互联网思维可以重构企业机制和结构,通过与消费者频繁地交互,达到消费流程和消费者体验的优化,实现消费数据的动态实时链接;另外,运用互联网扁平化思维使得小微企业做得"小而美"。徐洁等人(2014)提出,融资难一直困扰着小微企业的发展,互联网思维为小微企业的融资模式创新提供了可能,互联网融资模式具有普惠性、便捷性、针对性。

第三,小微企业的发展战略。王俊峰等人(2012)指出,我国的小微企业发展转型迫在眉睫,一方面有必要借鉴美国、欧盟、日本的措施,另一方面针对本国国情,分别从企业层面和政策层面给出了战略制定的建议,强调了小微企业对经济发展方式转变、创新能力、中国实体经济健康发展的积极作用。万舒晨(2015)从发展战略的角度分析了我国小微企业当前机遇与挑战并存,融资难困扰着发展的现状,并分别从政策宣传、招工、融资、创新方面提出了建议。刘建刚(2015)探索"互联网+"战略下,技术创新与商业模式创新的互动关系,并总结出"互联网+"战略下两者协同发展的路径:市场机会识别—价值主张创新—技术创造性模仿创新—商业模式"营销—盈利—运作"三模块持续创新—技术渐进性自主/合作创新。

综观上述研究可知,学术界对互联网思维、互联网思维对企业发展的影响和小微企业的发展战略研究已经非常深入，但是对互联网思维下小微企业发展战略研究才刚刚起步，存在的不足在于缺乏专门性和系统性的分析研究，本章前瞻性地将互联网思维嵌入到小微企业发展战略路径研究中，充分运用互联网思维实现小微企业发展转型。

三、长三角小微企业经营状况

企业景气指数是根据企业负责人对本企业综合生产经营情况的判断与预期编制的指数，用以综合反映企业的经营状况。它起源于20世纪20年代的西方国家，此后在世界范围内迅速得到了推广和普及。

"新华—浦发长三角中小微企业景气指数"是由中国金融信息中心、国家金融信息中心指数研究院、新华社上海分社、浦发银行和上海社会科学院共同研发的，旨在通过建立科学的中小微企业景气指数评价体系，把握长三角地区中小微企业发展动态，及时反映长三角中小微企业年度发展景气状况。根据企业景气指数研究的一般性方法，结合长三角中小微企业的发展现状及金融机构服务中小微企业的需求导向，以定量与定性相结合，前期、即期和预期相补充的跨期景气分析方法。该指数以100作为景气指数临界值，数值范围在0～200之间。当景气指数大于临界值时，表明经济状况趋于上升或改善，处于景气状态；当景气指数小于临界值时，表明经济状况趋于下降或恶化，处于不景气状态。计算方法如下。

长三角中小微企业景气指数＝0.4×客观景气指数＋0.6×主观景气指数　(1)

客观景气指数依据企业实际数据计算，包括：期末从业人员数、主营业务成本、主营业务收入、固定资产投资和净利润等。主观景气指数依据企业负责人对本期和未来经营状况的判断衡量。

如图10－1所示，2013年度综合景气指数为111，小微企业运行状况较好，处于"相对景气"区间。2014年，长三角地区出口、投资均出现增速回落，通缩压力不断加大，上半年和下半年总景气指数分为105和109，处于"微景气"区间的上沿。2015年一季度的景气指数为101，自一季度指数呈现弱势以来，二季度、三季度和四季度均保持下行趋势，综合景气指数分别下降为99、98和97，基本处于景气临界状态，但降

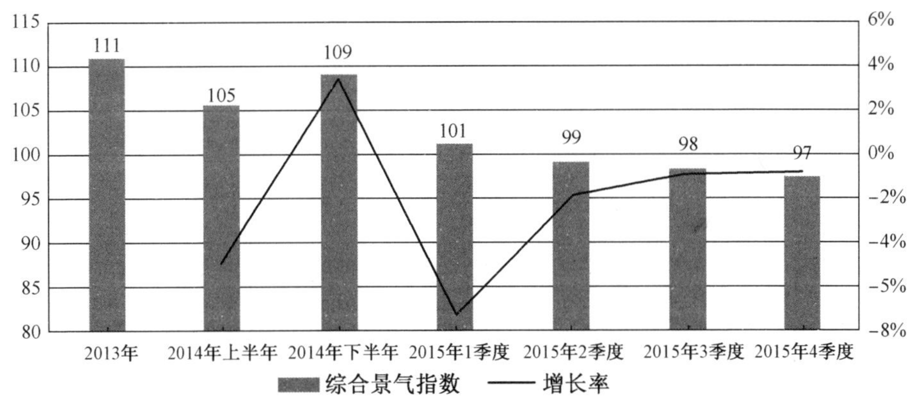

图 10－1　综合景气指数

幅一直在收窄，表明长三角地区小微企业发展基本稳定，与实体经济宏观面的形势基本保持一致。

（一）分类景气指数

景气指数的指标体系包括五类指标（见图 10－2）：雇佣景气指数（雇佣人员状况及其趋势）、成本景气指数（经营成本状况及其趋势）、投资景气指数（固定资产投资状况及其趋势）、生产景气指数（营业收入状况及其趋势）和盈利景气指数（净利润状况及其趋势）。

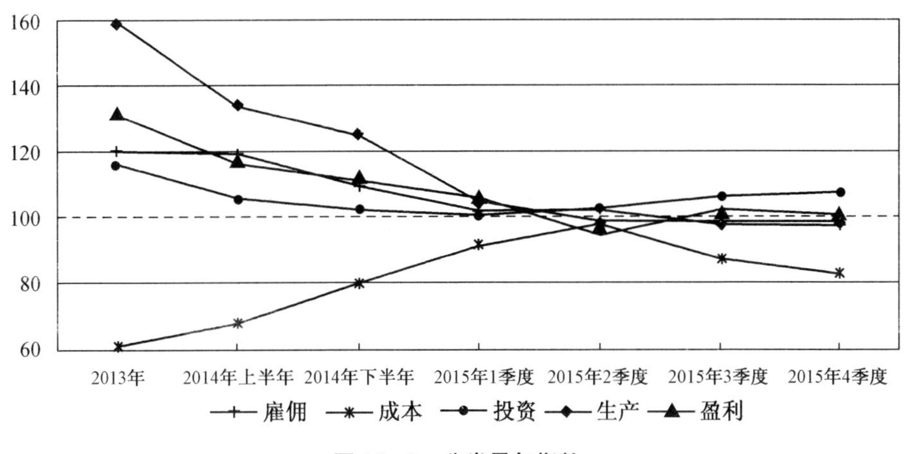

图 10－2　分类景气指数

在2013年度，雇佣景气指数、投资景气指数、生产景气指数和盈利景气指数均高于110，其中，生产景气指数高达159.52，处于“较强景气”区间，而成本景气指数处于“较为不景气”区间，仅为60.57，表明2013年长三角中小微企业总体运行向好趋势显著，大多数小微企业持乐观态度，但成本上升压力仍然比较明显，成了企业发展的主要阻力。

2014年长三角小微企业上半年和下半年5个分类指数中，除了成本指数外，均显示出景气的态势。其中，生产景气指数分别为134.17和125.31，处于“较为景气”区间，盈利景气指数和雇佣景气指数均“相对景气”，投资景气指数分别为105.14和102.21，处于“微景气”区间，成本景气指数为67.72和80.07，处于“相对不景气”区间。此外，除了成本景气指数上升以外，雇佣景气指数、投资景气指数、生产景气指数和盈利景气指数均有所下降，虽然成本的不景气状态仍很突出，但相比2013年已略有好转。

沿袭2014年的发展趋势，2015年第一季度雇佣、投资、生产和盈利状况均持续下降，处于“微景气”区间，其中，盈利景气指数最高，为106.10，而成本景气指数仍未超过景气临界。二季度投资景气指数为102.59，雇佣景气指数为101.63，均处于“微景气”状态，反映出一种稳中向好的积极信号；成本景气指数较一季度有比较明显的改善。三季度，投资和盈利状况较好，在国家进一步鼓励投资，刺激经济增长的效果下，长三角小微企业的投资也获得了一定程度的增长；但生产景气指数、雇佣景气指数和成本景气指数均处于“微弱不景气”区间，长三角小微企业在生产状况回落的情况下，通过改善成本控制和减少雇员，保持了盈利的微弱增长。四季度投资景气指数、盈利景气指数处于“微景气”区间，环比看投资景气指数上升1.50，盈利景气指数下降1.53，表明四季度投资状况继续改善，但是盈利能力有所弱化，基本上处于保本状态；生产景气指数和雇佣景气指数处于“微弱不景气”区间；成本景气指数处于“较为不景气”区间，环比下降3.88。

（二）行业景气指数

在长三角中小微企业景气调查中，参照国家统计局国民经济行业分类标准

(GB/T 4754—2011)以及“战略性新兴产业分类(2012)”,将样本中小微企业行业细分类别合并,重点调查了四大类产业,即战略新兴产业、传统服务业、传统制造业和现代服务业(见图 10-3)。

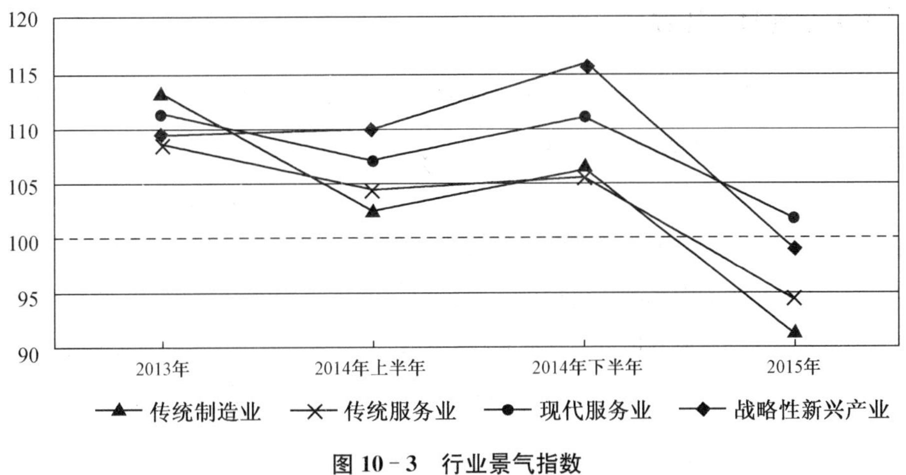

图 10-3　行业景气指数

2013 年,被调查的三个产业综合景气指数都超过了 100,但最高仅超过 13 个点,这显示长三角地区的中小微企业基本经营状况良好。但是传统制造业和传统服务业的客观景气指数分别为 90.74 和 92.04,主观景气指数分别为 128.15 和 119.57,反映了企业的实际经营状况呈下降的趋势,但经营者对未来发展持乐观态度。现代服务业的综合景气指数为 111.29,其客观景气指数和主观景气指数也都超过 100,反映了现代服务业的发展势头,随着经济转型得到重视,金融、物流、信息服务等生产性服务业都获得了良好发展。

2014 年上半年,受经济形势影响,三个产业的景气指数均严重下滑。传统制造业和传统服务业综合景气指数较低,分别为 102.72 和 104.39,说明长三角传统产业面临艰难困境,现代服务业综合景气指数为 107.13,处于“微景气”区间的上段。下半年运营情况略有好转,传统制造业和传统服务业比上半年分别上升了 3.67 点和 1.21 点,处于微景气区间中段,现代服务业综合景气指数为 111.21,处于“相对景气”区间的下段,在行业分类中排名第一。

2015 年长三角小微企业中的战略性新兴产业、现代服务业、传统制造业和传统服务业的综合景气指数分别为 98.72、101.90、91.63 和 94.27。与以往不同的是，现代服务业景气指数跃居第一，并且位于临界值以上，成为经济下行格局中的一个亮点。

（三）区域景气指数

在长三角中小微企业景气调查中，为突出中小微企业区域集聚的特征，按照各个城市所在地区的特点划分典型区域。

如图 10－4 所示，2013 年，上海市中小微企业运行状况略有好转，景气指数为 103.25，处于"微景气"区间，比景气临界点 100 高出 3.25 个点，但也不容乐观。杭嘉湖、苏南和浙东地区中小微企业总体景气指数分别为 113.54、114.50 和 111.99，处于"相对景气"区间，说明这三个区域总体运行向好趋势显著。但是，2013 年中小微企业普遍存在融资困难，成本上升等问题，严重制约着企业的进一步发展。

图 10－4　2013 年区域景气指数

如图 10－5 所示，2014 年上半年，宁镇扬综合景气指数最高，达 117.03，上海、浙中、苏北、杭嘉湖均处于"微景气"区间，而苏南和浙东综合景气指数分别为 99.42 和 99.17，低于景气临界值，企业经营状况不佳。下半年各个区域综合景气指数从高到低依次为宁镇扬（117.11）、上海（114.82）、苏南（113.38）、杭嘉湖（110.71）、浙东（100.23）、苏北（99.79）和浙中（83.95）；其中，前四个区域均处于"相对景气"区间，浙东处于"微景气"区间下沿，刚好超过临界值 100，而苏北和浙中两个区域则处于"相对不景气"区间，反映出 2014 年下半年度浙东、苏北和浙中三个区域的小微企业经营状况相对困难。

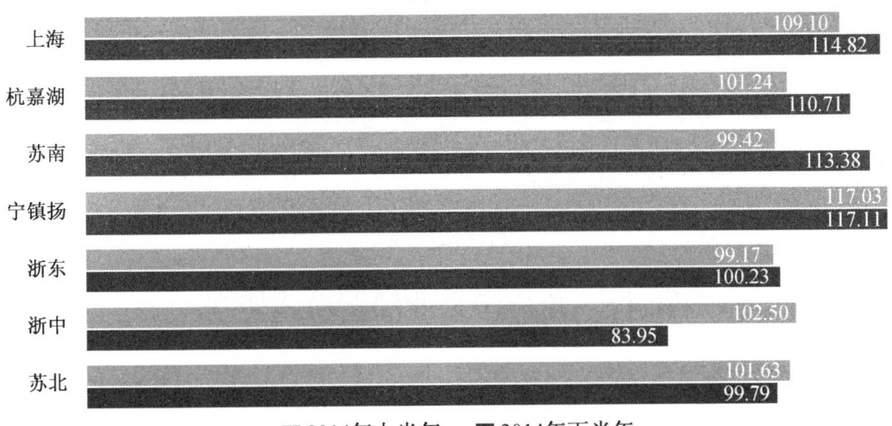

图 10－5　2014 年区域景气指数

如图 10－6 所示，2015 年一季度五个区域景气指数较好，杭嘉湖地区景气指数为 99.54 最低，其次是苏南(100.46)、宁镇扬(100.87)、安徽(101.89)和上海(102.04)，均处于“微景气”的下沿。杭嘉湖地区和苏南地区第二季度小微企业景气指数分别为 101.22 和 100.52，处于“微景气”状态，好于全区域，而且都比一季度的景气度有所上升，安徽、上海、宁镇扬三个区域处于“微弱不景气”区间上沿。而三季度五个主要区

图 10－6　2015 年区域景气指数

域均处于“微弱不景气”区间，其中排在前列的是安徽，最后的是杭嘉湖，与二季度相比，上海、宁镇扬和安徽三个区域均出现上升，相反杭嘉湖和苏南则出现了一定幅度的下降，杭嘉湖地区在2015年度的波动最大。四季度五大区域均处于“微弱不景气”区间，与三季度相比，仅杭嘉湖区域景气指数上扬0.88，安徽下降3.04成为下降最严重的区域，上海则成为景气状况最好的区域。

四、长三角小微企业经营模式转变

受地区出口、投资增速回落，通缩压力加大等因素影响，长三角地区小微企业景气指数一直在下滑，说明从客观和主管的综合角度来看，长三角小微企业经营情况有所下滑，亟须转变经营模式，实现新的增长。

“互联网＋”是一个系统工程，从小微企业蓝图的描绘，到商业模式设计、新产品研发、融资渠道的拓展、投入市场的营销策略和售后的闭环式服务模式，是一个完整的过程。“互联网＋”给小微企业发展，提供了全新的解决方案和思路，在全民创新、大众创业的时代背景下，小微企业要结合自身特点，实现和“互联网＋”的深度融合，不断创新管理模式，探索出一条独具特色的发展道路。从长三角具体情况来看，在“互联网＋”的背景下，小微企业可以超出本身和行业的限制，转变经营模式。

2015中国小微企业触网状况调研报告显示(见图10－7)，长三角地区的小微企

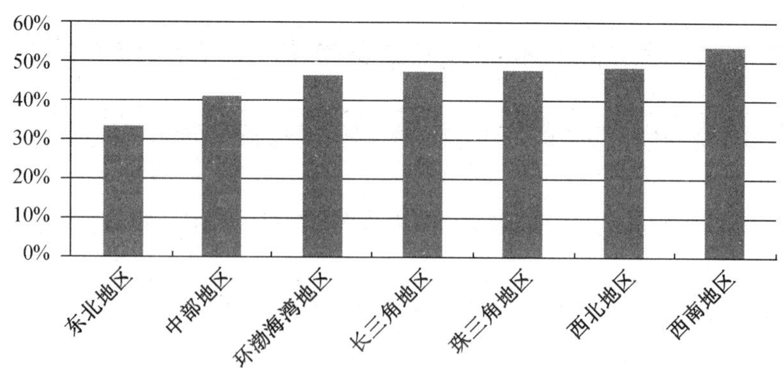

图10－7　全国各主要地区小微企业触网比例

业触网比例为48%左右，还有很大的提升空间，而大多数的企业主已经将“企业入网”作为一种明确的发展导向。我国有近七成小微企业主已经开始采用电子商务，对小微企业而言，电子商务尚处于初步发展阶段，目前尚未成为企业销售的主要渠道，但也已经成为未来明确发展方向。

（一）研发模式

通过“互联网+”技术，小微企业对传统的研发设计环节进行改造，让社会力量都参与进来，能够真正实现以用户和消费者为导向，进行颠覆性创新。

基于互联网的研发，是企业与用户间的社区互动式研发。小微企业可以通过打造研发平台，全面实现网络研发的互动互助。概念设计阶段，鼓励公众和用户的广泛参与，提出研发设计需求，通过公众平台，实现研发的“众包式”变革，由广大创客以及网络专家协同完成，紧紧抓住客户的需求，不断完善和升级。互联网成了企业与用户间沟通的桥梁，用户可直接参与产品研发设计，个性化定制。“互联网+”使得小微企业对市场需求的把握更加准确，能够实现快速响应。这个过程实际上是将“微笑曲线”两端有机结合，是需求变现的过程。

（二）融资模式（见图10-8）

小微企业是金融弱势群体，融资难依然是小微企业面临的最大问题。小微企业资本较低的现象一直存在，银行面对小微企业的服务一直处于真空状态，多年来贷款都是流向国企和大型企业。中小微企业占全国企业总数的99%，就业上提供了80%的就业问题；我国企业直接融资仅占20%，间接融资占了80%，其中中小微企业的直接融资渠道不到5%，其余的95%都是用的企业自有资金。目前小型企业还面临着融资贵的问题，贷款综合成本大概是13%至15%。

小微企业缺乏信用机制、担保抵押机制是导致其融资贷款难的直接原因。这些企业无法提供财务报表、资金流水数据等信用数据，而通过互联网+首先能知道用户的综合数据流水；其次，还可以通过会员、储值信息判断人流多少及变化；第三可以得知企业在线业务的使用频次，三种数据将多维度的展现企业的信用状况，加强互联网金融对小微企业融资的普惠性和实际可获得性,从而解决企业融资难题。

此外,互联网金融例如P2P网络贷款、阿里小贷和众筹融资等可通过平台优势,为小微企业提供覆盖广、成本小、门槛低、流程短、互动强、灵活度高的贷款产品,与中小企业的融资需求直接对接。截至2014年上半年,阿里小贷累计发放贷款突破2 000亿,服务的小微企业达80万家,针对小微企业的纯信用贷款坏账率仅为1%左右。

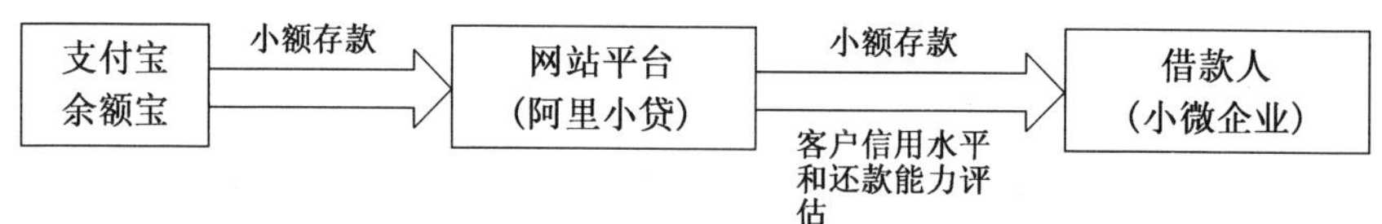

图10-8 "互联网+"小微企业融资模式

(三)生产模式

传统企业的大批量生产方式虽然能提高效率降低成本,但是缺乏柔性,牺牲了产品的个性化,无法适应瞬息万变的市场需求。当今社会,人们对产品质量的要求越来越高,需求也日益多样化,只有高品质而又富有个性的产品才能为企业带来丰厚利润。小微企业可以针对市场个性化需求的不断增强,改造和重构生产流程,逐步实现"大数据+产品"定制生产、协同制造的全新模式。

与研发设计变革密切相连的是由标准化生产向定制化生产的变革。随着用户个性化定制需求的日益增强,生产模式向柔性定制方向转变。企业可通过互联网技术和软件控制,对生产要素与生产流程进行动态化、智能化的配置管理,实现定制化生产。例如允许用户选择样式、材质、大小、附加功能等多个项目,实现家电的量身打造;新型流水线生产模式通过批量生产线重新编程、组合和转换,实现不同数据、不同规格、不同元素的灵活搭配。

首先通过"互联网+客户关系管理系统"平台,快速获取客户的个性化定制需求及个人数据,通过大数据系统自动将客户个性化数据转化为企业生产数据模型,从而实现快速简单定制,节约成本。其次依托大数据系统对一线生产模式、流水线布局进行全面信息化改造，实现在线工作，使工业化生产流程生产出个性化产品，效率高、成本低、质量可控。互联网覆盖整个生产流程。

（四）流通模式

全国一级代理—省级代理—地市级代理等层层细分是传统销售的经典模式，这种模式具有反馈速度慢，长链条误导决策，供应链压力大等弊端。互联网式直销能有效消除中间环节，节约销售成本。在“互联网＋”背景下，小微企业要抓住互联网营销的特点，用最少的投入，换来最大的效果，同时对流通环节进行改造和模式创新。

第一，“大数据”分析，实现精准营销，全渠道覆盖，实现深度营销。通过“互联网＋”，对用户特征、购买习惯、消费偏好等进行综合分析，利于对目标客户进行精准的定位。小微企业利用各种不同的渠道，相互结合、集成，进行立体营销，这种方式只有依靠互联网才能有效实施。第二，由过去采购、物流和销售各个环节高成本、高库存、低效率、信息不对称，向信息加速交流和推广转变，通过电子商务平台带动线上线下互动，给企业注入新活力。在这个过程中，有多种选择，可创建企业自身垂直电商平台、行业网络交易平台以及综合性电商平台等，重点提供高效、低成本的快捷服务，实现商流、物流、资金流和信息流真正的“四流”合一。

（五）服务模式

小微企业在传统的服务模式下，容易造成服务缺乏连续性，响应的速度较慢，如果依靠人工，致使服务成本提高，标准化服务很难实现，不利于小微企业建立良好的客户关系，提高客户满意度。

采用“互联网＋”，可以从两个层面创新服务模式。首先，以用户为中心，做好运营服务，主要包括：流程服务、增值服务、金融服务等，每一项服务都有特定的流程。互联网服务关键是如何重组和优化传统服务流程，减少服务环节，加快响应速度。第二，互联网＋背景下的服务模式，是闭环模式。小微企业资源有限，因此在传统营销模式下容易产生断点，导致客户的流失。“互联网＋”可以通过在线推广、在线沟通、在线购买、在线支付、在线维护等一系列环节，关注用户的最终意见反馈，提升客户的体验，进一步提高客户满意度。品牌是维系用户与商家之间信任关系的情感纽带，在移动互联网时代，每一步手机都是一个电视台，客户会将体验实时传播，口碑式品牌建设必将成为主流。

五、结论与建议

小微企业是社会发展的基础，对就业、税收、稳定社会有积极的作用，但目前面临融资贵、用工难、税负重、成本高、利润薄等五大困境，发展战略亟待改变。"互联网＋"的提出颠覆了传统企业的发展模式，基于互联网思维的"互联网＋"为小微企业战略的制定提供了新的思维，小微企业需要把互联网思维嵌入到发展战略中。

"互联网＋小微企业"是一种新型的发展战略，是互联网思维下小微企业发展模式的创新，也是互联网在各行各业广泛应用的具体表现。可以促进小微企业产品的升级、管理体制的创新、营销模式的改进、创新水平的提高，解决其发展过程中遇到的问题，打造新型的发展模式。在互联网的浪潮下，小微企业必将走上转型之路，更好地为国民经济做出贡献。本章基于对"互联网＋"的研究，对小微企业提出如下三条建议。

第一，加深对"互联网＋"的理解。小微企业必须充分认识互联网思维的重要性，它不仅仅是互联网技术的运用，而且是理念上的革新，需将其融到企业发展所有环节中来。

第二，动态调整发展战略。互联网进入高速发展的新时期，互联网思维的内涵也会不断丰富，小微企业的发展战略也应不断变化，及时根据互联网发展现状进行调整。

第三，"互联网＋"运用过程中要注意风险的防控。互联网技术为小微企业带来积极作用的同时，也暗藏着风险，小微企业应建立更加健全、立体的防控体系，加强事前防范、事中控制、事后处理。

参考文献

[1] 金永生. 把握“互联网＋”的本质与增长模式[N]. 人民日报,2015.09.21(07).

[2] 李海舰,田跃新,李文杰. 互联网思维与传统企业再造[J]. 中国工业经济,2014(10):135-146.

[3] 罗珉,李亮宇. 互联网时代的商业模式创新:价值创造视角[J]. 中国工业经济,2015(1):95-107.

[4] 冯雪飞,董大海,张瑞雪. 互联网思维:中国传统企业实现商业模式创新的捷径[J]. 当代经济理,2015(4):20-23.

[5] 刘建刚,钱玺娇. “互联网＋”战略下企业技术创新与商业模式创新协同发展路径研究[J]. 科技进步与对策,2015(23):1-7.

[6] 陈慧君. 数据导向的供应链重组——传统企业“互联网＋”的一条路径[J]. 企业改革与管理,2015(22):41.

[7] 何心儒. 企业“互联网＋”度量体系建构[J]. 浙江学刊,2015(4):185-190.

[8] 王芳. 基于“互联网＋”时代的企业管理创新研究[J]. 品牌,2015(4):83-84.

[9] 宝凯馨,林刚. 基于互联网思维的品牌传播策略研究———以小米手机为例[J]. 品牌,2014(6):78-80.

[10] 王俊峰,王岩. 我国小微企业发展问题研究[J]. 商业研究,2012(9):86-93.

[11] 陈守则,刘旭明. 危急中突围的小微企业营销战略与策略选择[J]. 企业研究,2012(17):42-44.

[12] 陆岷峰,史丽霞. 互联网思维嵌入商业银行发展战略的对策研究[J]. 北华大学学报(社会科版),2015(2):24-27.

[13] 陆岷峰,张欢. “互联网＋小微企业”发展战略研究[J]. 华北金融,2015(10):53-57.

[14] 徐洁,隗斌贤,揭筱纹. 互联网金融与小微企业融资模式创新研究[J]. 商业经济与管理,2014(4):92-96.

[15] 谢平,邹传伟. 互联网金融模式研究[J]. 金融研究,2012(12):11-22.

[16] 陈雪频. 定义互联网思维[J]. 上海国贸,2014(2):70-71.

[17] Maine, E. and Garnsey, E. Commercializing Generic Technology: The Case of Advanced Materials Ventures [J]. Research Policy, 2006, 35(3): 375-395.

[18] Anguelov, C. E., Hilgert, M. A., and Hogarth, J. M. U. S. Consumers and Electronic Banking: 1995—2003[R]. Federal Reserve Bulletin, Winter 2004.

[19] Changkyu Choi, Dong-Eun Rhee & Yonghyup Oh. Information and Capital Flows Revisited: The Internet as a Determinant of Transactions in Financial Assets. Economic Modelling, 2014, 40(6): 191～198.

第十一章　供给侧改革下的长三角大健康产业发展

一、健康产业界定及范围

如今,健康模式已从单纯的“生物”模式向“生物—社会—心理”的综合模式转变。世界卫生组织也将健康定义为一个人在身体、精神、社会等方面都处于良好的状态。因而,健康产业就是一个维持健康、促进健康、修复健康的产业链和产业体系(吕岩,2011),它是一个以大健康观念为前提,与健康直接或间接相关的产业体系(张俊祥等,2011)。

对健康产业的界定和分类一般有三个视角:一是以三次产业划分的视角,从大健康的概念去理解,认为健康产业是与健康紧密相关的制造与服务产业体系;二是从健康产业链的角度,将健康产业划分为前端、传统和后端产业,分别达到维持健康、修复健康和促进健康的目的;三是从健康消费需求和服务提供模式角度出发,认为健康产业可分为医疗性和非医疗性健康服务两大类。因而对健康产业的理解可以从狭义与广义两个视角来分析:狭义的或传统的健康产业是指旨在修复健康、治疗疾病的医药卫生产业,例如医疗服务、医疗设备、制药产业;广义的大健康产业还包括维持健康与促进健康的保健产业,例如健康信息、健康管理与咨询、健康保险、健康养生等。因此,在大健康产业概念下,健康产业不再局限于一个特定的产业,而是与健康直接或间接相关的产业链和产业体系,既包括健康制造业又包括健康服务业。

二、长三角健康产业需求分析

（一）消费结构升级背景下，健康需求旺盛

大健康产业被认为是继 IT 产业之后的“财富第五波”，伴随着社会发展、人口结构、生活水平和疾病图谱的变化，人们不再局限于疾病防治，而是更多地关注自身健康和生命质量。最近 10 年，世界范围内健康产业的产值年增长率为 25%左右，尤其在发达国家，健康产业已成为拉动国民经济增长的强大动力(参见表 11－1)。2013 年 10 月中国国务院发布《关于促进健康服务业发展的若干意见》，提出到 2020 年基本建立覆盖全生命周期、内涵丰富、结构合理的健康服务业体系，健康服务业规模将达到 8 万亿元以上。2015 年，上海市、江苏省、浙江省的人均 GDP 分别为，16 527.42 美元、14 145.19 美元、12 503.42 美元，排在中国大陆各省份前 5 名。根据 2015 年世界银行人均国民收入对全球国家的分类标准，人均 GDP 小于 1 045 美元为低收入国家，在 1 046～4 125 美元之间为中低收入国家，在 4 126～12 735 美元之间为中高收入国家，超过 12736 美元即为高收入国家，从人均 GDP 的角度，中国人均 GDP 为 7 905.44 美元，中国整体为中高收入国家，而长三角经济发展水平基本已经达到高等收入国家水平，普通居民已经具备了对健康产品与服务的消费能力。根据 2013 年中国国务院发布的预测，到 2020 年，中国健康产业的总规模将超过 8 万亿元人民币，健康支出占 GDP 比例将达到 6.5%～7%。作为我国经济发展水平最高、综合实力最强的区域，长三角居民消费已经进入结构升级时期，人们的健康意识越来越强，以健康为代表的服务消费将持续扩张，健康消费潜力巨大。根据表 11－2、表 11－3 可知长三角地区人均医疗保健支出增长强劲，医疗保健支出占消费支出的比重均超过 5%。

表 11－1　2011 年世界不同收入国家医疗健康支出

类型	医疗健康支出 GDP 之比(%)	人均医疗健康支出(美元)	人均 GDP 美元
低收入国家	5.1	31	614
中低收入国家	4.2	80	1 885
中高收入国家	6.1	417	6 864
高收入国家	12.0	4 575	38 159
全球	10.0	1 011	10 075

数据来源:世界卫生组织。

表 11－2　长三角人均医疗保健支出　　单位:元

项目	人均消费支出						人均医疗保健支出					
	上海		浙江		江苏		上海		浙江		江苏	
年份	农村	城镇	农村	城镇	农村	城镇	农村	城镇	农村	城镇	农村	城镇
2005	7 265	13 773	5 215	12 254	3 657.1	8 622	562	797	399	832	198.5	579
2006	8 006	14 762	5 762	13 349	4 135.2	9 628.59	549	763	455	852	232.3	600.69
2007	8 845	17 255	6 442	14 091	4 791.7	10 715.15	571	857	465	859	263.9	689.37
2008	9 115	19 398	7 072	15 158	5 328.4	11 977.55	697	755	512	933	290.9	794.63
2009	9 804	20 992	7 375	16 683	5 804.5	13 153	739	1 002	615	985	323	808.37
2010	10 225	23 200	8 390	17 858	6 543	14 357	585	1 006	652	1 034	362	806
2011	11 272	25 102	9 644	20 437	7 693	16 782	909	1 141	851	1 249	444	962
2012	12 096	26 253	10 208	21 545	8 655	18 825	1 029	1 017	739	1 228	511	1 058
2013	13 425	28 155	12 803	25 254	9 607	20 371	1 181	1 350	968	1 335	587	1 122
2014	15 291	30 520	14 498	27 242	*	*	1 308	1 449	1 068	1 527	*	*

资料来源:根据历年各省份统计年鉴进行整理所得。

表 11－3　长三角医疗保健支出占消费支出的比重(%)

年份＼项目	上海		浙江		江苏	
	农村	城镇	农村	城镇	农村	城镇
2005	7.7	5.8	7.65	6.79	5.56	6.72
2006	6.9	5.2	7.9	6.38	5.62	6.24
2007	6.5	5	7.22	6.1	5.51	6.43
2008	7.7	3.9	7.24	6.16	5.46	6.63
2009	7.5	4.8	8.34	5.9	5.56	6.15
2010	5.7	4.3	6.94	5.79	5.53	5.61
2011	8.1	4.5	8.82	6.11	5.77	5.73
2012	8.5	3.9	7.24	5.7	5.9	5.62
2013	8.8	4.8	7.56	5.29	6.11	5.51
2014	8.5	4.7	7.37	5.61	*	*

资料来源:根据历年统计年鉴及卫生统计年鉴整理得出。

(二) 医疗保障日趋完善背景下,医疗健康产品与服务需求井喷

中国的基本医疗保障以保障民众基本医疗需求,消除疾病,维护最大多数的民众健康为出发点,主要包括城镇职工医疗保险制度、新型农村合作医疗制度、城镇居民基本医疗保险制度和城乡医疗救助制度。目前参保的总人数超过13亿人,参保率在95%以上,具有中国特色覆盖城乡13亿人的全民医疗保险初步建立,并且,政府医疗保障支出持续快速增长。随着长三角基本医疗保障制度建设的高速发展,消费者长期被抑制的医疗需求得到空前释放。2013年,全国人均卫生总费用为2 327.37元,上海、江苏、浙江的人均卫生总费用分别位居全国第2名、第8名和第4名。如表11－4所示,2009年新医改以来,长三角卫生总费用的急剧增长显示了居民对医疗健康产品与服务需求井喷的态势。

表 11－4　长三角卫生服务支出费用构成

		卫生总费用(亿元)				卫生总费用构成(%)			卫生总费用占GDP%	人均卫生总费用(元)
		合计	政府卫生支出	社会卫生支出	个人卫生支出	政府卫生支出	社会卫生支出	个人卫生支出		
2009	上海	656.66	141.30	366.90	148.45	21.5	55.9	22.6	4.36	3 417.76
	江苏	1 083.71	254.06	440.64	389.01	23.4	40.7	35.9	3.15	1 402.95
	浙江	997.02	210.57	392.23	394.22	21.1	39.3	39.5	4.34	1 924.75
2010	江苏	1 232.30	293.87	533.25	405.18	23.9	43.3	32.9	2.97	1 565.95
	浙江	1 143.30	265.40	440.63	437.27	23.2	38.5	38.3	4.12	2 098.99
2011	上海	930.24	215.70	520.86	193.68	23.2	56.0	20.8	4.85	3 962.76
	江苏	1 543.26	407.46	647.05	488.75	26.4	41.9	31.7	3.14	1 953.79
	浙江	1 419.41	328.43	550.27	540.71	23.1	38.8	38.1	4.39	2 598.22
2012	上海	1 092.35	232.49	646.51	213.35	21.3	59.2	19.5	5.41	4 588.86
	江苏	1 892.02	483.75	863.51	511.75	25.6	45.6	28.8	3.50	2 388.92
	浙江	1 543.70	342.67	689.32	511.71	22.2	44.7	33.2	1.45	2 818.51
2013	上海	1 248.68	250.82	740.42	257.44	20.1	59.3	20.6	5.78	5 170.21
	江苏	2 213.19	549.23	1 010.36	653.6	24.8	45.7	29.5	3.74	2 787.57
	浙江	1 712.33	393.16	750.8	568.37	23	43.8	33.2	4.56	3 114.45

数据来源：根据历年《中国卫生和计划生育统计年鉴》整理所得。

（三）人口深度老龄化背景下，养老健康服务需求强劲

联合国对人口老龄化的判定标准是：一个地区 60 岁以上老人占总人口的 10%或 65 岁以上老人占总人口的 7%，即表明该地区已进入老龄化。如表 11－5 所示，2014 年，上海市 60 岁以上人口占户籍人口的比重为 28.77%，65 岁以上人口占总人口的比重为 9.68%；江苏省 60 岁以上人口占总人口的比重为 19.87%，65 岁以上人口占总人口的比重为 12.06%；浙江省 60 岁以上人口占户籍人口的比重为 19.54%，

65 岁以上人口占总人口的比重为 9.62%。到 2014 年底,在全国老龄化程度城市排名的前十榜单中,长三角城市就独占了八个席位。“老龄化时代”的到来,老年人的健康需求,为健康服务业打开了广阔的市场空间,养老健康服务需求强劲。

上海市社会力量投资养老机构建设加速推进,2014 年,上海已有养老机构共计 660 家,床位 114 907 张,新增养老床位 5 829 张,居家养老服务 381 家。2014 年江苏省共有养老床位 53 万张,比 2013 年同期增长 10.2 万张;江苏省新建 2 000 个社区居家养老服务中心,城市社区居家养老服务中心实现全覆盖,苏南、苏中、苏北农村社区居家养老服务中心覆盖率分别达到 77%、68%和 60%。老年康复护理产业和老年家庭服务业等传统的养老产业发展迅速,老年电子商务、老年房地产等新兴养老产业,也在探索之中,老年健康管理(未病管理、慢病管理和情志管理)将是未来健康服务的重要组成部分。

表 11-5 2014 年老年人口占户籍人口比重(%)

项目＼地区	上海	江苏	浙江
60 岁以上人口占比	28.77	19.87	19.54
65 岁以上人口占比	9.68	12.06	9.62

资料来源:根据 2014 年各省统计年鉴计算所得。

(四)疾病谱转变背景下,健康管理服务需求旺盛

随着经济的发展,生活方式、消费习惯的不断变迁,我国疾病谱也发生了相应改变,其中亚健康使慢性病越来越突出。我国 70%的人处于亚健康状态,15%的人处于疾病状态。其中,长三角发达地区高收入人群的亚健康状态明显高于其他人群,是健康产业发展首要关注的人群,他们需要的是定制个性化的全面健康服务来提高生命质量。

慢性非传染性疾病也日益成为影响居民健康的首要因素,威胁着中国人的健康。据国家卫计委 2015 最新统计数据显示,中国现有慢性病患者已经超过 2.6 亿,由慢

性病导致的疾病负担占到总疾病负担的近 70%，而造成的死亡占到了所有人口死亡的 85%左右。上海、江苏、浙江等经济发达地区超重和肥胖、血脂异常和脂肪肝、高血压发病率持续上升，且发病年龄日趋年轻化。2014 年，上海慢性呼吸系统疾病死亡率为 81.86/10 万，占死亡总数的 9.75%，肿瘤疾病死亡率为 258.07/10 万，占死亡总数的 31.02%。因此面对日益严峻的亚健康与慢性病，传统的医疗模式应由治病逐渐向防病、治病、养病模式转变，其中疾病预防与健康管理尤为重要，健康管理服务需求旺盛。

三、长三角健康产业供给比较优势分析

（一）产业基础优势

长三角健康制造业产业规模以及健康服务业资源均处于全国前列，这些已有产业体系与资源为长三角地区新兴健康产业的发展奠定了良好的基础。

1. 长三角医药制造、医疗器械、保健食品等健康制造业规模领先

在医药制造领域，根据统计年鉴数据可知，2013 年我国七大类医药工业总产值达 22 297 亿元，同比增长 18.79%，全国医药工业累计完成产品销售收入 21 543 亿元，同比增长 17.91%。其中江苏省规模以上药品工业（不含医疗器械及药包材）实现总产值 2 768.29 亿元、销售收入 2 765.86 亿元，同比分别增长了 19.75%、16.80%，在各省份中排名第一，浙江省和上海市也分别位居前列。从表 11－6 可知，长三角医药制造业工业总产值增长势头强劲，其近五年的主营业务收入平均达到 20%。在医疗器械领域，长三角也取得了较快发展，处在全国前列。从销售排名前 100 位的医疗器械企业地域分布来看，长三角地区所占比例为 26%，珠三角地区占 24%，京津唐占 21%，东北及山东地区占 13%，其他地区占 16%。上海医疗器械制造业经过多年的整合与发展，已形成了行业基础好、科研实力强、产品质量优的特点，初具较为完整的以科研、医疗、教育以及专业协作配套为依托的医疗器械产业体系；浙江的杭州、宁波、台州等地发挥民营企业的优势，积极发展医疗器械制造业，仅台州

市就有医疗器械生产企业65家，产值8.65亿元，其一次性医疗器械生产量约占全国的十分之一。截至2013年上半年，我国保健品销售53亿元，同比增长14%，其中在长三角地区销售的产品比例占29.4%，涉及的产品共80多种，包括补品、保健茶、保健酒、口服胶囊等。

表11-6 长三角医药制造业规模以上企业主要经济指标

项目 \ 年份	工业总产值(亿元)			主营业务收入(亿元)				
	上海	浙江	江苏	上海	浙江	江苏	全国	长三角占全国比重(%)
2010	410.76	769.72	1 419.43	409.89	651.7	1 394.29	20 484.22	11.99
2011	448.95	855.65	1 810.12	449.24	825.11	1 816.80	17 337.67	17.83
2012	513.22	997.76	1 419.43	517.04	939.06	2 279.74	14 484.38	25.79
2013	596.12	1 130.00	2 768.29	581.06	999.63	2 675.86	11 417.30	37.28
2014	622.72	1 182.60	3 116.11	616.07	1 092.46	3 043.49	23 350.33	20.35

数据来源：根据历年统计年鉴以及产业观察网相关数据整理所得。

2. 长三角医疗服务资源比较丰富

在医疗服务领域，江苏、上海、浙江的医疗资源相对丰富，医疗卫生服务发展明显要好于西部欠发达地区。从表11-7可知，长三角卫生机构数10年来稳步增长，卫生机构数占全国卫生机构数据的比重由2005年的3.45%提高到2014年的6.86%，卫生机构床位数占全国的10%以上，作为核心卫生资源的卫生技术人员数占全国的比重也都超过全国的12%，可见长三角地区医疗服务资源在全国都占有相当大的比重，为大健康产业的发展提供了医疗资源基础。

表 11－7　长三角医疗服务资源占有情况

		2005	2006	2007	2008	2009	2010	2011	2012	2013	2014
卫生机构数（个）	江苏	15 324	17 143	19 129	13 451	13 388	30 961	31 680	31 054	31 001	32 000
	上海	2 527	2 519	2 646	2 809	3 013	3 270	3 358	3 465	4 929	4 987
	浙江	12 555	14 230	15 870	15 291	15 618	29 941	30 515	30 267	30 060	30 360
	长三角	30 406	33 892	37 645	31 551	32 019	64 172	65 553	64 786	65 990	67 347
	全国	882 206	918 097	912 263	891 480	916 571	936 927	954 389	950 297	974 398	981 432
长三角全国占比		3.45	3.69	4.13	3.54	3.49	6.85	6.87	6.82	6.77	6.86
卫生机构床位数（万张）	江苏	19.75	21.16	22	23.51	25.15	26.97	29.64	33.31	36.83	39.23
	上海	9.08	9.44	9.59	9.78	9.97	10.51	10.71	10.96	11.43	11.75
	浙江	14.12	14.86	15.56	16.12	17.02	18.41	19.48	21.33	23.01	24.58
	长三角	42.95	45.46	47.15	49.41	52.14	55.89	59.83	65.6	71.27	75.56
	全国	336.75	351.18	370.11	403.87	441.66	478.68	515.99	572.48	618.19	660.12
长三角占全国比重		12.75	12.94	12.74	12.23	11.81	11.68	11.60	11.46	11.53	11.45
卫生技术人员（万人）	江苏	25.71	27.54	28.62	29.16	30.65	32.84	35.05	39.61	42.9	45.85
	上海	10.35	10.9	12.24	12.77	13.09	13.54	13.91	14.61	15.64	16.4
	浙江	19.81	21.46	23.05	24.29	26	28.85	30.69	32.87	35.24	37.554
	长三角	55.87	59.9	63.91	66.22	69.74	75.23	79.65	87.09	93.78	99.804
	全国	456.41	472.84	491.32	517.45	553.51	587.62	620.29	667.55	721.06	758.98
长三角占全国比重		12.24	12.67	13.01	12.80	12.60	12.80	12.84	13.05	13.01	13.15

数据来源：根据历年统计年鉴及卫生统计年鉴计算整理所得。

3. 长三角健康产业链日益完善，产业集群化发展趋势明显

长三角区域内现有健康产业经过多年的发展已从分散走向集群，生物医药、生命科学、医疗设备和健康管理等健康产业发展已有一定规模，形成了较好的产业结构和布局。

江苏的南京、苏州、泰州、连云港、常州地区已构建起较为完善的医药研发和制造

产业链。江苏苏州高新区成立了医疗器械产业化基地——苏州高新区医疗器械产业园,初步形成了从早期孵化到规模产业化、从研制开发到成果转化的完整产业链形态。苏州环球国际健康服务业园,作为中国健康产业的全新势力,是目前中国唯一以健康产业链整合概念为主题的国际化行业园区,以健康服务业链整合概念为主题,已形成由北京大学盛名学院、中国疾病预防控制中心、中国营养学会三个核心资深专家团队学术支持,中国药科大学、江南大学食品学院、南京野生植物综合利用研究院为战略合作伙伴的国际化行业园区。江苏泰州中国医药城,由科研开发区、生产制造区、会展交易区、康健医疗区、教育教学区、综合配套区等功能区组成,是中国首家国家级医药高新区,致力于打造中国规模最大、产业链最完善的生物医药产业基地。目前,区内已集聚国内外 50 多家知名大学和医药研发机构,阿斯利康、武田制药、勃林格殷格翰、石药集团、海王药业等 600 多家国内外知名医药企业先后落户,400 多项"国际一流、国内领先"的医药创新成果成功落地申报,2 000 多名海内外高层次人才落户创业,34 人入选国家"千人计划",园区被列入国家新型疫苗及特异性诊断试剂产业集聚区发展试点。

上海市是我国健康服务业资源最为优越的地区,它依托强大的区域优势,已经发展起生命科学、生物技术及临床医学、高端医疗服务等现代健康服务产业,初步形成了"从生产到服务、从制造到研发"的产业链延伸格局。快速发展中的枫林生命科学园区、上海浦东生物医药开发基地将建成集高端医疗服务、生物医药研发、生命学术交流相互融合的国家级健康服务业集群。上海国际医学园区以现代医疗服务业和医疗器械及生物医药产业为核心,着力打造高端医疗服务集群和高科技医疗器械及生物医药相关产业基地,科学园区分为六个主要功能区,以国际化、现代化、多元化为导向,成立了集"医、教、研、产"为一体的医疗器械及生物医药产业区、医学研发区、国际医院区、国际康复区、医学院校区和国际商务区。

浙江临海的化学原料药基地已发展成为国内化学原料药和医药中间体产业的唯一集聚区;浙江医疗已经形成了较为集中的医疗服务集聚区,如杭州市上城区医疗服务业集聚区;以生态环境为特色的健康休闲养生养老行业逐渐崛起,初步在杭州千岛湖、金华、丽水、衢州等地形成集聚规模;健康信息服务业快速发展,初步形成以杭州高新技术产业园区、国家软件开发基地为基础的产业集聚体；健康食品产业发展迅速，已形成杭州特色中药保健产业集聚区、金华“浙八味”培植基地、丽水高品质“菌菇”培植基地等一批特色基地；生物产业已形成湖州生物制造、金华天然药物、浙江省农业高科技示范园区等一批各具特色的集聚区块。

总的来看，长三角地区医药、生命技术、医疗器械、环保等健康相关产业规模位居全国前列，具有一定的先发优势，这是长三角地区发展健康产业的基础。

（二）市场优势

市场需求是健康产业的形成与发展的重要拉动因素。根据统计年鉴数据可知，长三角在经济发展水平、人口基数、城镇化水平等方面都高于其他地区，因此，长三角地区发展健康产业有着巨大的市场需求优势。从经济发展水平来看，上海市、江苏省、浙江省、全国的人均 GDP 分别为 16 527.42 美元、14 145.19 美元、12 503.42 美元和 8 016 美元，排在中国大陆各省份前 5 名，其中上海人均 GDP 甚至达到全国人均 GDP 的两倍；从人口基数来看，2014 年，上海市、江苏省、浙江省常住人口分数为 2 425.68 万人、7 960.06 万人、4 859.48 万人，长三角常住人口总数占全国人口比重高达 11.15%；从人口构成来看，2014 年江苏省与浙江省城镇人口占总人口的比重分别为 65.2%与 64.9%，上海市非农业常住人口占全市总人口比重为 90.3%。长三角高度的经济发展水平、庞大的常住人口基数以及较高的城市化水平为健康产业的发展提供了良好的市场基础。

（三）科研优势

科技创新能力是健康产业发展的动力。以上海为龙头的长三角地区，一直以科研院校多、科技研发队伍强著称。近年来为了增强自我创新能力、加快科技创新一体化进程，长三角地区通过加大科研投入、搭建科技成果对接转化平台，大大提升了企业自主技术创新的能力。如表 11 - 8 所示，2014 年，长三角地区大中型工业企业研发投入经费、发明专利数以及有效专利数占全国的比重都超过 28%，远远高于其他地区。长三角地区科技创新能力特别是企业自主创新能力优势明显，这是长三角地区健康产业发展的强劲动力。

长三角地区生物医药企业快速成长，创新能力进一步增强，优势日益凸显。据统计，2013 年上海市生物医药产业总产值达 2 300 亿元，同比增长 10%，其中生物医药制造行业比上年增长了 14.9%。中国把生物医药产业确定为优先发展的战略性新兴产业，各级政府的大力支持和国内外企业的积极参与，现已形成了上海张江药谷等研发中心及浙江、江苏等数个产业集群，使生物医药产业成为最活跃、发展最快的战略型新兴产业之一。

表 11－8　2014 年长三角规模以上工业企业研发活动及成果情况

	R&D 经费(万元)	发明专利(件)	有效发明专利(件)
全国	92 542 578	239 925	448 885
上海	4 492 192	12 524	27 540
江苏	13 765 378	39 858	73 252
浙江	7 681 473	16 824	28 235
长三角占全国比重(%)	28.03	28.84	28.74

来源：中国统计年鉴与米内网数据库。

四、长三角健康产业供给问题分析

(一) 健康产业总量供需不平衡

1. 传统医疗资源供应不足

相对于国内来说长三角医疗资源丰富，具有发展健康产业的资源比较优势，但是相对于发展国家以及长三角健康产业需求而言，长三角传统医疗资源总体供给仍然不足，无法满足居民日益增长的健康医疗需求。如表 11－9 所示，长三角卫生总费用投入规模在全国 31 个省市中相对比较高，人均卫生总费用排名都在前 10，高于全国平均水平，但是相对于长三角发达的经济水平，卫生总费用占 GDP 的比例却很低，都在 15 名之后，江苏甚至排在最后一名。长三角健康产业总体而还处于萌芽阶段，远远不及发达国家的投入水平。

表 11－9 2013 年长三角卫生费用投入

	人均卫生总费用(元)	人均卫生总费用全国排名	卫生总费用占GDP%	卫生总费用占GDP%全国排名
上海	5 170.21	2	5.78	18
江苏	2 787.57	8	3.74	31
浙江	3 114.45	4	4.56	24

数据来源:《中国卫生和计划生育统计年鉴 2015》。

2. 新兴健康服务业产业不完善

健康服务业的相关产业和支持产业主要有医药业、健康体检业、健康调理、康复与维护产业、健康促进产业、健康咨询服务产业、健康数据信息通信服务产业、健康保险业等。它是一个典型的复合产业，一个综合性和关联性较强的产业。相对于发达国家和地区而言，我国长三角区域的现代健康产业起步较晚，新兴健康服务业目前仍处于消费的导入期，健康服务业尚未形成一个以人的“个性化健康需求”为目标，能够针对性地系统、周全、终身解决个人健康问题的服务体系。

保险公司和健康管理机构之间还没有建立良性的合作机制，开展专业健康险业务的保险公司为数甚少，而且业务总体发展水平距离居民的需求还相差甚远。由于国家相关政策和制度未能给予商业健康保险宽松的发展空间，商业保险公司与医疗机构之间存在合作屏障，医疗保险用于支付健康管理服务的合理付费机制还没有形成。

长三角区域老年健康服务虽然数量上一直处于上升趋势，但是覆盖面较窄，主要集中在长三角的大城市上海、杭州与南京，区县间发展不平衡。高端服务市场开发不足，目前承担健康服务的机构主要为各类公立医疗机构。虽然江苏的社会养老体系建设走在全国前列，每千名老人拥有养老床位数达到 41 张，但距离发达国家的下限标准每千名老人 50 张仍有大段距离，目前的供给数量远不能满足实际需求。此外，目前的养老机构仅仅只是满足基本生存型，维持基本吃穿和照护，不能满足中高端人群颐养型养老要求。

在健康教育与风险评估方面还不完善，不能为服务对象提供整体化全方位的健康服务。现有健康服务特别是养生市场主要以单一的旅游观光、品尝药膳和消费中医服务为主，并没有真正满足游客和消费者放松身心和追求精神需求的高层次需要。健康服务业应有的产业链条没有很好地拓展开来，应有的产业关联和产业波及效应没有很好地释放。

（二）健康产品与服务质量不高

发达国家与地区对健康产业有全面的质量安全、技术认证等产业规章制度来规范市场行为。虽然长三角健康产业发展势头良好，但是仍然缺乏行业标准，未能制定出统一的市场准入规则，未能制定出相应的完善的法律体系和行业标准来规范健康产业中的市场主体，这导致健康产业进入门槛和违规违法成本均比较低，健康产业尤其是健康管理行业和保健品行业发展无序，不利于健康产业的长远发展。

在健康制造业领域，我国药品质量与安全形势严峻，长三角地区也面临着同样的问题。长三角医药制造业的发展在全国处于领先地位，具有较强的竞争力。但是，医药制造业特别是高端医疗药品以仿制药、原料药为主，自主专利品牌少，缺乏科技创新，市场集中度低，低成本数量扩张下的同质化低价竞争迫使药品质量无法提高，药品质量有待提升。长三角保健品规模也是全国领先，但由于信息的不对称，人们很难对产品的保健功效及价值做出判断。厂商为了便于销售，常常扩大或者虚假宣传其产品的保健、治疗作用，导致保健品违法违规生产销售案件频出。

在健康服务业领域，长三角区域虽然在规模上发展迅速，但同样存在着质量不高的问题。在最为核心的医疗服务领域，由于优质医疗服务资源仍然供不应求，广大民众看病难的问题一直无法有效解决，医患矛盾日益突出。在养老服务领域，长三角地区各地大力发展老年咨询、护理产业，但是由于缺乏相应的服务标准，对服务性产品的定价及监管很难做到。健康管理、健康商业保险、健康旅游、健康教育等健康服务尚处于起步阶段，质量远远不能满足消费者需求。

（三）健康产业供给结构失衡

1. 健康制造业与健康服务业结构失衡

健康产业在结构上看可分为传统的医药产业、医疗卫生产业、保健行业和新兴的健康服务产业。近年来，长三角地区的健康产业已在传统产业方面得到了较好的发展，并逐渐在众多产业之中占据了一席之地，但其发展程度仍明显落后于发达国家和地区。同时长三角区域在健康制造业与健康服务业方面严重失衡，在健康产业的发展上“重制造、轻服务”，把更多精力集中在支持健康制造业，而疏于对健康服务业的投入支持，这也在一定程度上阻碍了健康服务业的进一步发展。

2. 健康产业区域布局缺乏合理规划

长三角地区健康产业发展不协调，医疗资源空间分布不均匀，优势资源组主要集中在上海、南京、杭州三个中心城市。并且长三角地域位置相连，经济发展水平比较相近，而健康产业的发展却没有进行统筹并做出全局规划，这导致长三角区域内健康产业雷同，优势不能互补，竞争加剧，区域经济之间没有结合力。如何协调整个长三角地区利用各自产业优势、科技优势、市场优势，合力发展健康产业，拉动区域内健康市场，是当前长三角健康产业发展面临的最大问题。

五、重点发展领域与对策建议

（一）长三角健康产业重点发展领域

根据长三角健康产业发展的需求趋势与资源供给优势，建议其健康产业发展的重点领域如下。

1. 医疗服务、康复护理与医疗旅游

不断深化医药卫生体制改革，加快公立医疗机构改革，鼓励社会资本办医，优化医疗服务资源配置，进一步扩大传统医疗服务供给的同时，加大康复护理与医疗旅游的供给，提高医疗服务供给效率。

2. 医药制造、医疗器械、保健食品等健康制造业

提高仿制药的药品质量一致性，加强新药研发，提高高新生物医药技术创新服务能力，搞高医疗器械的市场集中度，做大做强以中医药为基础的传统保健食品并加强保健食品的自主品牌建设。

3. 健康养老

构建多层次、多元化、多项目的养老体系。一是积极发展康复医院、老年病医院、护理院、临终关怀医院等医疗机构，开发老年健康咨询服务推进护理服务的专业化、规范化。二是大力实施居家养老，全面发展上门服务业务，如生活照料、医疗保健、心理咨询等，为不同老年需求者提供所需的服务。

4. 商业健康保险

在不断完善全民医保的基础上，加快发展商业健康保险，建立多层次健康保险体系。要逐步放开对民营企业参股或控股的健康保险公司的审批，加快推动患者信息共享平台建设，提升商业保险公司在产品开发、精算和风险管理、核保核赔等各方面的能力，并逐步实现商业健康保险与基本医疗保险的同步即时结算。

5. 健康体育业

进一步加强健身场馆建设，有效推进企事业单位运动场地向社会开放。

6. 健康信息与健康管理

加快智能健康服务平台的构建，提升信息化水平建设智能健康服务平台，着力打造体检—评估—咨询—指导—治疗/调理/保持并定期循环的一体化健康服务平台，实现健康资源数字化、健康管理信息化。

（二）长三角健康产业发展对策建议

1. 强化顶层设计，协调规划长三角健康产业体系

产业的发展除了要顺应市场需要，也离不开政府的调控与指导。长三角地区各级城府应借鉴发达国家经验，充分整合区域内优势资源，编制相应的健康产业发展

规划。

首先,长三角的各级政府需充分沟通,协调、完善健康产业的空间布局。充分考虑各地区的具体情况,遵循健康产业的发展规律进行统筹规划、协调发展的原则合理布局子产业,最大限度地发展出各地的核心优势,进而推动整个长三角区域健康产业的发展,避免大量无序、重复竞争,从而促进健康产业在长三角的合理与长远发展。

其次,长三角各级政府需积极协调健康产业与其他产业各部门功能配合。健康服务业发展涉及卫生、医保、养老、就业、相关支撑产业等多方面,需要政策的互补联动,推动健康服务业有序、有效发展。

2. 制定健康行业技术标准,加强行业规范

长三角健康产业的发展已取得一定成效,但在标准的制定和执行方面仍显薄弱,产品与服务质量参差不齐,成为制约该地区发展健康产业的重要因素之一。发达国家健康产业都有全面的质量安全、技术评定等产业规章制度。长三角地区应当建立统一的、能够与国际接轨的标准体系,由独立而权威的认证机构进行认证监督,以保证健康产品和服务的质量安全。也可借鉴国外相关经验,建立独立于政府之外的健康服务行业协会,以协助政府制定行业发展规范,监督本行业的企业经营行为和质量、维护消费者权益、促进企业规范、诚信经营。

3. 支持健康产业技术创新

技术创新是健康产业产品与服务质量的重要保证。提高健康产业技术创新可以从两方面着手,一方面加大健康产业人才的培养与引进,另一方面加大研发投入。从人才方面来看,长三角区域健康产业的发展首先可以依托于高校、科研机构和部分企业,加强政府和高校、研究机构等人才培养机构的合作;其次可以充分发挥企业的作用,鼓励高等院校和企业联合培养健康产业人才,支持和鼓励相关企业为大学和科研机构建立培训基地;再次,引进优秀人才。长三角地区各级政府要加大支持力度,建立人才引进机制与使用、评价和绩效考核机制,吸引海内外优秀人才。从研发投入来看,长三角地区企业要继续增加研发投入,进一步加大研发力度,研发出能够拥有知识产权的核心技术,也可以通过加快与健康产业领域相关的科研院所的全面合作,来实现与研究机构资源共享、共同开发。同时有关部门要积极倡导并建立公共创新平台，不断打造并完善产学研互动平台，进一步推动企业实现科技创新。

参考文献

[1] 王禅，杨肖光等. 美国健康产业发展及对我国的启示[J]. 中国卫生经济，2014(12)：116-119.

[2] 吕岩. 健康产业：我国现代化进程中的巨大机遇和挑战[J]. 理论与现代化，2011(1)：16-20.

[3] 张俊祥，李振兴等. 我国健康产业发展面临态势与需求分析[J]. 中国科技论坛，2011(2)：50-53.

[4] 贝恩德·埃贝勒. 王宇芳译. 健康产业的商机[M]. 北京：中国人民大学出版社，2010.

[5] 保罗·皮尔泽. 路卫军，庄乐坤译. 财富第五波[M]. 北京：中国社会科学出版社，2013.

第十二章　长三角企业集群替代企业集团的新趋势

一、引言

在国际分工理论不断发展的过程中，国际分工的形式也经历了从最初的产业间国际分工到产业内国际分工，再到按价值链增值环节进行分工这样一个不断演变过程，各国通过专业化生产，逐渐融入国际分工体系，获得各自利益。

20 世纪 80 年代，我国确立了出口导向型发展战略，并根据自身经济条件以加工贸易作为突破口，实施关税减免、出口退税以及设立出口加工区等一系列措施，与此同时，还采取各种优惠政策吸引外商直接投资，以跨国公司为代表的外商投资主体通过生产和贸易活动提高了中国参与国际分工的水平，同时通过外包等形式的生产合作引领本土企业进入产品内分工环节。借助跨国公司的全球生产销售网络，中国的经济，特别是中国制造业正在深入融合到新型国际分工体系中。

长三角地区是我国经济最活跃，制造业发展水平最高的地区之一。从经济地理意义上来说，广义的长三角地区是指江苏、浙江、上海两省一市，一般狭义的指上海市、江苏省的南京、苏州、无锡、常州、扬州、镇江、泰州、南通和浙江省的杭州、嘉兴、湖州、宁波、绍兴、舟山共 16 个城市。改革开放以来，长三角城市群的竞争实力不断增强，社会经济结构和市场运行效率获得了明显的提升，长三角城市群在激烈的国际市场竞争中实现了“雁阵式齐飞”的发展态势。在开放条件下，长三角地区的企业以代工方式参与了由跨国公司主导的国际生产体系，这些企业普遍规模不大，但数量众多，形成了企业集群。

在全球制造业的转移过程中，中国引资规模大，发展前景好，成为吸引外商直接投资最多的国家，世界500强中有400多家来华投资，制造业是最主要的投资领域，主要集中在电子信息、化工、机械冶金、纺织服装等产业。长三角地区凭借其特有的区位、劳动力、技术等优势成为全国承接国际制造业转移的主要承载地，尤其是江苏地区，制造业的增量发展极大程度上依赖外资的投入。同时，该地区企业集群中，也有许多大型企业集团，如江苏沙钢集团有限公司、浙江吉利控股集团有限公司和上海复星高科技（集团）有限公司等等。

不论是企业集团的裂变与小型化形成集群系统，还是龙头企业吸引中小企业集聚形成企业集群，都体现出企业集团与企业集群的合作与交流日益密切。企业集团会吸收企业集群弹性生产方式的特点，不断调整其多层次的层级组织结构，将处于外围、半外围的非核心生产外包，增强其灵活适应市场的能力，形成企业集团与企业集群共生发展，如：由吉利集团为核心而形成的企业集团与零部件企业集群的共生发展模式。企业集群也会形成资本和生产向部分优势企业的集中，不断产生出具有规模经济优势的企业集团，做大做强区域品牌效应，不断提升企业集群整体竞争力，如温州低压电器集群的正泰集团，它从一个小作坊发展成为全国低压电器行业的龙头，在其带动下，该集群蒸蒸日上。

本章对于企业集群和企业集团等理论进行了全面的梳理，从理论和实际两个角度讨论企业组织的模式。主要探讨了两个问题：长三角地区企业集群与企业集团的发展现状是怎样的？行业特征对于决定企业是形成企业集团还是企业集群有没有关键性影响？

二、相关理论及文献综述

企业集群与企业集团是广泛存在的组织形态，是企业网络化发展的两种不同表现形式，它们都具有中间组织属性。威廉姆森（1975）认为，从资源配置方式上看，交易治理结构可分为市场、企业和中间组织三种类型，企业和市场位于治理结构连续谱系的两端，而现实中的大量经济活动采用中间组织形式的治理结构。

（一）企业集群

企业集群理论最早可以追溯到19世纪90年代阿尔弗雷德·马歇尔(Alfred Marshall)的《经济学原理》,他分别从劳动联合、要素共享及知识溢出三方面论述了外部性原理。随后,1909年阿尔弗雷德·韦伯(Alfred Weber)又在《工业区位论》中进行了更深入的论述,其理论主要从燃料和原料费用、劳动力费用以及集聚效益三个因子出发,运用范力农砝码等基于几何或物理的方法,通过建立模型对企业的空间布局进行分析。不过,这一理论却是在20世纪的八九十年代,由迈克尔·波特(Michael E Porter,1998)正式提出来的,他认为产业集群是指在某一特定领域,大量产业联系密切的企业以及相关支撑结构在空间上集聚,并形成强劲、持续竞争优势的现象。

根据空间经济学理论,企业空间布局实际上是两种作用力达到平衡时的结果。其中,导致集聚形成的向心力,是本地市场效应与价格指数效应共同作用所形成的集聚力;而导致扩散的离心力,则是市场竞争效应带来的分散力。波特(1998)在《集群与新竞争学》以及《竞争论》中,将企业集群的生命周期划分为孕育、进化和衰退三个阶段,同时对企业集群的良性循环及其解体进行了阐述。Ahokangas, Hyry & Rasanen(1999)提出了一个演化模型,认为一个典型的企业集群的生命周期应有三个阶段,即起源和出现阶段、增长和趋同阶段、成熟和调整阶段。

（二）企业集团

对企业集团的研究起源于20世纪30年代的日本,《经济辞典》将企业集团概括为"多数企业保持相对独立性,并相互持股,在融资关系、人员派遣、原材料供应、产品销售、制造技术等方面建立紧密关系而协调行动的企业集体"。欧美把类似日本企业集团的组织一般称"利益集团""财团""总公司"等。企业集团(Business Group)是在研究20世纪60年代末期的日韩经济现象中被提及(Keister,2000)。1998年我国《企业集团登记管理暂行规定》把企业集团定义为"以资本为主要纽带、以母子公司为主体,以集团章程为共同行为规范的母公司、子公司和参股公司及其他成员企业和机构共同组成的具有一定规模的企业法人联合体”。已有研究企业集团的相关文献发现，在外部市场不完备的条件下，集团公司内部市场可以替代缺失的外部市场，从而提高企业价值(Leff,1978;Khanna & Palepu,2000)。

按照企业集团业务方向和业务范围可以分为三种类型：垂直型企业集团、水平型企业集团和混合型企业集团。垂直型企业集团是指集团成员企业之间有直接的产品购入和出售关系的企业集团；水平型企业集团是指生产同类产品的企业组成的企业集团；混合型企业集团是指处于不同产业，生产不同产品，而且不直接构成购入与出售关系的企业集团。

企业集团一般具有四个特征。(1) 多纽带。企业集团通过资本、资产、产品和契约等纽带把众多企业联结成一个有机整体，其中资本纽带是最重要的。(2) 多法人。企业集团是由多个独立法人组成的联合体，但企业集团本身并不是法人，集团内的企业拥有独立的经济目标，同时以集团的利益作为共同的目标。(3) 多层次。从内部组织结合的不同地位上考虑，可将集团成员分为核心企业、骨干企业、配套企业和协作企业四个层次。(4) 多样化、跨地区经营。为了充分利用资源，分散经营风险，接近市场、控制市场，企业集团大多采取多行业、多领域和跨区域经营方式。

（三）企业集群与企业集团协同发展

过去，企业集团化的规模过大，导致集团臃肿，机构设置重叠，企业内部管理成本极高，在外部竞争市场的压力的催动下，企业集团从自身的利益考虑，不得不将旗下的一些低效率部门剥离出去，使其成为单独的市场运作主体，或者被其他机构兼并。企业集团只保留强势产业部门，通过不断提升强势部门的技术创新而重新占领专业市场，而将其他业务分包给外层的供货商或分销商。这样不仅提高了企业集团的竞争力，降低了成本，而且也搞活了市场，加速了商品流通，相应降低了市场交易成本，使各方都得到了实惠。众多分包中小企业围绕在企业集团周围，形成一个集群系统。在这一转化过程中，企业集团既是主动推动者，也是最大的受益者，特别是龙头企业的作用更加突出。

此外，另一个演变过程表现为大企业集团在推动企业集群的形成过程中起着非常重要的作用。从企业集群的形成方式来看，龙头企业首先在某一行业表现出强有力的竞争力，经济效益极佳，由此引起周围一些零散的中小企业加入此行业。此后进入该行业的企业必将突破地域限制，吸引来自各个地域的中小企业的参加，由此形成众多企业集聚，这就是企业集群的一种形成途径。这种形成方式在企业集群的形成中占了大多数。在此过程中，龙头企业的成长需要较长的时间，它有一个从弱小到成熟的成长过程，其推动下的企业集群的形成也需要较长时间。

三、数据说明

本章利用长三角两省一市分行业制造业数据，考察制造业地理集聚的时空变化特征。各产业的数据主要来源于《中国工业经济统计年鉴》和两省一市的统计年鉴，此外还有 CEIC 数据库，关于中国民营制造业企业 500 强的数据来自中商情报网。

按照最新的《国民经济行业分类与代码》(GB/T 4754—2011)，制造业门类属于 C 类，包括 13～43 大类。本章借鉴郭克莎按照要素密集度的标准对制造业进行分类具体分组见表 12－1。

表 12－1　制造业按要素密集度分组

分类标准	行业
资源密集型	金属制品业、塑料制品业、石油加工业、橡胶制品业、非金属矿物制品业
劳动密集型	食品制造业、饮料制造业、纺织业、纺织服装业、造纸业、皮革毛皮业、文教体育用品业、家具制造业、农副食品加工业、印刷业
资本密集型	化学纤维制造业、黑色金属冶炼业、有色金属冶炼业、木材加工业、烟草制品业
技术密集型	化学原料制造业、医药制造业、通用设备制造业、专用设备制造业、交通运输设备制造业、电气机械制造业、通信设备制造业、仪器仪表制造业

四、长三角企业概述

（一）长三角企业的数量变化与地域分布

长三角地区经济发展水平远超国内平均水平，其中工业是长三角地区竞争的主要动力。图 12－1 显示了 1998—2015 年长三角地区工业企业的数量变化。

从图中可以看出，长三角地区工业企业数量占比呈现先上升、后下降的变化趋势。2000—2004 年，长三角地区制造业占比一直在稳步上升，中国市场化改革以来，制造业集聚程度明显提高，东部地区尤其是长三角地区成为制造业的主要集聚区域，2004 年该地区工业企业共 97 972 家，全国 35％的制造业企业集中在长三角的两省一市。自 2005 年开始，随着我国部分制造业由东部沿海地区向中西部地区转移，长三角制造业集聚程度逐渐下降，中西部地区制造业所占比重逐步升高，产业分布有所扩散，截至 2015 年，长三角地区制造业企业数占全国比重下降为 26％，与 2000 年的份额持平。

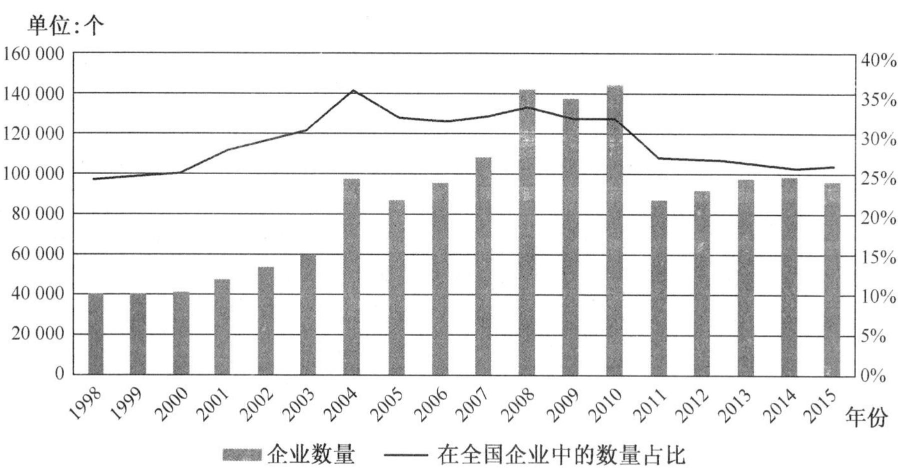

图 12－1　长三角地区 1998—2015 年工业企业数量变化情况

但是从工业企业的绝对数量来看，一直到 2010 年，长三角地区工业企业数量一直在增加，2010 年更是到了峰值 145184 家，占全国企业数量的 32%。但之后，工业企业数量急剧下降，之后一直维持在 9 000 家左右。

总体来看，2013 年，上海、江苏和浙江三地工业销售产值分别是 31 945 亿元、132 721亿元、61 281 亿元，占全国工业销售产值的 22.2%。而这一比例在 2011 年和 2012 年分别是和 23.4%和 22.8%，正在经历着逐年的下滑。

如图 12－2 所示，2010 年到 2011 年间，长三角的企业数量骤减，其中，浙江的降幅最大，为 46.1%，而上海和江苏的企业数在该年也分别减少了 40.3%和 32.4%。首先，由于自金融风暴之后，南方很多地区尤其是长三角与珠三角等地出现了中小企业破产倒闭现象，形成了制造业的“寒流”；而欧盟、北美市场的需求开始明显减少，同时国内融资难度增加，并且制造业大多数产品以贴牌加工生产为主，出口占 70%以上。其次，工资上涨幅度增加、原材料成本增加。再次是结构性问题，受国家宏观调控政策正面冲击的高耗能、高污染的中小企业经营更加困难。最后是一些企业投资经营战线拉得太长，企业经营力不从心。

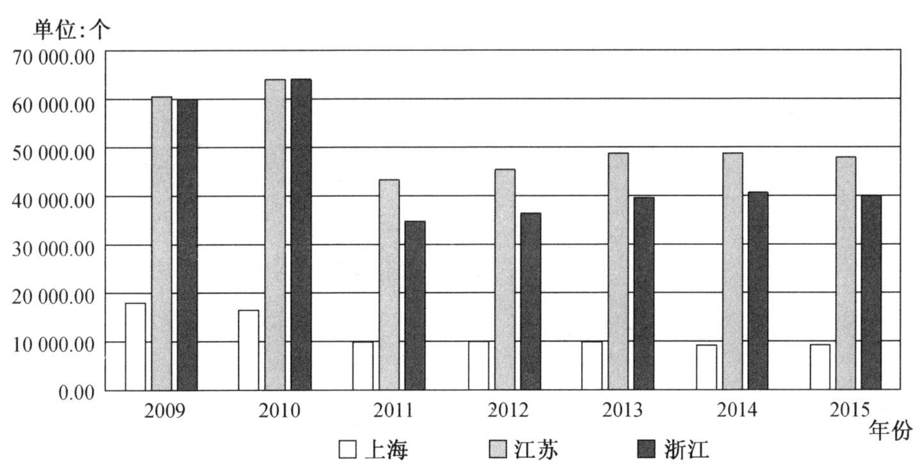

图 12－2　两省一市 2009—2015 年工业企业数量变化情况

2014 年，长三角的 16 个城市共有企业数量为 75 177 个。其中，苏州市企业数量最多，为 10 432 家，占到 13.88%；其次是上海市和宁波市，各有工业企业 9 253 家和

7 383 家。此外,企业数量超过 5 000 的城市还有杭州市、无锡市、南通市和嘉兴市。

而该年,16 个城市的外资企业数量为 12 261 个,占企业总数的 16.25%,苏州市和上海市开放程度最高,外资企业数量也最多,各为 3 225 家和 2 965 家,占到总数的 51%;接着是宁波市,共有 885 家外资企业;其余 13 个城市的外资企业数均低于 800。

不管是内资企业还是外资企业,分布上都有一定的区域差异,上海、苏州等城市,开放度较高,并且注重工业发展,形成了许多工业园区,聚集着大量的企业。

(二)大型企业集团的地域和产业分布

如图 12-3、图 12-4 所示,2013 年,长三角两省一市共有规模以上制造业企业 94 466 家,其中有接近一半的企业位于江苏省内。而从企业类型来看,技术密集型企业数量最多,为 41 140 个,资源密集型、劳动密集型、资本密集型和技术密集型企业的数量占比各为 19%、28%、9%和 43%。长三角产业结构较优,在高技术产业方面占据一定优势。

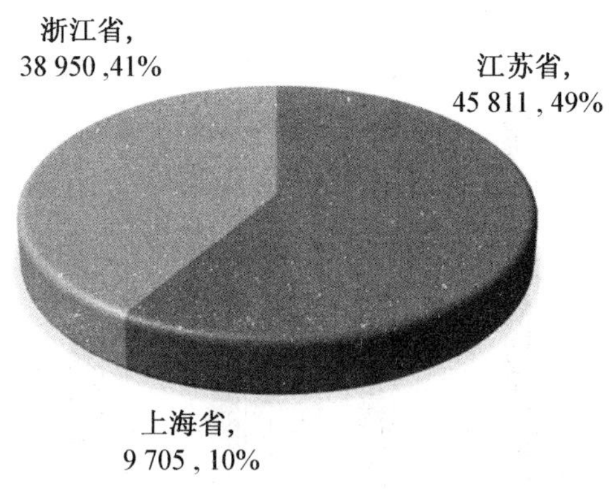

图 12-3　2013 年两省一市工业企业分布

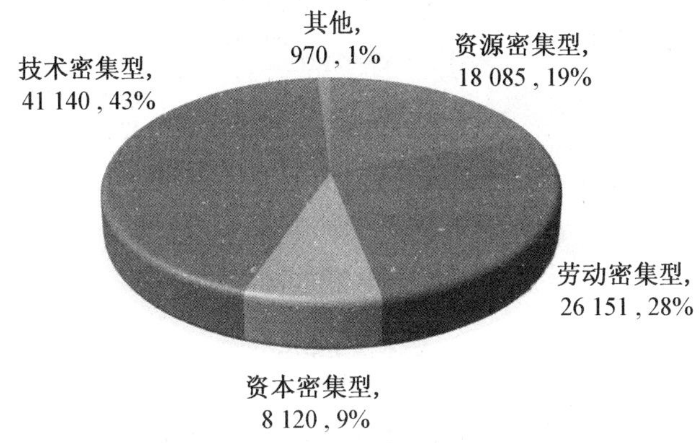

图 12－4　2013 年各类型工业企业分布

如图 12－5、图 12－6 所示,2014 年中国民营企业制造业 500 强中,长三角共有 231 家企业入围,其中,上海市、江苏省和浙江省入围数各为 11 个、102 个和 118 个。浙江省企业总数占长三角的 41%,但大型企业占比却达到 51%。

另一方面,资本密集型企业和技术密集型企业更容易形成大型企业。2013 年长三角资本密集型企业和技术密集型企业数各占 9%和 43%,但其中,入围 500 强制造业企业的却各占到 28%和 36%;相比较而言,资源密集型产业和劳动密集型产业中,则存在着大量的中小型企业。从细分行业来看,数量最多的前 5 大产业均属于资本密集型企业和技术密集型企业,电气机械和器材制造业和化学原料和化学制品制造业各有 32 家、17 家入围,黑色金属冶炼和压延加工业、有色金属冶炼和压延加工业以及化学原料和化学制品制造业各有 26 家、20 家和 16 家入围。

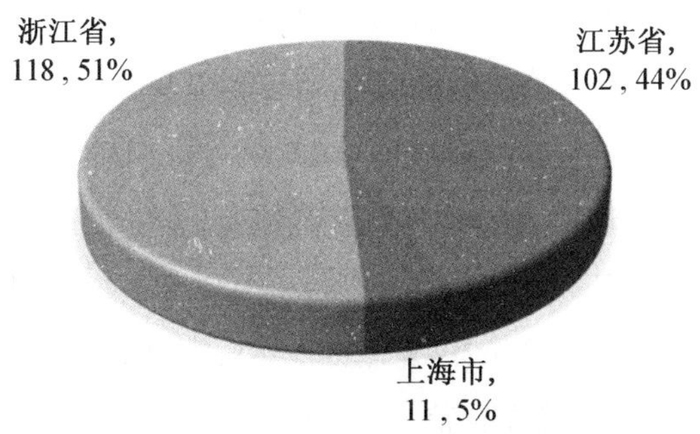

图 12－5　2013 年两省一市大型工业集团分布

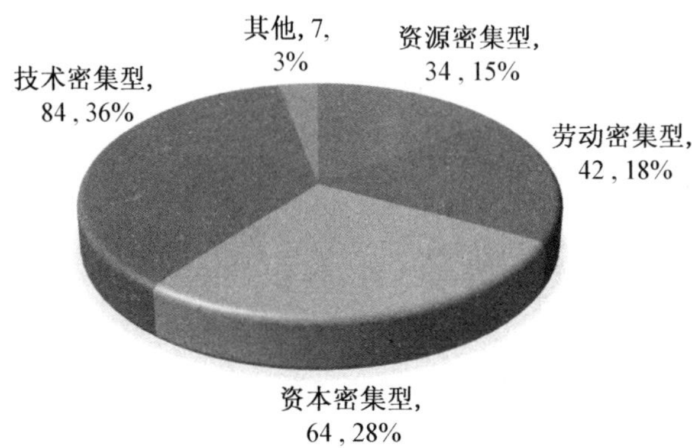

图 12－6 2013 年各类型大型工业集团分布

五、长三角企业集群与企业集团

（一）产业集中度的衡量

产业集中度是刻画市场结构性状的一个标志性概念，同时也是区分市场结构是趋于垄断还是偏向竞争的主要依据。在实证检验中，我们要用合适的指标来度量空间集聚程度；度量的指标主要有集中度、区位熵、赫芬达尔指数等。由于数据的可获得性，本章先用集中度来刻画市场结构。在具体核算上，通常用某一行业排名靠前的几家企业某项指标的加总占整个行业相应指标总和的比重来反映绝对集中度。关于指标的选择，可以是总资产、劳动力、资本等投入方面的；也可以是产值、利润、销售收入等产出方面的。本章采用前 4 家企业的营业收入加总占整个产业营业收入的比重来反映行业的绝对集中度(CR4)从而进一步揭示和反映产业的绝对集中度。

然而，绝对集中度主要表述市场中排名靠前的几家企业的集中程度，没有考虑到行业内企业的规模差异度。因此，必须引入衡量行业内企业规模差异程度的指标，即相对集中度。把绝对集中度与相对集中度结合起来考察，才能全面的描述一个行业的集聚程度。本章引入“规模差异系数”来描述相对集中度。所谓规模差异系数，就是绝对集中度与行业平均份额的比值。

$$GC_n = \frac{CR_n}{C_n} \tag{1}$$

其中，$C_4 = \frac{4}{\text{行业中企业数}} \times 100$，规模差异系数 GC4 的意义是一行业排名前四位企业的集中度为平均集中度的倍数。因此，它反映了行业中企业规模的差异程度和相对集中程度。该系数的数值越大，行业中前四位企业的规模相对越大。

（二）测算结果

本章根据《国民经济行业分类》标准，采用两位数的制造业分类及行业代码，由于相关数据的可得性，我们只考虑了长三角地区民营制造业，从 30 个制造业细分行业中挑选出 22 个重要行业。依据绝对集中度的计算公式，将行业内前 4 家企业的产值总和除以整个行业的总产值，得出指标。为了衡量一个行业规模差异的程度，接下来依据公式(1)得出规模差异系数。测算结果如表 12－2 所示。

表 12－2　制造业行业的绝对集中度与规模差异系数

代码	产业名称	CR4	C4	GC4
C14	食品制造业	78.98	0.44	177.91
C15	酒、饮料和精制茶制造业	70.48	0.87	81.05
C17	纺织业	7.60	0.04	191.73
C18	纺织服装、服饰业	25.61	0.07	365.58
C19	皮革、毛皮、羽毛及其制品和制鞋业	12.78	0.16	80.10
C22	造纸和纸制品业	16.64	0.23	72.30
C24	文教、工美、体育和娱乐用品制造业	17.30	0.17	101.90
C25	石油加工、炼焦和核燃料加工业	16.83	0.19	86.66
C26	化学原料和化学制品制造业	12.45	0.06	192.96
C27	医药制造业	35.28	0.31	115.53
C28	化学纤维制造业	34.75	0.27	128.75
C29	橡胶和塑料制品业	10.69	0.08	131.72

（续表）

代码	产业名称	CR4	C4	GC4
C30	非金属矿物制品业	7.48	0.09	82.30
C31	黑色金属冶炼和压延加工业	28.31	0.15	194.90
C32	有色金属冶炼和压延加工业	31.03	0.20	154.23
C33	金属制品业	11.47	0.06	177.56
C34\\35	设备制造业	7.07	0.03	245.19
C36	汽车制造业	21.97	0.11	191.28
C37	铁路、船舶、航空航天和其他运输设备制造业	11.48	0.23	49.19
C38	电气机械和器材制造业	8.81	0.05	187.69
C39	计算机、通信和其他电子设备制造业	1.79	0.09	19.41
C40	仪器仪表制造业	23.50	0.23	100.33

资料来源：前4家企业数据来源于2014中国民营制造业500强数据，行业数据来源于《2014年中国工业经济统计年鉴》。

为了全面描述一个行业的集聚状态，把绝对集中度与规模差异系数结合起来，本章将表12-2测算结果用直角坐标系直观地反映出来，横轴代表绝对集中度、纵轴代表规模差异度，如图12-7所示。

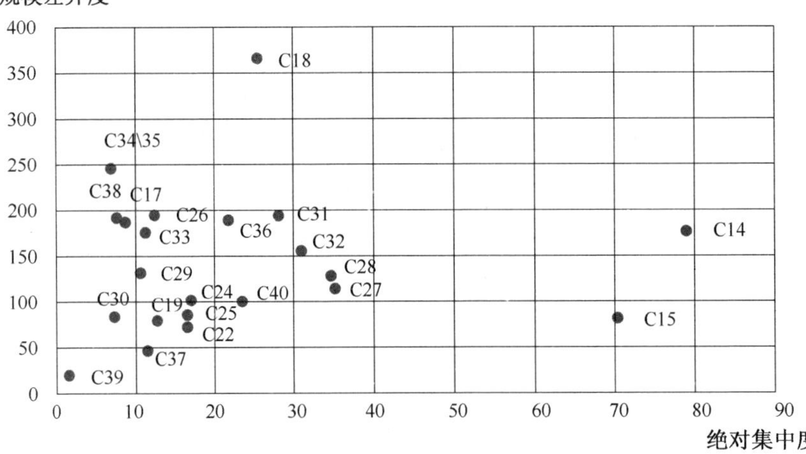

图12-7 制造业行业绝对集中度与规模差异度分布图

为了进一步分析制造业的集聚程度,利用绝对和相对集中度指标将上述制造业分为四类(吴福象、周绍东,2006):(1) 绝对集中度高、企业规模差异系数大的行业(Ⅰ型);(2) 绝对集中度高、企业规模差异系数小的行业(Ⅱ型);(3) 绝对集中度低、企业规模差异系数大的行业(Ⅲ型);(4) 绝对集中度低、企业规模差异系数小的行业(Ⅳ型),如表 12－3 所示。

表 12－3　制造业行业按两类集中度标准进行的分类

类型	Ⅰ	Ⅱ	Ⅲ	Ⅳ
行业	食品制造业; 纺织服装、服饰业; 医药制造业; 化学纤维制造业; 黑色金属冶炼和压延加工业; 有色金属冶炼和压延加工业	酒、饮料和精制茶制造业	纺织业; 化学原料和化学制品制造业; 橡胶和塑料制品业; 金属制品业; 设备制造业; 汽车制造业; 电气机械和器材制造业	皮革、毛皮、羽毛及其制品和制鞋业; 造纸和纸制品业; 文教、工美、体育和娱乐用品制造业; 石油加工、炼焦和核燃料加工业; 非金属矿物制品业; 铁路、船舶、航空航天和其他运输设备制造业; 计算机、通信和其他电子设备制造业; 仪器仪表制造业

上述分析表明,不同的制造业集聚程度不同,这是由行业属性决定的。Ⅰ区的制造业在空间上集聚程度较高,具有发展成为企业集团的规模经济优势。Ⅳ区的制造业空间集聚程度不高,不具有发展成为企业集团的规模优势,只能形成企业集群,而长三角地区很多行业都属于这一类型。处于Ⅱ区及Ⅲ区的制造业空间集聚程度中等,集聚程度不能表明该类行业利用规模经济和集聚经济的程度,因此,这类制造业应该在动态调整中寻找合适的发展模式。

此外,表中行业之外的 4 大制造业行业:农副食品加工业(C13)、木材加工和木、竹、藤、棕、草制品业(C20)、家具制造业(C21)、印刷和记录媒介复制业(C23),无法找到行业中前 4 家大型企业的数据。这从一个方面说明了这些行业并没有形成地区性企业集团的优势,反而存在着大量的中小企业。

六、结论与政策建议

本章对长三角制造业企业，以及各地区各类型行业的定量分析，得出以下结论。

第一，长三角地区工业企业数量无论是绝对值还是相对值，近年来都出现了一定程度的下滑。究其原因，一方面是由于我国部分制造业由东部沿海地区向西转移，中西部地区制造业所占比重逐步升高，产业分布有所扩散；另一方面是改革开放初期盲目形成的大量小企业，自金融风暴之后，由于融资难度增加，以出口为主的中小企业同时面临着欧盟、北美市场的需求明显减少的影响，纷纷破产倒闭，形成了制造业的"寒流"。

第二，集中度过低、企业规模差异过小是制约长三角企业发展的重要因素。长三角地区普遍存在的过度竞争，带有体制和历史两方面的原因。工资上涨幅度增加、原材料成本增加等原因，致使中小企业经营更加困难。在过度竞争的市场结构中，企业为了自身的生存，其行为决策必然短期化。

第三，在长三角地区，资本密集型企业和技术密集型企业更容易形成大型企业。利用绝对集中度的高低与规模差异系数的大小将制造业进行分类，绝对集中度高、规模差异系数大的制造业应该形成企业集团，绝对集中度低、规模差异系数小的制造业应该形成企业集群，绝对集中度高、规模差异系数小的制造业和行业集中度低、规模差异系数大的制造业需要在动态调整中选择适合自己的模式。这一结论与根据韦伯的工业布局指向理论得出的结论一致。

综合以上分析，本章给出的产业政策建议如下。(1) 构建新型集团联盟企业：集团与集群这两种模式对地区经济增长都有重要意义，但是通过实证研究表明，部分制造业是不适合形成企业集群的，因此在发展中，不应该把这类企业全部集聚，应该扶持一些大型企业集团。在组织战略上，企业也要从一体化向联盟化发展，推进企业收购兼并和资产重组，从而建立以大企业为主导、大中小企业协同合作、合理分工的寡头主导型市场结构。(2) 防止企业过度集聚，提高企业集群核心竞争力。长三角地区企业集群的数量和质量是值得关注的两大方面，长三角地区已经出现集聚不经济的现象,政府应该引导企业良性集聚,防止企业过度扎堆。根据经济活动的客观规律,做好区域规划,防止出现不合理的产业布局状况。通过市场竞争形成经济性垄断,使企业走上一条良性循环路径。

参考文献

[1] 吴福象,刘志彪.城市化群落驱动经济增长的机制研究——来自长三角16城市的经验证据.经济研究[J].2008(11):126－136.

[2] 吴福象,王新新.企业集团的适度规模经济与集聚经济研究[J].审计与经济研究,2012(3):97－104.

[3] 吴福象,沈浩平.成本费用利用率与地区产业结构升级[J].南京审计学院学报,2013(2):6－13.

[4] 吴福象,周绍东.企业创新行为与产业集中度的相关性[J].财经问题研究,2006(12):30－33

[5] 洪银兴.长江三角洲经济一体化和范围经济[J].学术月刊,2007(9):71－76.

[6] 胡晨光,程惠,芳俞斌."有为政府"与集聚经济圈的演进[J].管理世界,2011(2):61－70.

[7] 刘军,段会娟.我国产业集聚新趋势及影响因素研究[J].经济问题探索,2015(1):36－43.

[8] 刘力,程华强.产业集群生命周期演化的动力机制研究[J].上海经济研究,2006(6):63－68.

[9] 陈志广.是垄断还是效率:基于中国制造业的实证研究[J].管理世界,2004,(12):60－67.

[10] 刘修岩,邵军,薛玉立.集聚与地区经济增长:基于中国地级城市数据的再检验[J].南开经济研究,2012(3):52－64.

[11] 范剑勇.市场一体化、地区专业化与产业集聚趋势[J].中国社会科学,2004(6):77－84.

[12] 范剑勇.产业集聚与地区间劳动生产率差异[J].经济研究,2006(11):72－81.

[13] 罗勇,曹丽莉.中国制造业集聚程度变动趋势的实证研究[J].经济研究,2005(8):

106－115.

[14] 戚聿东. 中国产业集中度与经济绩效关系的实证分析[J]. 管理世界，1998,(4)：42－48.

[15] 李景海，陈雪梅. 产业集聚经验研究进展及展望[J]. 经济问题探索，2010(11)：130－136.

[16] 陶永亮，李旭超，赵雪娇. 中国经济发展进程、空间集聚与经济增长[J]. 经济问题探索，2014(7)：1－7.

[17] 吴三忙，李善同. 中国制造业地理集聚的时空演变特征分析：1980—2008[J]. 财经研究，2010(10)：4－14.

[18] Williamson, Jeffrey G. Regional Inequality and the Process of National Development: A Description of the Patterns [J]. Economic Development and Cultural Change, 1965, 13(4): 1－84.

[19] Stuart S. Rosenthal, William C. Strange. The Determinants of Agglomeration [J]. Journal of Urban Economics, 2001, 50(2): 191－229.

[20] Antonio Ciccone. Agglomeration Effects in Europe and the USA [J]. European Economic Review, 2002, 46(2): 213－227.

[21] Henderson, V. J. Marshall's Scale Economies [J]. Journal of Urban Economics, 2003, 53(1): 1－28.

[22] C. Cindy Fan, Allen J. Scott. Industrial Agglomeration and Development: A Survey of Spatial Economic Issue in East Asia and a Statistical Analysis of Chinese Regions [J]. Economic Geography, 2003, 79(3): 295－319.

[23] Marius Brülhart, Mathys, NA Sectoral agglomeration economies in a panel of European regions [J]. Regional Science and Urban Economics, 2008, 38(4): 348－362.

第十三章　长三角智能制造与智慧制造的最新进展

一、引言

众所周知，制造业是国民经济的主体，是立国之本、兴国之器、强国之基。从2009年起，我国成为世界第一制造大国，产业竞争力在不断提升。2013年我国制造业增加值在世界排名第一，占比达到20.8%。其中，有220多种工业品产量居世界第一，制造业净出口居世界第一。长三角地区作为中国制造业最为发达的地区，产业基础雄厚，具有庞大的规模优势，当前长三角乃至全国在全球竞争中的优势更多地体现为拥有完整的产业链条。根据联合国工业发展组织数据，我国是世界上唯一拥有联合国产业分类中全部工业门类(39个工业大类、191个中类、525个小类)的国家。制造业的持续快速发展形成了门类齐全、独立完整的现代产业体系，有力地推动了长三角的工业化和现代化进程。按照国际标准工业分类，在22个大类中，中国在7个大类中名列第一，钢铁、水泥、汽车等220多种工业品产量居世界第一。2013年，我国装备制造业产值规模突破20万亿元，占全球比重超过1/3。

然而，当前我国经济进入以中高速、优结构、新动力、多挑战为主要特征的新常态，制造业面临产能过剩、大而不强的困局。长三角制造业与世界先进水平相比仍存在较大差距，生产的都是技术含量低、附加价值低的产品，处于价值链的低端环节，尚未占据世界制造业技术的制高点。制造业发达的先进国家如欧美日等仍然掌握着当前重大装备的核心技术，引领着世界先进制造业的发展方向，并通过其掌控的跨国公司牢牢控制着世界高端装备的生产制造。中国的先进技术依靠引进、高端设备依赖进口的现象在制造行业依然较为普遍。制造业中的通用设备和专用设备中的高端发动机、高端机床及量具量仪、高端仪器仪表及控制系统，都需要从国外引进。在基础零部件领域，国外自动变速器在国内市场的份额高达78%，大型工程机械所需的30兆帕以上液压件全部依靠进口；时速200公里以上的齿轮箱、2.5兆瓦以上的风电齿轮箱、大型煤机齿轮箱、高档汽车链条、汽车发动机紧固件、高档粉末冶金零件、高速列车制动器、高功率密度减速器等几乎全部依靠进口。中国领先的装备制造业大企业在经营规模、创新能力、管理水平、盈利能力等方面与世界一流跨国公司相比，竞争力明显不足，差距不仅仅体现在数量上，更体现在产品质量、技术水平、服务能力以及在产业链中所处的地位上。只有促进制造业与信息化的融合，推进制造业的数字化和智能化，才能改变长三角制造业缺乏核心竞争力的问题，改变大而不强的局面。

在新一轮科技革命和产业变革的背景下，发达国家开始重新认识到制造业的重要性，纷纷制定“再工业化”战略以重振制造业，抢占经济竞争的制高点。美国发布《先进制造业国家战略计划》和《制造业创新网络计划》，德国推出《德国工业4.0战略》，日本在《2014制造业白皮书》中重点发展机器人产业，欧盟整体上开始加大制造业科技创新扶持力度等。随着这些战略的实施，高端制造业正逐渐向发达国家回流。另一方面，越南、印度等一些东南亚国家依靠资源、劳动力等比较优势，开始以更低的成本承接劳动密集型制造业的转移。发达国家重回高端制造与发展中国家争夺中低端制造正对我国制造业形成双向挤压。在内、外部挑战的共同作用下，中国也不甘落后，于2015年5月发布了《中国制造2025》，这是我国由制造大国转向制造强国的第一个十年行动纲领。《中国制造2025》明确提出，要加快推动新一代信息技术与制造技术融合发展，把智能制造作为两化深度融合的主攻方向；着力发展智能装备和智能产品，推进生产过程智能化，培育新型生产方式，全面提升企业研发、生产、管理和服务的智能化水平。李克强总理也曾多次强调，推进“中国制造2025”，关键是中国“智”造。由此可以看出，智能制造与智慧制造是“中国制造2025”的主攻方向。那么，作为中国制造业最为发达的长三角地区，若能在“中国制造2025”的框架下率先完成制造业的转型升级，其成功经验将对全国经济发展起到强烈的示范和带动作用。在这种情况下，长三角的智能制造与智慧制造发展如何？应沿着何种路径发展？对这些问题的回答直接关系到长三角制造业独特的核心能力的构建与提升，对长三角乃至全国的产业发展和转型升级意义重大。

二、文献回顾与评述

随着我国经济发展逐渐步入工业化后期，制造业在经济发展中的功能正在逐渐发生变化，即相对于服务业而言，制造业对于经济增长和创造就业功能开始弱化，而对于科技创新的承载功能和对农业、服务业的改造提升功能变得更加突出。在这样的背景下，“中国制造 2025”将提升我国制造业的创新能力而不是扩大制造业规模作为基本的政策指向。之所以如此强调创新也是由我国现在所处的产业发展阶段决定的。一般来讲，一个发展中国家从开始追赶到成为一个发达国家，通常要经历三个阶段。第一阶段是发展之初的快速发展时期。这一阶段，中国主要利用廉价的生产要素进行国际代工，吸收 FDI 发展加工贸易，主要从事 GVC 低端加工、制造、生产、装配，推行出口导向的外向型发展战略和政策(刘志彪，2015)。这一阶段外需对经济发展的作用较大。紧接着进入第二个阶段，这是一个既有产业相对饱和，不调整和提升产业结构就难以发展的时期，这个阶段的主要任务是做强，主要途径是创新，是通过创新探寻新的经济增长点。如果没有创新所发现的新的主导部门的引领，已经起飞的经济体在持续发展方面会出现严重的问题，从而难以跨越中等收入陷阱。进入第三阶段，即发达经济体的阶段，此时由于基数增大，经济增长的速度虽然放缓，但经济增长质量更高，且发达国家的经济增长速度非常接近。现阶段我国正处于追赶过程中的第二阶段，主要任务就是创新与做强，而此阶段制造业发展的关键点是依据产业领先能力在企业、部门和国家层面实现差异化定位。产业领先能力理论认为，主要的随机因素来自国内环境，部分理论强调企业自身的能力，其他理论则认为区域和部门系统是企业领先能力的源泉。比如，化学和生物制药是具有长久的、突出的企业层面竞争优势的产业，当前几乎所有掌握新的技术制高点的领先企业都差不多是 100 年之前建立的。在这些行业中，产业领先能力的源泉多数在于企业自身，在于企业能否通过自我投资和学习，塑造技术、营销和管理方面的钱德勒式三重投资。世界产业发展史也表明，企业所处的宽松创业环境有利于塑造产业领先能力，通过对产业层面施加影响制定产业政策,即通过部门支持系统和地区系统,往往更有利于保持产业领先能力。

《中国制造 2025》发布后,国内学者们给予了高度的关注,不少学者将其与德国工业 4.0 进行了比较。李金华(2015)认为,德国工业 4.0 和中国制造 2025 在背景、框架、优先发展领域、行动目标和路径等方面都存在差异。李云志(2014)总结了工业 4.0 的概念及特征,构建了工业 4.0 时代标准通用的管理构架,从而为中国制造业升级提供借鉴。丁纯(2014)等对工业 4.0 的内容、动因、前景进行了分析,并提出其对中国的启示。胡杰(2015)则在中德两国合作的背景下提出了中国未来制造业的发展政策措施。黄阳华(2015)较深入地研究了"工业 4.0"面世的背景、核心内容、突破重点,并对比思考了这一战略规划与前三次工业革命的差别,分析了德国工业发展经验对中国制造业发展和产业政策的借鉴意义。贺正楚等(2015)分析了"工业 4.0"的背景和内容,探讨了中国制造业发展中存在的主要问题和实施"中国制造 2025"的紧迫性,并从多方面提出了实现"中国制造 2025"的对策建议。还有一些学者则从地区角度分析了工业 4.0 的影响,如兰建平(2015)分析了"工业 4.0"对浙江产业转型的影响;李政新(2015)、黄英艺(2015)则分别探讨了其对河南工业和泉州制造业发展的启示。

中国制造 2025 以智能制造为主攻方向,而搭建一个真正的智能制造体系的核心不是智能工厂,而是用户(王钦、张隺,2015)。Adner&Kapoor(2006)提出,战略研究总是将"知识创造"问题放在一边,过多考虑既有资源,静态思考"价值创造",忽视了更广阔的来自用户的资源。Boudreau & Lakhani(2013)也认为用户才是创新的来源。Sawhney 等(2005)指出,互联网提供了基于网络的原型、虚拟产品测试和虚拟市场测试等多种方式,使企业可以将用户的集体智慧融入创新过程之中。因此,长三角智能制造体系的搭建,必须以用户为切入点、以用户需求为核心进行驱动。

当今世界新一轮工业革命方兴未艾,其根本动力在于新一轮科技革命。新技术革命是提高经济增长率的深层动力,我国实施创新驱动发展战略、发展创新经济,从产业角度看,其实就是要我国发达地区集中资源重点发展代表国家竞争力和话语权的战略性新兴产业(刘志彪,2011)。而当要素在区域空间能够自由流动时,一些优质的人力资源要素会主动地向大城市集聚(吴福象、刘志彪,2008)。人力资源流动导致创新要素在核心区的高度集中,而高度集中的市场结构更加有利于企业创新活动的开展，有利于战略性新兴产业的集群化发展(吴福象、王新新，2011)。因此，长三角作为“中国制造 2025”的领头羊，在发展智能制造与智慧制造方面有着得天独厚的优势，若是能抓住新一轮科技革命的机遇率先完成制造业的转型升级，其成功经验将对全国经济发展起到强烈的示范和带动作用。

三、长三角智能制造与智慧制造现状

(一) 长三角制造业发展现状

长三角地区由于自身区位优势，在第一波全球化中外向度较高，吸引了大量外商投资，形成规模庞大的工业体系。2014 年全国工业总产值为 227 991 亿元，长三角占比 21.2%。近年来长三角制造业规模也保持持续增长，如图 13－1 所示，上海、江苏和浙江规模以上工业企业制造业总产值近年来均呈上涨趋势。其中，江苏制造业总产值不仅是规模最大的，而且增幅也是最高的。江苏规模以上工业企业制造业总产值由 2009 年的 69 758 亿元增长至 2014 年的 137 378 亿元，增幅高达 96.9%；浙江其次，增幅为 63.5%，上海增幅也达到了 37.9%，的水平。由此可见，长三角地区仍是中国制造业最为发达的地区。

虽然长三角地区制造业规模较大，但是其经济效益仍然有较大的提升空间。如图 13－2 所示，长三角内部两省一市规模以上工业企业制造业产值利税率都没有超过 15%，其中上海产值利税率最高，均保持在 10%以上，江苏和浙江则都在 10%以下，江苏产值利税率略高于浙江。与图 13－1 所示的长三角规模以上工业企业制造业总产值进行比较可知，产值利税率并不是与总产值成正比关系的。江苏制造业总产值比上海和浙江高出一倍左右，且制造业总产值增幅也最大，但其产值利税率却明显低于上海，与浙江相差不多。也就是说，江苏制造业虽然扩张迅速且规模十分庞大，但其经济效益却并不高，较大的产值并不能转化成较高的利润。总的来说，长三角地区制造业必须加快转型升级的步伐，摆脱制造业的低端锁定，更多地从事高附加值的生产与制造环节，实现制造业高端化发展，从而提高经济效益。

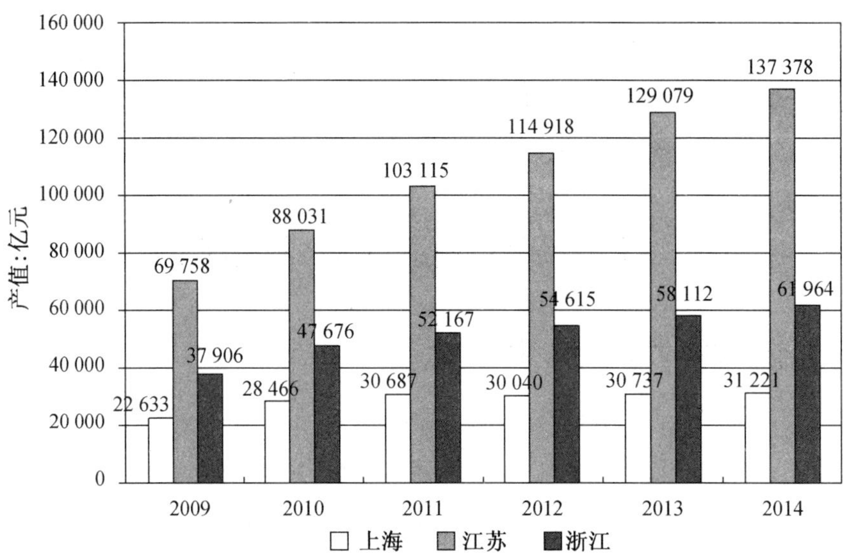

图 13-1　上海、江苏、浙江规模以上工业企业制造业总产值

资料来源:上海、江苏、浙江各年统计年鉴。

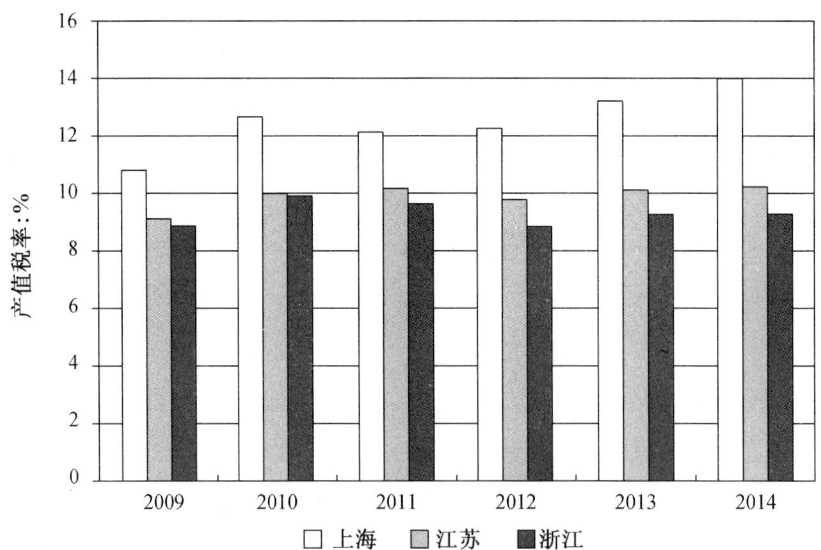

图 13-2　上海、江苏、浙江规模以上工业企业制造业产值利税率

资料来源:由上海、江苏、浙江各年统计年鉴整理计算所得。

（二）长三角制造业创新投入结构

从创新投入总量的对比来看，如图 13－3 所示，江苏省 R&D 内部支出最高，广东其次，浙江与上海最低，且二者相差不大，而广东地区的 R&D 内部支出增长速度最快。从各地 R&D 内部支出占地区生产总值的比重可以看出（图 13－4），作为全国经济最为发达的五个地区，长三角三地及北京、广东的占比均高于全国平均水平。其中，北京地区的占比最大，且远远高于其他地区，R&D 内部支出占地区生产总值的比重接近 6%，上海其次，也明显高于其他三个省份，江苏、浙江和广东三者相差不大，其中江苏略高于其他两地。这些事实说明，北京作为全国科技中心，其研发投入力度非常大。虽然江苏 R&D 内部支出绝对数值是最大的，但由于江苏经济体量庞大，其研发投入占地区生产总值的比重却并不高。在长三角内部，上海的创新投入力度最大，江苏其次，浙江最低。长三角地区创新投入相比其庞大的经济体量仍然不足，还需进一步加大创新投入的力度。

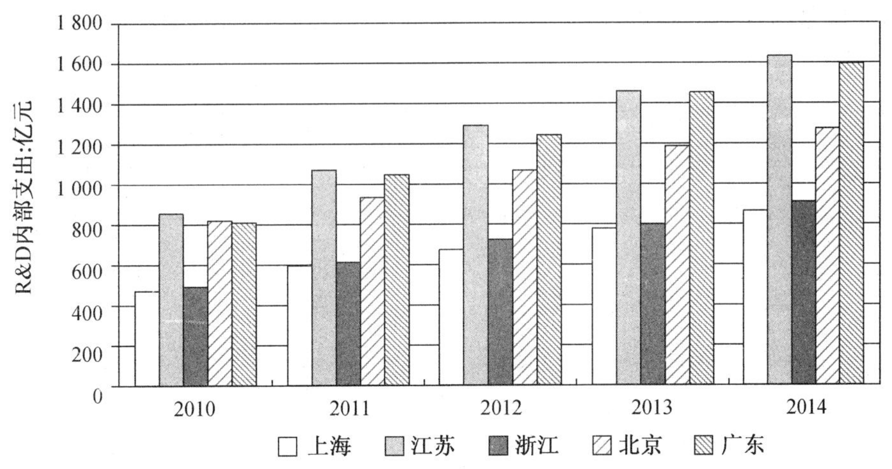

图 13－3　2010—2014 年各地区 R&D 内部支出

资料来源：各地相应年份统计年鉴。

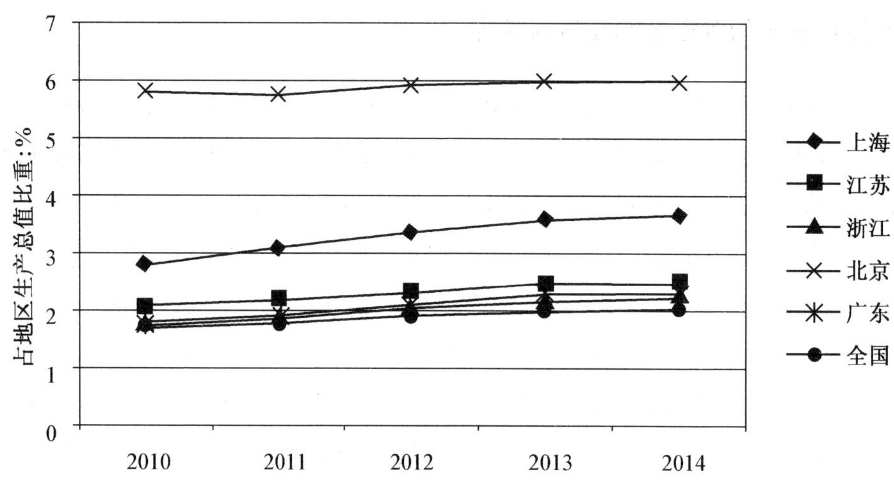

图 13-4　2010—2014 年各地 R&D 内部支出占地区生产总值比重

资料来源:各地相应年份统计年鉴。

从 R&D 内部支出结构来看(图 13-5),各地投入侧重点各有不同。其中,长三角地区 R&D 内部支出更多的是用于应用研究与试验发展,基础研究占比最低,且低于全国平均水平,北京地区的基础研究比例则最大。说明长三角地区虽然高校资源非常丰富,但同时其企业的数量也远远高于其他地区,所以其 R&D 内部支出中应用研究的占比更高,更注重于将创新理论转化为使用性的技术;北京则充分发挥了其科技中心与高校资源丰富的优势,基础研究投入比重较大。正如图 13-6 所示,上海、浙江 R&D 内部支出的执行部门主要是企业,而北京的执行主体主要是科研机构和高等院校。从长三角内部看,上海的 R&D 内部支出执行部门的支出结构与北京相似,也体现了其综合性总部城市高等院校和研发机构的优势。江苏与浙江由于企业数量众多,R&D 内部支出主要集中于企业之中。在转型升级的过程中,需要将部分研发任务逐渐外包给高等院校和专门的科研机构,以发挥创新的协同效应。未来"产学研"协同创新将是长三角地区智能制造与智慧制造技术来源的重要途径。

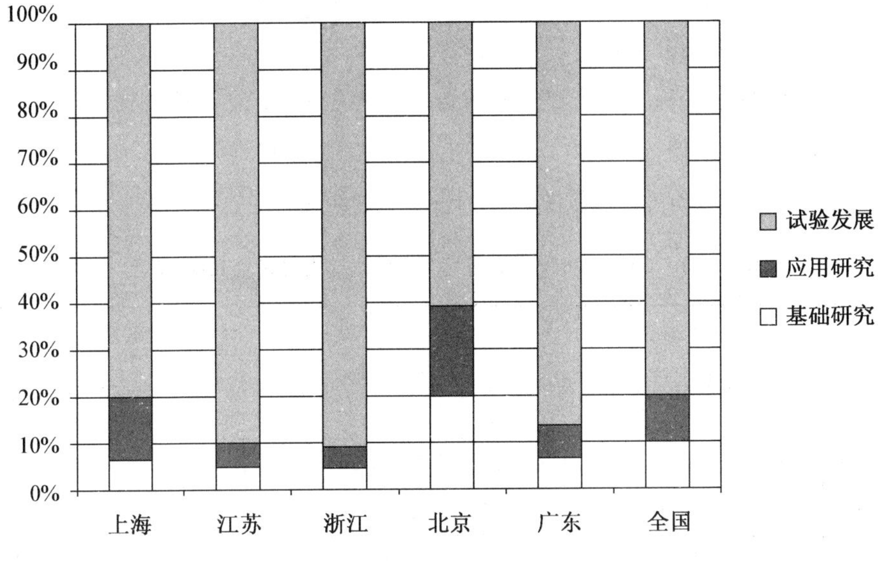

图 13-5　2013 年各地 R&D 内部支出结构

资料来源:《中国科技年鉴 2014》。

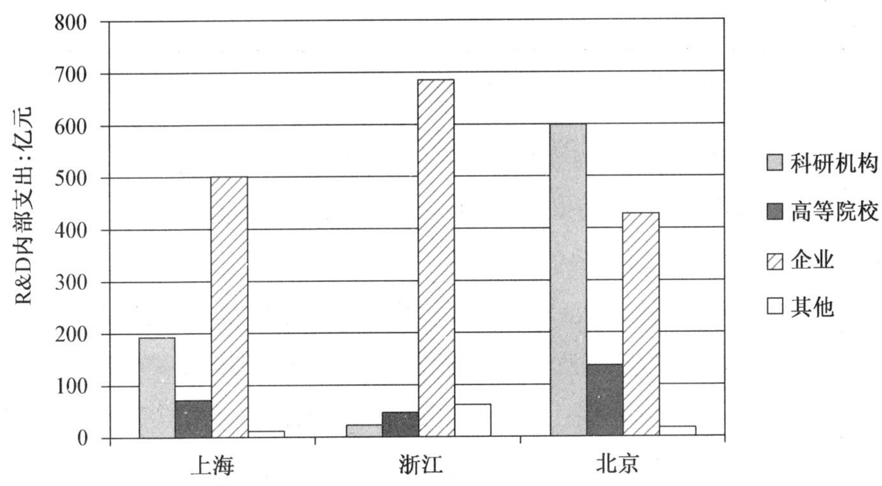

图 13-6　2013 年各地 R&D 内部支出结构执行部门

资料来源:各地相应年份统计年鉴。

从创新投入的资金来源看(表 13－1),R&D 内部支出大多是由企业资金提供的,但是长三角各地资金来源又有各自不同的特点。其中,上海地区政府资金占比较大,R&D 内部支出对政府资金的依赖较强,这是由于上海地区科研机构和高等院校 R&D 支出较多,其研究资金更多是由政府提供的。江苏和浙江企业资金占比更大,这是因为这两个省份的企业数量更多,企业自主创新支出占主导地位。

表 13－1 2009—2014 年各地区 R&D 内部支出资金来源(亿元)

	上海				江苏				浙江			
	政府资金	企业资金	境外资金	其他	政府资金	企业资金	境外资金	其他	政府资金	企业资金	境外资金	其他
2009	7.44	216.05	3.48	10.29	12.36	417.58	13.62	7.95	36.63	354.22	2.48	5.51
2010	16.77	253.75	2.37	1.16	10.24	525.63	8.69	6.78	48	435.45	3.27	7.53
2011	18.21	321.42	2.15	1.98	20.15	922.04	10.82	11.38	53.56	539.41	9.51	10.45
2012	27.38	339.85	3.29	0.99	22.05	1036.65	8.21	13.39	60.41	644.37	3.13	14.68
2013	20.76	375.03	7.76	1.23	24.07	1192.33	6.4	16.79	66.16	733.62	2.38	15.12
2014	37.16	407.53	2.74	1.79	24.33	1328.79	7.99	15.43	70.65	817.35	2.58	17.27

资料来源:由上海、江苏、浙江各年统计年鉴整理计算所得。

由于长三角地区企业数量众多,未来智能制造与智慧制造的创新主体是企业,因此有必要对企业的研发支出结构进行分析。表 13－2 显示了近几年长三角地区规模以上工业企业科技活动支出的结构。

在表 13－2 中,企业科技活动支出被分为技术改造支出、技术引进支出和购买国内技术支出。可以看出,长三角地区技术改造支出经历了一个先升后降的过程,技术引进支出在近几年则有所下降。上海购买国内技术的支出较为稳定,变化不大,江苏购买国内技术的支出则先上升后下降,浙江该项支出数额较小且呈下降趋势。技术改造和技术引进支出费用依旧很多,说明长三角地区的创新中集成创新与引进消化吸收再创新的比例仍然较高,制造业的技术依存度加高,原始创新有待进一步增强,从而逐步摆脱技术模仿者的地位。

表 13－2　2009—2014 年长三角规模以上工业企业科技活动支出结构(亿元)

	上海			江苏			浙江		
	技术改造支出	技术引进支出	购买国内技术支出	技术改造支出	技术引进支出	购买国内技术支出	技术改造支出	技术引进支出	购买国内技术支出
2009	138.52	60.59	32.88	404.89	27.15	15.16	329.36	21.37	16.08
2010	128.45	65.1	23.08	483.95	36.05	14.78	285.37	24.89	14.84
2011	138.48	65.27	21.91	650.66	71.62	28.91	257.27	16.94	13.33
2012	129.84	58.31	28.29	717.89	57.44	29.46	246.09	14.61	12.16
2013	122.5	71.53	37.58	642.14	52.46	41.32	257.55	11.04	17.06
2014	152.06	66.77	31.7	603.13	45.46	34.44	278.09	12.47	14.43

资料来源：由上海、江苏、浙江各年统计年鉴整理计算所得。

（三）长三角制造业创新投入效率分析

虽然长三角地区创新的投入高于全国平均水平，但光有投入规模还是远远不够的，更为重要的是创新投入是否有效率，即创新是否能够有效转化为产出。只有当创新富有效率的时候，较大的研发投入力度才能转化为实际可用于生产的技术，才能实现长三角制造业的转型升级，实现制造业的智能化与智慧化。

专利的申请和授权情况，很大程度上反映一个地区的创新投入效率，并能在一定程度上反映创新的产出情况。图 13－7 显示了 2014 年各地区专利申请与授权情况。从总量上来说，长三角地区专利数量大，专利申请与授权量占全国的比重都在 35% 以上。其中，江苏专利申请量远高于其他各省份，但其专利授权量却并没有太大优势，这说明江苏专利申请转化为授权的效率较低，无效专利申请较多。上海虽然专利申请量与授权量都不高，但二者之间的转化效率却明显高于其他地区。浙江专利授权量较高，专利申请与授权的转化效率也较好。

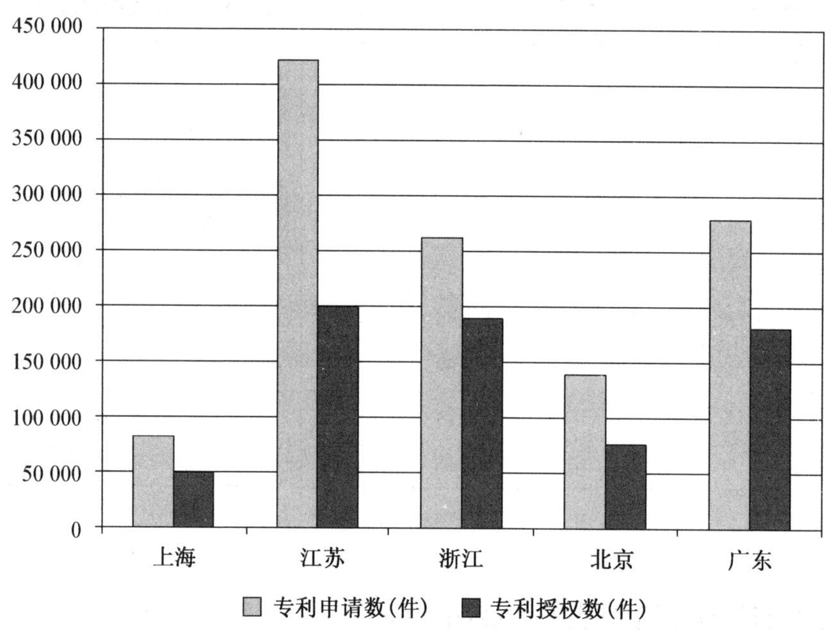

图 13－7　2014 年各地专利申请与授权

资料来源:各地相应年份统计年鉴。

从专利申请与授权的结构上来说(图 13－8),长三角地区发明专利的比例偏低,主要是由于专利申请与授权中外观设计占据了多数。说明长三角地区专利申请与授权还是以低科技含量的专利为主,北京发明专利的申请与授权占比最高,浙江最低。从长三角地区内部各省来看,上海有较高的发明专利申请与授权比重,这是因为其创新有很大比例来自高等院校和研发机构;而江苏和浙江的发明专利申请与授权比例很低,且低于全国平均水平,这是因为江苏和浙江的中小企业数量庞大,从而导致了大量的外观设计方面的专利产出,降低了发明专利的比例。

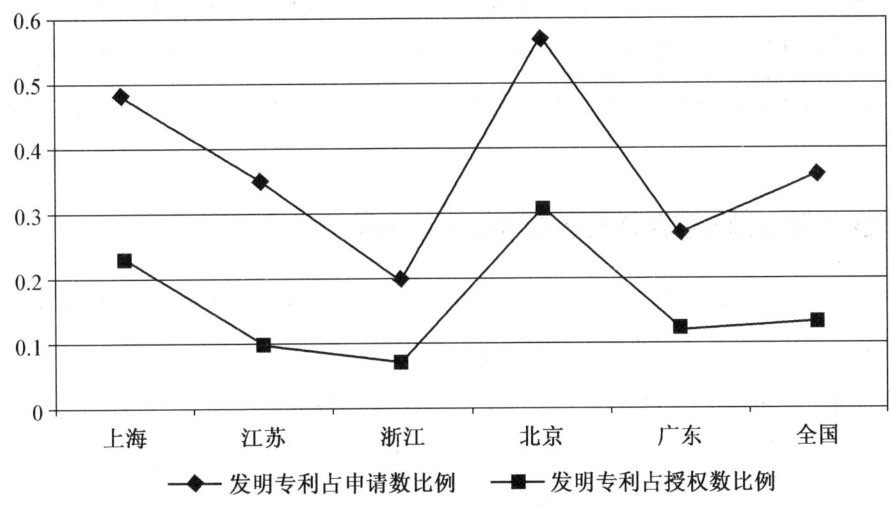

图 13-8 2014 年各地发明专利申请与授权占比

资料来源:各地相应年份统计年鉴。

从图 13-9 来看,用 R&D 内部支出衡量的创新投入与用规模以上工业企业有效发明专利数和新产品销售收入衡量的产出之间存在正相关关系。创新投入大的地

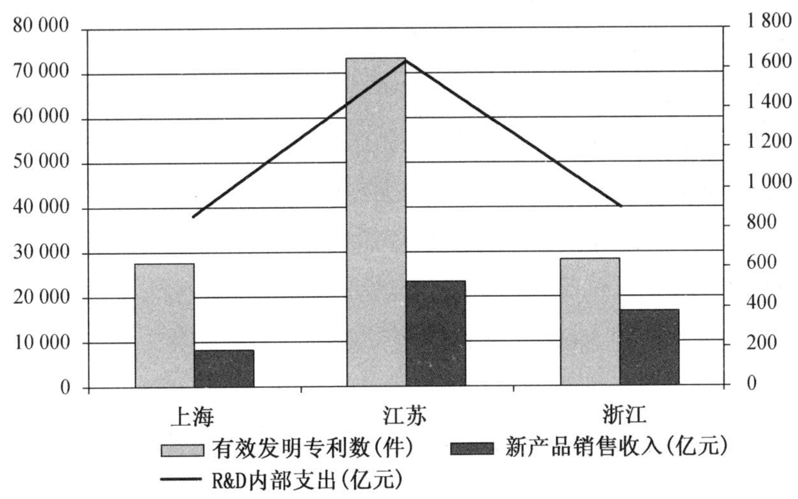

图 13-9 2014 年各地创新投入与产出情况

资料来源:各地相应年份统计年鉴。

区其产出也更大，长三角内部地区创新投入与产出呈现倒V型的结构，为推动长三角制造业转型升级，尽快实现智能制造与智慧制造，需进一步加强创新的投入力度，同时逐渐转变创新方式，使之向原始创新转变，提高创新投入的知识与技术转化效率。

（四）长三角智能制造与智慧制造产业分布

全国智能制造装备主要分布在工业基础发达的东北和长三角地区。以数控机床为核心的智能制造装备产业的研发和生产企业主要分布在北京、辽宁、江苏、山东、浙江、上海、云南和陕西等地区。近年来，辽宁与陕西的发展令人瞩目。同时，工业机器人将是未来智能装备发展的一个新热点，北京、上海、广东、江苏将是国内工业机器人应用的主要市场。此外，关键基础零部件及通用部件、智能专用装备产业在河南、湖北、广东等地区也均呈现较快的发展态势。

长三角地区的智能制造产业以上海为龙头，江苏、浙江为两翼快速发展。目前已初步形成了包括研发、设计、制造在内较完整的装备制造产业链。上海市拥有发达的经济优势、良好的区位条件和较好的制造业基础，是重要的智能制造装备制造基地，围绕发展新产业、新技术、新模式、新业态"四新"经济，实施支持"四新"推广应用的重大专项；抓住自贸区和"四个中心"建设机遇，加快发展平台经济。江苏省是工业大省，也是互联网产业大省，互联网设施相对完善，互联网制造初显端倪，互联网服务方兴未艾，互联网消费需求不断扩大，具有推进智能制造模式和智慧服务业态创新发展的基础和优势。浙江省依托良好的市场机制和创业"土壤"，加快发展信息经济，构建特色鲜明、全国领先的电子商务、云计算、大数据、互联网金融、智慧物流、数字内容产业中心，推进制造业"机器换人"，支持企业建设"机联网""厂联网"。

四、长三角智能制造与智慧制造发展路径

新一轮科技革命和产业变革与我国加快转变经济发展方式形成历史性交汇，为我们实施创新驱动发展战略提供了难得的重大机遇，也是中国制造业创新驱动、转型升

级的发展方向。新一轮工业革命对中国是极大的挑战,同时也是极大的机遇。要落实为全国发展探路的要求,将长三角制造转变为长三角智造,还面临着各类机遇与挑战。

首先,良好的信息化是长三角智造的坚实基础。长三角信息化指标居于全国前列,网络基础设施、高速带宽、人均信息设备和信息资源占有率均居于领先地位。而长三角工业产业门类齐全,已处于工业化中后期,信息化和网络化起步早、程度高,为基于"互联网+"的智能制造提供坚实基础。其次,长三角网络和信息化投入逐年加大,信息系统集成服务能力不断增强为智能制造与智慧制造提供资金和技术支撑。长三角工业化与信息化融合程度不断提升,调查数据显示长三角地区制造业各行业近 5 年累计信息化各项投入呈逐年快速上升趋势。制造业两化深度融合离不开工业软件和行业解决方案的有力支撑。利用江苏在软件集成和综合服务方面的优势,可以满足长三角地区的研发设计、生产过程、经营管理、市场流通等环节的数字化、智能化、网络化需求,推动长三角制造向长三角智造发展。最后,良好的创新能力和丰富的人才资源为长三角制造业转型保驾护航。2014 年全年授权专利总共 44 万件,其中发明专利占比高达 40%。科研投入比重不断提升,2014 年全社会 R&D 内部支出达 3 400 亿元,占地区生产总值比重逐年提升,高校数量居于全国前列。这些都为长三角智能制造提供了强大的科研支持和人才储备。

然而,当前中国制造业正处于转型升级的新阶段,制造业成本的不断上升使得部分制造业开始出现向外转移。汇率以及劳动力和能源成本在过去十年的波动变化使全球的相对制造业成本结构发生惊人的变化。制造业成本竞争力指数中的大部分经济体发生的成本转移呈现四种常见模式:面临压力、继续削弱、保持稳定、全球新星,如表 13 - 3 所示。

表 13 - 3　制造业成本竞争力指数变化模式

面临压力	过去制造业成本低的经济体,由于各种原因竞争力削弱	巴西、中国、捷克、波兰、俄罗斯
继续削弱	过去制造业成本高的经济体,由于生产率低增长和能源成本提高,竞争力继续削弱	澳大利亚、比利时、法国、意大利、瑞典、瑞士

(续表)

保持稳定	这些经济体与全球领先者的相对竞争力保持大致稳定	印度、印度尼西亚、荷兰、英国
全球新星	由于工资适度增长、生产率持续提高、汇率稳定和能源成本有优势，相比其他经济体竞争力提高	墨西哥、美国

资料来源：波士顿咨询公司分析。

过去一直被认为是低成本制造业基地的几个经济体由于多项因素结合，自2004年来面临着成本优势大幅减弱的压力，例如，中国相对美国的工厂制造业成本优势据估计已经减弱到5%以下。促使这些变化的关键因素各不相同，飞涨的劳动力和能源成本削弱了中国的竞争力。例如十年前中国根据生产率调整后的制造业平均工资大约是4.35美元每小时，相比之下美国是17.54美元每小时。在十年间，中国根据生产率调整后的制造业平均工资翻了三倍，达到12.47美元每小时，而美国仅上升了27%达到22.32美元每小时。从2004年到2014年，中国工业用电的成本估计上升66%，而天然气成本则猛增138%。

大而不强的中国制造业始终处于价值链的低端环节。关于价值链与产业分工的问题，一种深入浅出的解读是价值链的“微笑曲线”理论。“微笑曲线”是由台湾宏碁集团董事长施振荣先生根据波特的竞争理论和自身多年工作经验所提出来的理论(施振荣和林文玲，2005)。“微笑曲线”将一条产业链分为三个区间，即研发与设计、生产与制造、营销与服务，其中生产制造环节总是处在产业链的低利润环节。在国际产业分工体系中，发达国家的企业往往占据着研发与设计、营销与服务的产业链高端位置，发展中国家的厂商则被挤压在低利润区的生产与制造环节。尽管“中国制造”已经占领全球，但是，中国制造大多是处于“微笑曲线”中间区域的生产与制造环节，投入大量的劳动力，获取少得可怜的利润。

从理论上讲，突破低端锁定路径有两条：第一条路径是产业转型，向研发与销售端靠拢；第二条路径是制造环节上的创新，重塑制造环节的附加值。通过制造业升级，化被动获得低附加值为主动争取高附加值。重点在于重塑价值链上的附加值分配,要将"U"形"微笑曲线"塑造成"W"形曲线。

结合"中国制造2025"来看,产业创新的重点是改变当前制造业关键核心技术受制于发达国家的局面,摆脱长期的模仿和引进惯性,让多数企业具备研发成果的沉淀和转化能力。长三角地区的比较优势在于制造基础雄厚,因此创新内容还是应以制造环节的工艺创新为突破口,突出智能制造与智慧制造。在方式选择上,利用自身的丰富资源,对现有技术与工艺进行整合,实现制造环节上的集成创新。并且,创新应以提高产品的整体质量为导向,扩大产能为导向的创新将难以为继。值得注意的是,长三角地区的创新是属于研发与制造合一的集成创新,下游制造产业的发展的状况会直接影响到上游研发机构的创新效率。因此,在技术创新过程中,应注重上下游的一体化,进行资源整合,通过上下游互相溢出促进创新效率提高。

随着国际分工日益精细化、制造产品科技含量提高,简单的加工制造将逐渐转化为智能制造,尤其是高技术产品对制造环节要求更高,这为长三角地区制造业的技术升级提供了机遇。利用现有的产业基础,着力向智能制造转型,在一些产品制造上研发具有技术垄断性质的工艺,从而获得对价值链上下游的议价权,提升制造环节的附加值,从而将"U"形价值链塑造成"W"形价值链,是长三角智能制造与智慧制造发展的主要路径。

长三角智能制造与智慧制造应采取总体规划、分步实施、重点突破、全面推进的发展战略。在中国制造2025的背景下,长三角智能制造与智慧制造的发展可分为两个阶段。第一阶段是到2020年,全面推广数字化网络化技术的应用,部分行业和企业开展智能化技术应用的试点和示范。如大力推进"数控一代"机械产品创新工程。第二阶段是到2025年,大力推进网络化智能化技术的应用。如着力推动"智能一代"机械产品创新工程。

五、结论与政策建议

本章从长三角的制造业发展现状出发,分析了长三角创新研发的投入与产出状况以及长三角高端装备制造产业的分布情况,对长三角地区智能制造与智慧制造的发展路径进行了剖析,认为长三角地区目前最大的优势在于雄厚的产业基础,拥有以企业为主体的自主创新体系，创新投入力度大，但知识与技术的转化效率有待进一步提高。长三角智能制造装备发展迅速，目前已初步形成了包括研发、设计、制造在内较完整的装备制造产业链，发展前景良好。进一步地从价值链角度看，长三角智能制造与智慧制造的发展路径在于利用现有的产业基础，着力向智能制造转型，提升制造环节的附加值，从而将“U”形全球价值链塑造成“W”形价值链。针对以上分析，本章提出长三角依靠创新驱动发展智能制造与智慧制造的几点建议。

一是发挥两个市场需求对部门政策和通用政策有效性的作用。创造产业发展的技术支持环境和激励政策，可能比对特定的产品进行资金支持和补贴更重要。政府激励产业发展通用政策，主要包括投资于基础设施、建立能带来有效投资和竞争以及涉及范围更广的立法和制度框架。虽然政府所提供的支持产业发展的基础设施和支持性政策大多是针对特定部门而制定的，但政策效果是长期的、有效的。产业政策主要集中于三个领域：包括政府对研发的支持政策、竞争政策和关于知识产权的保护政策。比如，知识产权和专利权是部门政策，反垄断政策是通用政策，但政策的有效性是相似的。

二是政策引导。政策引导包括财政政策、税收政策和金融政策的引导。加大财政对制造业信息化、网络化深度融合的扶持力度，着力打造智慧制造与电子商务流通相互渗透、推进产业结构优化的示范工程。加大税收支持力度，鼓励智能制造高新技术企业参加各类资格条件、企业类别认定，符合条件的同等享受相关税收优惠政策。加大金融支持力度，加快互联网科技创新资源与产业资本、金融资本的融合，建立包括种子基金、天使基金、创业投资、担保资金和政府创投引导基金等覆盖创新产业链全过程的金融服务体系。

三是有效地保护产权，特别是知识产权，是激励制造业创新的核心所在。一项旨在为包括新思想、发明和创新在内的知识所有权而制定的法律可以激励创新，没有这种所有权，便没有人会为社会创新而拿人力和财产而冒险。在当代，信息等现代科学技术蓬勃发展，制造业创新的方向就是用现代的高新技术对其改造和装备，这是一个机遇，也是新常态下的主要任务，我国应当紧紧地抓住这个机遇，使制造业在一个更高层次上升级，以引领我国经济持续健康发展。

参考文献

[1] 丁纯，李君扬. 德国“工业 4.0”内容、动因与前景及其启示[J]. 德国研究，2014(4).

[2] 贺正楚，潘红玉. 德国“工业 4.0”与“中国制造 2025”[J]. 长沙理工大学学报，2015(3).

[3] 胡杰. 从德国“工业 4.0”看中国未来制造业的发展[J]. 民营科技，2015(12).

[4] 黄阳华. 德国“工业 4.0”计划及其对我国产业创新的启示[J]. 经济社会体制比较，2015(3).

[5] 黄英艺. 德国“工业 4.0”战略对泉州制造转型升级的启示[J]. 泉州师范学院学报，2015(1).

[6] 兰建平. 工业 4.0 对浙江产业转型的影响及对策思考[J]. 统计科学与实践，2015(4).

[7] 李金华. 德国“工业 4.0”与“中国制造 2025”的比较及启示[J]. 中国地质大学学报，2015(5).

[8] 李云志. “工业 4.0”时代的管理架构研究[J]. 管理观察，2014(8).

[9] 李政新. 德国工业“4.0”对河南工业升级的启示[J]. 区域经济评论，2015(2).

[10] 刘志彪. 从全球价值链转向全球创新链：新常态下中国产业发展新动力[J]. 学术月刊，2015(2).

[11] 刘志彪. 从后发到先发：关于实施创新驱动战略的理论思考[J]. 产业经济研究，2011(4).

[12] 施振荣、林文玲：《再造宏碁：开创，成长与挑战》，中信出版社，2005。

[13] 王钦、张隺. “中国制造 2025”实施的切入点与架构[J]. 中州学刊，2015(10).

[14] 吴福象、刘志彪. 城市化群落驱动经济增长的机制研究：来自长三角 16 城市的经验证据[J]. 经济研究，2008(11).

[15] 吴福象、王新新. 行业集中度、规模差异与创新绩效——基于 GVC 模式下要素集聚对战略性新兴产业创新绩效影响的实证分析[J]. 上海经济研究，2011(7).

[16] Adner, R., Kappor, R. Value Value Creation in Innovation Ecosystems: How The Structure of Technological Interdependence Affects Firm Performance in New Technology Generations[J]. Strategic Management Journal, 2010(1).

[17] Boudreau, K. J., Lakhani, K. R. Using the Crowd as an Innovation Partner [J]. Harvard Business Review, 2013(4).

[18] Sawhney, M., Verona, G. and Prandelli, E. Collaborating to Create: the Internet as a Platform for Customer Engagement in Product Innovation [J]. Journal of Interactive Marketing, 2005(19).

第十四章　长三角城市群生产性服务业的格局演变

一、引言

传统城市经济基础理论认为制造业是城市发展的基本经济部门，于是在参与全球分工中，制造业实现了全球化，服务业则处于从属地位，发展相对滞后。随着工业化和城市化的不断推进，服务业在国民经济中的比重日益提高，其中生产性服务业的发展尤为突出，正逐步取代传统工业成为城市经济发展的重要驱动力。生产性服务业最早由Greenfield提出，后经过Browning、Singelmann等经济学家的发展而得到深化，是指为其他产品或服务生产提供中间需求的服务行业。作为一种中间投入服务，生产性服务业是经济的黏合剂，其地位越来越显著，已成为全球生产网络中国际产业竞争的焦点和全球产业布局调整的热点。在城市体系中等级越高越发达的城市，特别是国际大都市，生产性服务业发展正成为主导产业。近年来，生产性服务业集聚正成为最重要的空间地理现象之一。由于生产和消费在时间和空间上的不可分性，生产性服务业较制造业具有更强的集聚效应。

国外学者较早关注生产性服务业集聚的空间结构特征。Dniels指出，传统和威望等人为因素，以及劳动力等经济因素会促使生产性服务业的办公场所向大城市的中央商务区集聚。Gillespie等和Coffey等分别以英国和加拿大作为研究样本，同样发现生产性服务业高度集中在大都市区。国内学者近些年对服务业空间集聚也展开了大量的研究，主要集中在以下三个方面。一是从可视化角度运用系统软件对生产性服务业的空间特征进行的研究。吉亚辉和杨应德采用空间统计学原理和方法，利用open geoda分析工具，对生产性服务业的空间分布特征进行了研究。吴建楠等利用南京生产性服务业企业数据，运用空间点模式分析方法，对新中国成立后南京市生产性服务业时空集聚特征进行了系统分析，发现南京生产性服务业整体及各行业在空间均呈现出不同程度的集中分布特征，企业空间集聚区逐渐由老城区向外围地区特别是城市副中心推移，空间结构模式逐渐从单核心集聚模式到次一级中心集聚模式再向多核心集聚模式演变。类似的研究还有秦波，李普峰和李同生，赵群毅等。二是从经济学角度，借助空间计量工具，分析生产性服务业集聚的空间演化特征。如陈建军等在新经济地理学理论的基础之上，结合新古典经济学和城市经济学理论尝试性地提出了生产性服务业集聚的理论框架，探索研究了中国生产性服务业集聚的成因与发展趋势，结果发现由于中国东部与中西部地区存在截然相反的集聚路径，这使得中国东部地区城市将长期存在集聚效应，而中西部地区在城市相对规模达到一定的熵值后集聚效应开始递减。胡霞等研究了我国城市服务业集聚水平，指出与制造业相比生产性服务业的产业集聚强度更高，并且这种集聚强度与行业的社会性质相关。三是分析生产性服务业集聚的影响因素与机理。毕斗斗等认为，信息技术、经济发展水平、城市化、经济开放度、地理位置与我国生产性服务业发生正向相关，而工业化、人力资本、市场化、产权变迁与生产性服务业有负相关关系。

综上所述，国内外学者对生产性服务业集聚的空间特征分析主要集中在大都市内部或省域，并且多以空间地理区位上的邻近性来考察空间演化趋势。而目前城市之间的经济、社会联系越来越紧密，城市之间的空间关联对生产性服务业发展的影响作用越来越重要。特别是区域一体化趋势逐步增强，地理位置的作用正在弱化，从经济距离上构造空间权重显然更为合适。在实践中，长三角在经济上的联系日益超越地理距离阻碍，其生产性服务业发展是否存在空间关联？空间演化特征如何？影响其空间分布态势的因素是什么？本章以长三角 16 个核心城市为基础，以 2000—2013 年共 14 年为时间维度，构建经济距离权重，使用 ESDA 空间探索性方法分析生产性服务业集聚的空间关联，选取 2000 年、2008 年和 2013 年为时间断面，展示生产性服务业集聚在空间上的演变状况，并进一步应用空间计量方法分析生产性服务业集聚的影响因素。

二、研究方法与数据

（一）研究方法

1. 区位熵指数

衡量产业集聚水平的指标很多，例如行业集中度、赫希曼—赫芬达尔指数、区位熵、哈莱—克依指数、空间基尼系数以及 Ellision-Glaeser 集聚指数。其中，区位熵指数可以消除区域规模差异因素，较好地反映要素的空间分布情况，在指标计算处理上也比较简单。本章选择区位熵指数衡量生产性服务业集聚水平（$psagg$）。计算公式如下：

$$psagg_{c,j}(t)=(e_{c,j}(t)/\sum_{c}e_{c,j}(t))/(\sum_{j}e_{c,j}(t)/\sum_{j}\sum_{c}e_{c,j}(t)) \tag{1}$$

其中，$psagg_{c,j}(t)$表示t时期c地区j产业的区位熵指数，$e_{c,j}(t)$表示c城市j产业的就业人数，$\sum_{c}e_{c,j}$表示所有城市j产业的就业人数，$\sum_{j}e_{c,j}(t)$表示c城市所有非农产业的就业人数。区位熵越大，说明产业集聚化水平较高，则专业化水平越高。

2. 全局空间自相关分析

全局空间自相关分析用以衡量区域之间整体空间关联和差异程度。Anselin 指出，Moran's I 指数是度量空间自相关的较好的方法。全局 Moran's I 定义如下：

$$Moran's\ I=\frac{\sum_{i=1}^{n}\sum_{j=1}^{n}w_{ij}(x_i-\bar{x})(x_j-\bar{x})}{s^2\sum_{i=1}^{n}\sum_{j=1}^{n}w_{ij}} \tag{2}$$

其中，$s^2=\frac{1}{n}\sum_{i=1}^{n}(x_i-\bar{x})^2$，$\bar{x}=\frac{1}{n}\sum_{i=1}^{n}x_i$，$x_i$ 代表第i 个地区的观察值，n 为地区总数，w_{ij}为空间权重矩阵，本章使用经济距离权重来衡量空间依赖程度，公式为 $W_{ij}=\begin{cases}\frac{1}{\bar{Y}_i-\bar{Y}_j} & i=j\\ 0 & i\neq j\end{cases}$，$Y$ 为生产性服务业集聚水平的均值。$Moran's\ I$ 取值范围为

(−1,1),当值大于 0 时,表示各地区之间空间正相关,且值越趋近于 1,正相关程度越强;小于 0 表明空间负相关;等于 0 表示各地区之间互相独立无关联。

3. 局部空间自相关分析

全域 Moran's I 指数仅仅反映了空间相关性的总体趋势,但是,总体空间差异平均程度较小时,局域空间差异仍有可能较大。局部自相关分析通过考察局部的空间聚集揭示全局评估中掩盖的反常或不稳定的局部状况,探究要素的局部空间变化,更准确地把握空间要素的异质性。其通过绘制空间相关系数的 Moran's I 散点图,可将生产性服务业分为 4 个象限的空间依赖模式,用以识别各个地区与其邻近地区的关系。第一象限为高高聚集区(HH),表明本区和相邻空间的观察值均高,在空间关联中体现出扩散(涓滴)效应;第二象限为低高聚集区(LH),表明本地观察值低但相邻空间值高,在空间关联中属于过渡区;第三象限为低低聚集区(LL),表明本区和相邻空间的观察值均低,属于低速增长区;第四现象为高低聚集区(HL),表明本地观察值高但相邻空间值低,在空间关联中体现出极化效应。

4. 空间计量模型

① 空间滞后模型(SLM)。基本计量模型忽略了城市经济活动的空间溢出对生产性服务业集聚的影响,有必要进一步引入空间相关性。模型表达式为:

$$Y=\rho WY+X\beta+\varepsilon \tag{3}$$

其中,Y 表示被解释变量,X 表示解释变量,ρ 表示空间自相关系数,W 是空间权重矩阵,WX 和 WY 为解释变量和被解释变量的空间滞后项,ε 为随机误差项向量。

② 空间误差模型(SEM)。增加空间误差变量可以度量邻近地区因变量的误差冲击。模型表达式为:

$$Y=X\beta+\varepsilon,\varepsilon=\lambda W\varepsilon+\mu \tag{4}$$

其中,λ 为空间误差系数,μ 为正态分布的随机误差向量。

(二) 数据来源

依据数据的可获得性与有效性原则,本章以长三角城市群 16 个具有代表性的城市为研究对象,采用探索性空间数据方法研究长三角 2000—2013 年生产性服务业集聚的空间格局演化。本章所使用的数据来自 16 个地市的 2001—2014 年的《统计年鉴》《中国城市统计年鉴》统计公报得到。空间数据的采集和处理软件为 Arcgis 10.2。

三、长三角生产性服务业的空间分布

伴随着我国制造业加入全球分工和城镇化的不断推进,我国产业结构逐步得到调整,向高级化和合理化趋势演进,生产性服务业的发展非常迅速。长三角作为外向型程度最高的城市群,是我国经济增长的引擎,其生产性服务业的产值呈现出不断上升的趋势,并且各城市在空间上存在显著差异。

从时间维度来看,生产性服务业的产值在 10 多年间都有了很大程度的提升,剔除价格指数后,年均增长率都在 20%以上。例如一直排在前四名的上海、苏州、杭州与南京,生产性服务业产值分别从 2000 年的 756.00、162.29、159.40 与 132.22 亿元,大幅上升到 2013 年的 2 892.82、1 215.96、936.58 与 890.08 亿元,说明了生产性服务业重要性越来越突出。

从空间维度来看,各地区的生产性服务业发展存在明显的地区差异,且差距整体上趋于平稳。排在末位的舟山的生产性服务业产值在 2000、2008 与 2013 年分别为 12.06、51.27 与 89.83 亿元,分别占上海产值的 1.59%、2.85%与 3.11%。从分位图等级上来看,上海、南京、杭州、苏州分别位于第一等级,处于绝对领先的格局。总之,各地区的生产性服务业的空间分布倾向于遵循某种特定的空间模式:第一,生产性服务业发展水平高的地区大多集中分布在有限的地区内,并且随着时间进程保持了相当稳定的特征;第二,上海、南京、杭州三个地区为增长极与周边地区基本形成了"中心—外围"的"V"字形分布格局。以上两点说明了生产性服务业产业集聚的外部性特征,即集聚既会产生辐射效应,带来正的外部溢出,促进相邻地区发展,又有可能通过吸纳周边优质要素,产生负的外部性,生产性服务业的空间格局正是在两者的综合作用下进行动态演进。

四、实证分析

（一）长三角生产性服务业的空间集中与累积性

以上空间分位图分析较为直观地反映了长三角生产性服务业的空间分布情况，可以发现三个时期的等级排序表在时间上存在着一定的稳定性，并且随着时间的推移，长三角的生产性服务业主要集中在上海、苏州、杭州、南京等某些发达城市，并且这种集中随时间的推移呈现出一定程度的累积性。为了进一步测度生产性服务业在地理空间上的集中情况，利用式(1)计算出生产性服务业的集聚水平(如图 14 - 1 所示)。从图中可以看出，长三角生产性服务业在 2002—2004 年出现了大幅度上升，随后 2005—2013 年之间尽管出现较小的波动，但总体表现出了稳定的高集聚水平。这意味着生产性服务业没有出现趋同的迹象，而表现出一定程度的自我强化和累积因果性。

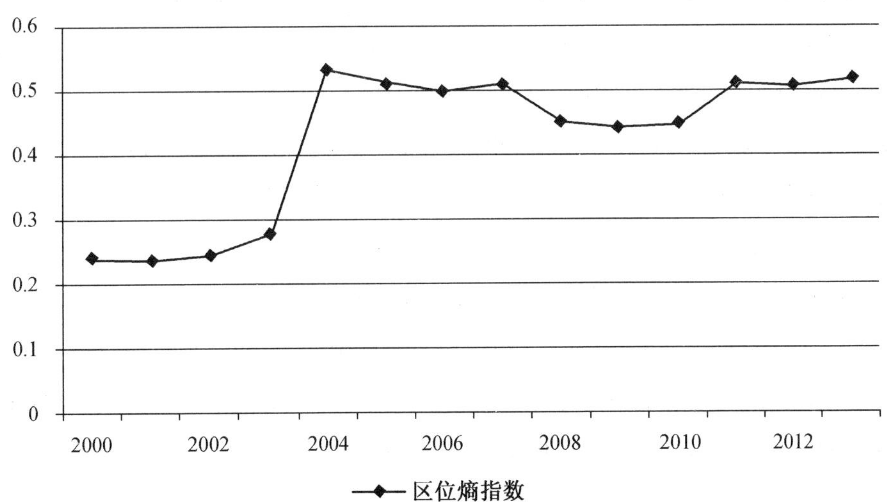

图 14 - 1　2000—2013 年长三角城市群 16 城市生产性服务业集聚平均变化趋势

（二）长三角城市群生产性服务业集聚的全域空间自相关分析

长三角城市群生产性服务业集聚存在地域差异，运用空间自相关方法进一步探索 16 个城市的空间联系情况。根据全局空间自相关的计算方法，求出长三角 2000—2013 年的 Moran's I，结果如下表 14－1 所示。

表 14－1 长三角 16 城市 2000—2013 年生产性服务业集聚的 Moran's I 及其显著性

年份	Moran's I	P—value	年份	Moran's I	P—value
2000	0.576 7	0.000 0	2007	0.445 4	0.000 3
2001	0.538 7	0.000 0	2008	0.447 1	0.000 3
2002	0.542 1	0.017 2	2009	0.467 1	0.000 2
2003	0.312 4	0.020 4	2010	0.397 2	0.001 1
2004	0.227 2	0.038 4	2011	0.465 6	0.000 2
2005	0.429 2	0.000 5	2012	0.480 6	0.000 1
2006	0.480 9	0.000 1	2013	0.508 6	0.000 0

由表 14－1 可知，Moran's I 在 5%的显著性水平上的值全部为正数，说明了长三角生产性服务业在 2000—2013 年期间呈现出一种集聚趋势，具体表现为生产性服务业集聚水平高的地区倾向于与较高的区域相邻，或者较低集聚水平的区域与低水平的区域相邻，即存在明显的空间依赖性。从时间趋势来看，2000—2004 年全局 Moran's I 呈下降趋势，由 2000 年的 0.576 7 下降至 2004 年的 0.227 2，表明空间相关性减弱。2004—2006 年，呈上升趋势，表现出增强的空间正相关关系。2007—2010 年，全局 Moran's I 呈上下波动，并且振幅颇为明显，随后出现上扬，到 2013 年升至 0.5086，可见服务业集聚的空间依赖特征越来越显著，整体呈现出高—高（HH）和低—低（LL）的空间集聚态势，并且具有自我强化的趋势。

（三）长三角城市群生产性服务业集聚的局域空间自相关分析

图 14－2 分别绘制了 2000 年、2008 年和 2013 年长三角 16 个代表性城市生产性

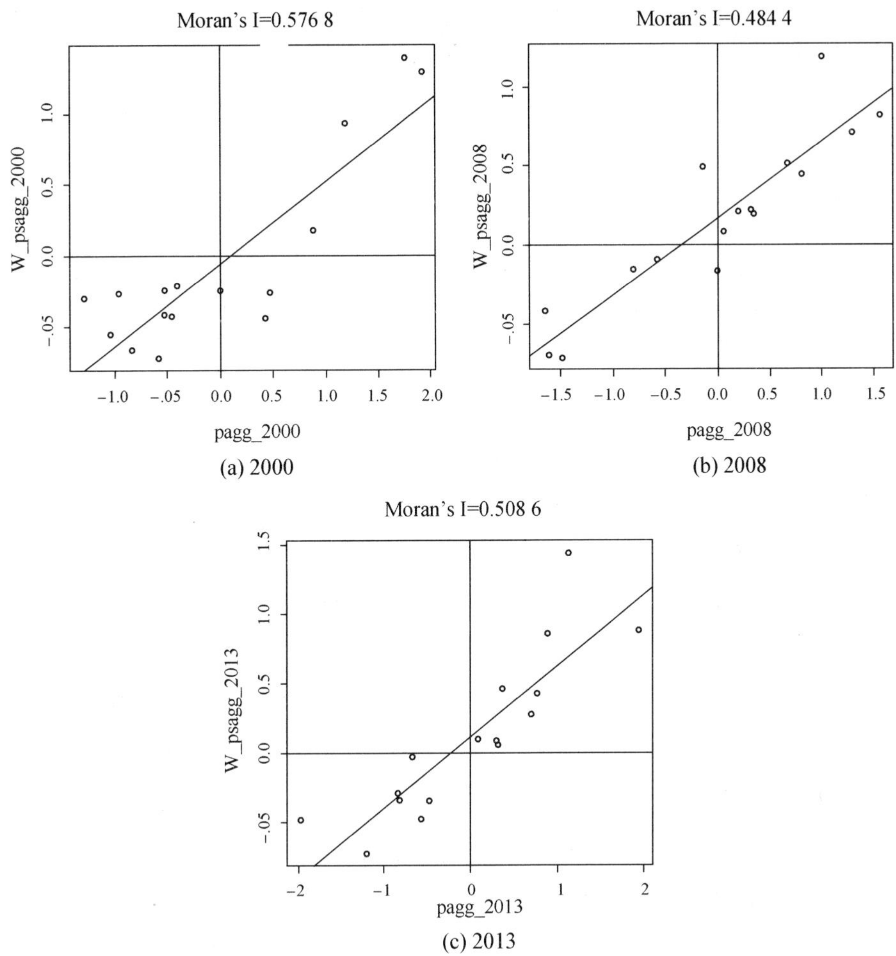

(a) 2000　(b) 2008　(c) 2013

图 14-2　长三角城市群 16 城市生产性服务业的 Moran's I 散点图

服务业集聚的 Moran's I 散点图，横坐标和纵坐标分别表示生产性服务业集聚及其空间滞后变量。2000 年长三角 16 个代表性城市中，大多数地区表现为地理空间上的显著正相关联，其中 4 个处位于第一象限，9 个处位于第三象限；到 2008 年共有 15 个区域显示正向空间关联，其中 9 个处位于第一象限，5 个处位于第三象限；2013 年则分别有 9、7 个区域分别落在第一、三象限。这与 Moran's I 分析的结论一致，反映了研究时段内生产性服务业集聚程度在整体上正向空间关联。同时，Moran's I 散点图有助于发现非典型地区,如高低和低高类型的地区,即偏离全局正的空间自相关的地区。LH 象限的城市多为被高集聚水平所包围的低集聚区,如泰州;而位于 HL 的城市则是被低集聚水平所包围的高集聚程度的区域,如宁波、无锡。总体来看,集聚趋势是北部高值区集聚、南部低值区集聚。

通过对不同时点的 Moran's I 散点图进行比较分析,不仅能够观察到各类集聚区的空间分布状况,还可以采用时空跃迁(Space—Time Transtions)测度法来深分析其动态变化。散点图中的地区及其相邻地区在不同时期所属象限的变迁可划分为四种类型:第一种跃迁是指相对位移的区域跳跃,包括 $HH_t \to LH_{t+1}$,$HL_t \to LL_{t+1}$,$LH_t \to HH_{t+1}$ 以及 $LL_t \to HL_{t+1}$;第二种跃迁是指相邻区域的跃迁,包括 $HH_t \to HL_{t+1}$,$HL_t \to HH_{t+1}$,$LH_t \to LL_{t+1}$ 以及 $LL_t \to LH_{t+1}$;第三种跃迁是指某地区及其相邻地区均发生了变迁,包括 $HH_t \to LL_{t+1}$,$HL_t \to LH_{t+1}$,$LH_t \to HL_{t+1}$ 以及 $LL_t \to HH_{t+1}$;第四种跃迁是指某地区及其相邻地区所属象限在两个时期保持不变,包括 $HH_t \to HH_{t+1}$,$HL_t \to HL_{t+1}$,$HL_t \to LH_{t+1}$ 以及 $LL_t \to LL_{t+1}$。从 Moran's I 散点的跃迁类型来看(如表 14 - 2),2000 年与 2008 年的生产性服务业集聚格局相比变化较大,2008 年与 2013 年相比则相差不大。其中,最普遍的跃迁类型则属第四种跃迁,即城市本身与其邻居保持了相同水平的跃迁,例如苏州、杭州、上海与南京。常州、南通、镇江、扬州的生产性服务业水平有了很大的提高,使其由低低集聚区进入高高集聚区,发生了第三类跃迁。第一种与第二种则最不普遍,2000—2008 年泰州发生了第二种类型的跃迁,到 2008—2013 年,泰州、无锡发生了第一种类型的跃迁。这个结果说明,生产性服务业发展在长三角的分布表现出明显的"路径依赖"特征,具有高度的凝固性和很低的流动性,总体上呈高高、低低集聚类型。

表 14－2　Moran's I 散点分布图城市分布情况

时间	第一象限 HH	第三象限 LL	第二象限 LH	第四象限 HL
2000	苏州、杭州、上海、南京	台州、绍兴、嘉兴、舟山、无锡、泰州、南通、扬州、常州、湖州(跨 3～4 象限)	—	宁波、湖州(跨 3～4 象限)、镇江
2008	苏州、台州、上海、常州、南京、镇江、杭州、南通、扬州	绍兴、宁波、湖州、嘉兴、舟山、无锡(跨 3～4 象限)	泰州	无锡(跨 3～4 象限)
2013	苏州、杭州、上海、常州、南京、镇江、泰州、扬州、南通	台州、绍兴、宁波、嘉兴、湖州、舟山、无锡	—	—

综上所述，从三个时间断面上的时空演化来看，可以得出以下结论。第一，长三角生产性服务业集聚多发生在发达地区，并且这些城市在地理空间上呈现空间依赖性和集聚特征，比如处于 HH 象限的显著地区是一个"扩散中心"，其通过与周边地区进行的交流和合作，对周围地区的服务业发展产生正向溢出效应，带动了周边地区生产性服务业集聚。第二，各城市的空间相关性、依赖性特征存在着高度的稳定性，具有一定的锁定特征或路径依赖。以绍兴为例，在所考查的三个时期，均位于第三象限，尽管绍兴在地理上邻近上海与宁波，但是生产性服务业集聚水平却较低，一定程度上表现了回流效应的空间相互作用模式。总之，长三角生产性服务业集聚呈现出北高南低的空间差异，且随时间的演变高值集簇区呈现由以上海为核心的"V"形区向长三角北部城市转移的演变趋势。

（四）空间集聚的影响因素分析

全局 Moran's I 指数初步表明了长三角城市群生产性服务业发展具有空间关联性；局部 Moran's I 散点图则进一步证明了确实存在空间依赖性。基于该分析结果以及 Anselin 的空间计量经济学理论，本章根据空间计量分析的两个模型，将空间效应以内生变量的方式包括在分析框架之中，分析长三角生产性服务业的空间集聚效应的影响因素。设定形式如下：

$$psagg=\alpha+\rho Wpsagg+\beta_1\ln pgdp+\beta_2\ln hp+\beta_3 open+\beta_4 urb+\beta_5\ln des+\varepsilon(\text{SAR})$$

$$psagg=\alpha+\beta_1\ln pgdp+\beta_2\ln hp+\beta_3 open+\beta_4 urb+\beta_5\ln des+\varepsilon,\varepsilon=\lambda W\varepsilon+\mu(\text{SEM})$$

其中，$psagg$ 为生产性服务业集聚水平，采用区位熵衡量；$\ln pgdp$ 为经济发展水平，采用各城市价格指数平减后的人均实际 gdp 取对数衡量；$\ln hp$ 表示人力资本水平，采用每万人在校大学生数取对数衡量；$open$ 表示对外开放程度，采用进出口额占 GDP 比重衡量；urb 表示城市化水平，采用城镇人口占户籍总人口比重衡量；$\ln des$ 表示交通设施条件，采用各省每万公里的公路里程和铁路营业里程数之和取对数来衡量。ρ 为空间自回归系数，λ 为空间误差系数，α 为常数项，ε 为误差项。

本章使用 ML 法对包含空间因素的 SLM 模型与 SEM 模型进行回归估计，首先进行 Hausman 检验来确定选择固定效应还是随机效应，然后根据拉格朗日乘数检验决定 SLM 和 SEM 模型哪个最优，最终估计结果如表 14－3 所示。

表 14－3　OLS、SLM 与 SEM 模型的估计结果

解释变量	OLS 混合估计	SLM	SEM
$\ln pgdp$	0.065 5** (0.028 7)	0.074 8** (0.004 2)	0.105 0*** (0.000 5)
$\ln hp$	−0.075 7*** (0.000)	−0.059 4*** (0.000 4)	−0.026 1(0.193 1)
$open$	−0.018 1(0.494 3)	−0.011 4(0.627 2)	0.041 3(0.182 4)
urb	0.011 2(0.812 9)	0.044 2(0.291 6)	0.065 7(0.374 5)
$\ln des$	0.056 3*** (0.002 8)	0.050 8** (0.002 1)	0.034 5* (0.080 3)
ρ/λ	—	0.444 8*** (0.000)	0.607 6*** (0.000 0)
R^2	0.283 1	0.430 4	0.520 8
Log L	132.283 8	152.201 1	172.321 1
Hausman 检验	14.754 3(0.094 0)		
LM_lag	45.275 3(0.000)	Roubst LM_lag	1.396 6(0.237)
LM_error	47.023 0(0.000)	Roubst LM_error	3.144 3(0.076)
解释变量	OLS 混合估计	SAR	SEM
lnpgdp	0.065 5** (0.028 7)	0.074 8** (0.004 2)	0.105 0*** (0.000 5)

（续表）

解释变量	OLS 混合估计	SLM	SEM
lnhp	−0.075 7*** (0.000)	−0.059 4*** (0.000 4)	−0.026 1(0.193 1)
open	−0.018 1(0.494 3)	−0.011 4(0.627 2)	0.041 3(0.182 4)
urban	0.011 2(0.812 9)	0.044 2(0.291 6)	0.065 7(0.374 5)
lndes	0.056 3*** (0.002 8)	0.050 8** (0.002 1)	0.034 5* (0.080 3)
ρ/λ	—	0.444 8*** (0.000)	0.607 6*** (0.000 0)
R^2	0.283 1	0.430 4	0.520 8
Log L	132.283 8	152.201 1	172.321 1
Hausman 检验	14.754 3(0.094 0)		
LM_lag	45.275 3(0.000)	Roubst LM_lag	1.396 6(0.237)
LM_error	47.023 0(0.000)	Roubst LM_error	3.144 3(0.076)

注：括号内为 p 值，***、** 与 * 分别表示在 1%、5%和 10%的水平下显著。

从表 14 - 3 可以看出，Hausman 检验结果，本章选择固定效应。OLS 估计与 SLM、SEM 的各变量的显著性和系数正负号保持了基本的一致，说明了结果的稳健性。然而，不论是 SLM 模型还是 SEM 模型，ρ 和 λ 均显著为正，说明长三角城市群生产性服务业发展水平存在较为明显的空间正向关联，若不考虑空间因素，会造成结果估计的偏差。并且根据拉格朗日乘数，空间误差模型结果更好。

在空间误差模型中，通过比较各变量系数的大小与显著性，可以发现，空间关联效应 λ 是影响长三角城市群生产性服务业发展的最重要因素，这是因为本地与周围地区发生经济往来时，可以带来技术、知识外溢，这会对落后或周边相邻区域带来正向的溢出效应。上海、杭州、南京作为集聚中心，已经对周围地区形成了一定的辐射能力。具体来看各个影响因素的作用：经济发展水平的系数显著为正，说明经济发展水平的提高可以有力地带动生产性服务业水平的发展。交通基础设施也与长三角城市群生产性服务业发展水平有显著的正相关关系，说明交通设施的改善有利于节约运输成本，对生产性服务业集聚起到促进作用。而人力资本的估计系数尽管不显著，但可以对比三个模型看出，人力资本与生产性服务业发展集聚之间存在着负相关关系，可能的原因是，长三角城市群的生产性服务业中存在人力资本低效配置的现象，导致人力资本的作用并未充分发挥。另外，对外开放度与城市化与生产性服务业集聚水平之间无显著的相关关系。

五、结论与启示

本章研究的主要结论有：第一，在考察期的时间内，长三角生产性服务业集聚程度有较大幅度的提升，但存在着显著的地区差异。利用 Moran's I 指数进行的全局空间相关检验发现，长三角地区生产性服务业集聚分布一直表现出正向空间相关特征，具有相似水平的地区在地理上趋于集聚，而不是随机分布。具体表现为较高集聚水平的地区相对地趋于和较高集聚水平的区域相临近，或者较低集聚水平的地区被较低集聚水平的地区包围，且随着时间的不断推移，空间自相关和集聚特征不断强化。

第二，Moran's I 散点图显示了生产性服务业的地区分布存在着两个明显不同的空间集团：一个是高水平相似的集聚；一个是低水平相似的集聚。且高值区呈现由以上海为核心、杭州与南京为延伸的"V"形分布。由于劳动力、资本等要素的流动以及价值观念和技术思想的相互交流融合，从而形成了生产性服务业集聚的局域活跃的空间格局，而生产性服务业相对落后的城市，不仅容易造成优质要素流失，而且由于与发达地区的地理距离的阻隔等原因，区域之间联系较少，要脱离其原有的落后集群存在着一定的困难。

第三，空间计量模型结果显示周围地区的生产性服务业发展水平对本地区的生产性服务业集聚具有重要的关联效应，经济发展水平、人力资本、交通运输条件与长三角生产性服务业集聚也有着不同程度的正相关关系，而对外开放度与城镇化水平的作用则不明显。

本章分析结果表明，生产性服务业在长三角城市群的区域分布具有空间相关性和空间异质性。因此，在利用涉及地理因素的生产性服务业集聚数据进行实证分析时，有必要对空间相关和异质性进行检验，以得到可信的推断。

由于生产性服务业的区域分布存在空间相关性，尽管可能受不同区位、经济、政策、交通、文化等综合因素影响，但一个地区生产性服务业发展与所处的地理位置及周边地区要素流入密切相关。因此，有必要根据不同区域的现状及与周边区域的空间格局、发展状况制定相关的资源配置发展策略，打破行政区划的局限，加强跨区域合作，尤其是发达地区实施有利于"富邻"的发展政策，发挥高值集簇区域或高级化中心城市对周边城市的辐射带动作用，形成双赢的局面。生产性服务业的集聚经济偏好使其在城市内部空间表现出中心性、专业化的空间集聚特征，但不同类型和功能的生产性服务业的集聚态势存在着显著差异。

参考文献

[1] Herbert G G, Michael A W. Service and the Changing Economic Structure[J]. Services in World Economic Growth Symposium institute, 1989.

[2] 李善同，高传胜. 中国生产者服务业发展与制造业升级[M]. 上海：上海三联书店，2008.

[3] S. Illeris, J. Philippe. Introduction: The Role fo Srevice in Regional Econominc Growth[J]. Service Industries Journal, 1993, 13(2).

[4] Dniels. service industries: a geographical appraisal [M]. Methuen, London, 1985.

[5] Gillespie A E, Green A E. The changing geography of producerservices employment in Britainl[J]. Regional Studies, 1987, 21(5):397 - 411.

[6] Coffey W J, Mcrae J. Service Industries in Regional Development 1Mont real: Institute for Research on Public Policy[R], 1990.

[7] 吉亚辉，杨应德. 中国生产性服务业集聚的空间统计分析[J]. 地域研究与开发，2012，31(1)：1 - 5.

[8] 吴建楠，曹有挥，程绍铂. 南京市生产性服务业空间格局特征与演变过程研究[J]. 经济地理，2013，33(2)：05 - 110.

[9] 秦波. 上海市产业空间分布的密度梯度及影响因素研究[J]. 人文地理，2011(1)：39 - 43.

[10] 李普峰，李同生. 西安市生产性服务业空间格局及其机制分析[J]. 城市发展研究，

2009,16(3):87－91.

[11] 赵群毅.北京生产者服务业空间变动的特征与模式:基于单位普查数据的分析[J].城市发展研究,2007,14(4):70－77.

[12] 陈建军,陈国亮,黄洁.新经济地理学视角下的生产性服务业集聚及其影响因素研究:来自中国222个城市的经验证据[J].管理世界,2009(4):83－93.

[13] 胡霞,魏作磊.中国城市服务业发展差异的空间经济计量分析[J].统计研究,2006,27(9):54－60.

[14] 毕斗斗等.中国生产性服务业发展水平的时空差异及其影响因素:基于省域的空间计量分析[J].经济地理,2015,35(8):104－113.

[15] Anselin L. Spatial Econometrics: Methods and Models [M]. Kluwer Academic Publishers. Dordrecht, 1998.

[16] 吴福象,刘志彪.城市化群落驱动经济增长的机制研究:来自长三角16城市的经验证据[J].经济研究,2008(11):126－136.

[17] 吴玉鸣.大学、企业研发与区域创新的空间统计与计量分析[J].数理统计与管理,2007,27(2):31－38.

[18] Rey S J. Spatial empirics for economic growth and convergence. Geographical Analysis, 2001(33): 195－214.

第十五章　供给侧改革下的长三角经济质量和效益

改革开放以来，长三角作为我国经济增长的引擎区域，在规模和数量扩张上均取得了骄人的成绩。然而，在长期以来重数量轻质量、重速度轻效益的发展模式下，区域经济发展中的体制性、结构性和周期性问题日渐凸显，尤其是结构性问题异常严峻，如产业结构效率不高、企业成本上升、高端供给不足、低端产能严重过剩、资源环境承载压力逼近阈值等。如何提高经济增长质量，化解结构性矛盾已成为长三角亟须破解的难题。2015 年 11 月 10 日，习近平总书记在中央财经领导小组会议上首次提出“供给侧改革”，强调要“在适度扩大总需求的同时，着力加强供给侧结构性改革，着力提高供给体系质量和效率，增强经济持续增长动力”，为我国从供给端发力，解决结构性问题提供了重要突破口，同时也为长三角经济增长质量提升指明了方向。

在凯恩斯的需求管理理论的影响下，将“三驾马车”作为经济增长的驱动力一直在我国经济理论和政策实践中占据主导地位。毋庸置疑，在经济起飞阶段，由政府主导的“需求侧管理”通过短期刺激需求，增加投资，极大地推动了长三角的工业化与城市化进程，保证了经济的快速增长。然而随着经济总量的不断扩大，过分强调需求侧管理，忽视供给侧的相应升级和调整，使长三角经济面临存量来不及消化、供需错位严重、经济增长质量下降等问题。尤其是 2008 年国际金融危机之后，全球经济持续低迷，世界经济格局面临深度调整，与此同时，为了影响以智能化和信息化为核心的第四次工业革命，发达国家纷纷实施“再工业化战略”，在这样的形势下，继续单方面强调需求侧管理，只会对当前的结构性问题“火上浇油”，必须立足于长三角经济发展中突出的结构性、体制性问题，探究长三角经济增长质量的现实情况与抑制因素，剖析供给侧结构性改革的新内涵，以重构经济增长的新动力、新优势，进而更加积极地引领新常态。

一、长三角经济运行质量的特征事实

经济增长不仅涵盖数量的要求，而且具有质量的规定性，是数量和质量的有机整体，然而过去的很长一段时期内，增长的数量问题几乎构成了长三角经济增长的全部内容。直到近年来，随着长三角粗放型经济增发展方式逐渐难以为继，对经济增长质量的研究才开始引起各界关注。综合已有研究，我们分别从经济增长速度、产业结构、资源配置的效率、经济成果的共享性等方面分析长三角当前的经济增长质量现状。

（一）传统经济发展模式失灵，经济增长“结构性减速”

低要素成本、高投资一直是中国经济高速增长的核心动力，然而随着国际竞争的日趋激烈、国内资源禀赋结构的转换、生态环境的压力日趋严峻，传统粗放式的增长模式乏力，经济增速后劲不足。

如图 15－1 所示，到 2013 年长三角经济开始进入新常态，呈现“结构性减速”特征。21 世纪以来长三角经济增速有 3 次连续 2～4 年实际 GDP 增速低于 8%①，分别为 2007—2009 年、2010—2012 年及 2013—2015 年，其中前两次的增速回落源于外部原因，随后均重新回到高速增长轨道，第三次回落则是外部因素与内部结构性问题共同作用的结果，不仅持续时间更长，而且增速更低，甚至还有可能继续下滑。实际上，受国际金融危机的影响，2008 年开始长三角实际 GDP 增速就已开始回落，但在我国政府“四万亿”投资的刺激下，2010 年经济增速又重回 10%以上，但同时也进一步加剧了长三角经济的结构性失调。

---

① 以 1990 年 GDP 为基期，采用 GDP 指数计算出每年实际 GDP，然后求出实际 GDP 增速。数据来源于历年《中经网统计数据库》。

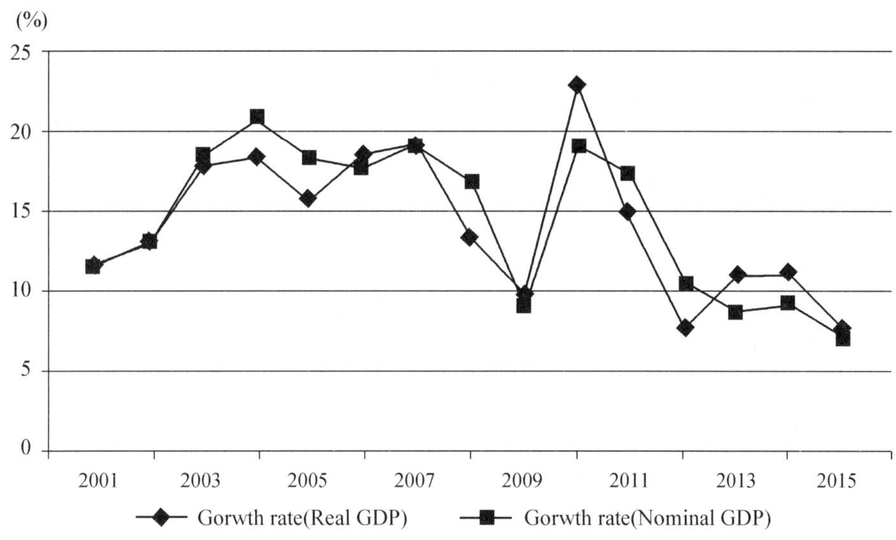

图 15－1　长三角经济增速变化图

数据来源:中经网统计数据库。

(二) 产业结构逐渐向高级化演进,服务业发展仍较为滞后

2000—2015 年总体上,长三角城市群第一产业产值占 GDP 比重呈下降趋势,第二产业占 GDP 的比重呈略微下降趋势,与此同时,第三产业不断发展壮大,占 GDP 的比重由 2000 年的 36.8%提高至 2015 年的 49.6%,并且在 2014 年首次超过第二产业,长三角整体的产业结构已经从"二三一"转换成了"三二一"(如图 15－2)。然而,与发达国家相比,长三角第三产业(尤其是现代服务业)的发展仍远远落后,可以说,服务业的发展滞后是影响长三角城市群经济增长质量的主要原因之一。

此外,长三角区域之间的产业结构趋同现象也较为严重。趋同程度也是衡量产业效率的一种方法,产业同构可能产生恶性竞争效应,造成重复建设,导致资源配置效率低下。本章以苏浙粤三省为例,考察三次产业的同构性问题,发现 2014 年两两

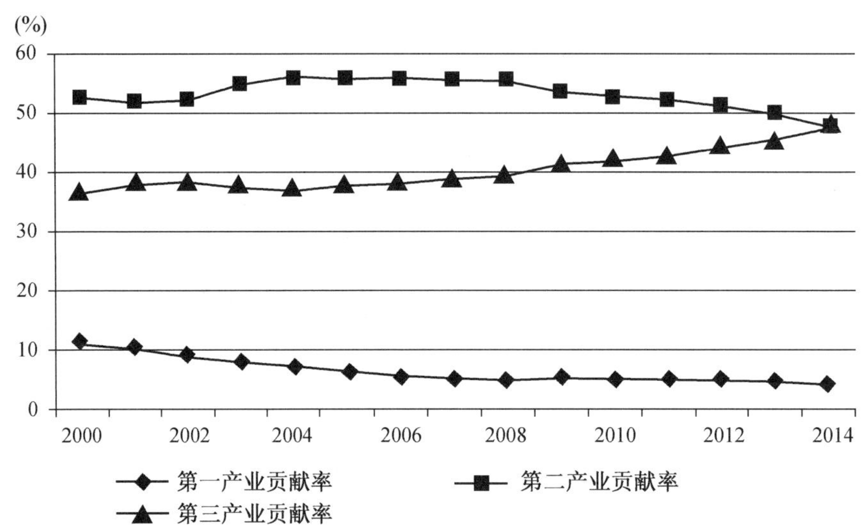

图 15-2 长三角三次产业对 GDP 的贡献率

数据来源:中经网统计数据库。

省份的产业相似系数竟高达 0.99 以上①。地方政府之间的增长竞争是城市间重复建设严重、产业结构趋同,甚至产品高度雷同的主要原因。

(三)供需错配问题严重,有效供给不足

现阶段,长三角所面临的"产能过剩"问题是产能结构性过剩,实际上是有效供给与有效需求的结构性错配问题,主要表现为低端产能严重过剩与高端产品供给严重不足并存。一方面,在过去的十余年,钢铁、水泥、电解铝、平板玻璃以及光伏这些被政府扶持的传统资本密集型产业,在需求持续增长的情况下反复出现了较为严重的产能过剩。比如,江苏是我国光伏产业第一大省,单就太阳能电池产量而言,已占到

① 选取江苏、浙江与广东三个外向型最高且产业结构优化程度较高省份考察产业同构性具有代表性。产业同构用相似系数衡量,$S_{ij}=\frac{\sum(X_{in}\cdot X_{jn})}{\sqrt{\sum X_{in}^2\cdot\sum X_{jn}^2}}$,$S_{ij}$表示相比较的两个区域$i$和$j$之间的相似系数,$X_{in}(X_{jn})$分别代表$n$产业在区域$i(j)$的整个产业中所占比重,$n$分别代表第一、二、三产业。

全国产量的65%，全球产量的25%，光伏企业600多家，8家企业在海外上市，而2013年3月的无锡尚德破产重组，可以判断江苏光伏产业已经产能过剩。产能过剩会导致产业组织恶化、企业利润下降、亏损增加、金融风险加大、资源浪费严重，使资源环境约束矛盾更为突出，使经济结构不协调的问题更为严重，影响国民经济持续、健康、协调发展(江飞涛等，2012)。另一方面表现在高端产品供给不足。随着居民收入水平的上升，居民改善消费品质的空间有了很大提升，对产品品牌、安全、高质要求不断强化，居民的消费观念和水平正在加速升级。然而，我国的产品和服务供给却不能满足消费者的高端消费需求和标准，造成了大量内需外流。如我国居民到海外大量抢购马桶盖、电饭煲等日常用品。由此可以看出，低端产能严重过剩与高端质量供给不足并存的矛盾主要集中在供给侧，表现为供给不能适应需求结构的转换，导致有效供给不足。

（四）居民收入差距扩大，社会财富结构性失衡

尽管长三角经济30多年来以两位数的速度强劲增长，但居民并未共享经济发展成果。突出表现在地区间居民收入差距呈现扩大趋势：从长三角城市群16个代表性城市的人均GDP差额来看，2015年，苏州市人均GDP最高达到136 624元，最低的是宿迁市，仅有43 804元。从国家统计局发布的全国居民收入基尼系数来看，2003年为0.479，到了2008年高达0.491，此后尽管有所回落，2015年为0.462，但仍然远超了国际警戒线的0.40。基尼系数居高不下的背后有两个原因。一是财富集中在少数人手中。数据显示，全国最高收入10%的家庭所拥有的资产约占全国家庭资产的85%，而他们的收入占全国家庭总收入的57%。从一定程度上讲，区域非均衡发展符合经济发展规律，在适度的区间能够激发个体积极性，促进资源高效配置。而当超过一定限度，地区差距则会导致社会需求不足，抑制经济增长。

二是城乡收入差距提高了基尼系数。随着城市化的快速发展，城乡之间的差距逐步扩大。虽然农民工工资一直在提高，与从事同类工作的城市居民的工资差距也在缩小，但农民工往往缺乏技能和受教育背景，难以获得更高工资的工作。城乡与区域差距的拉大不仅制约了长三角经济增长质量的提升，也导致了社会结构失衡问题

逐渐恶化，诸多社会负面因素不断积累，仇官、仇富、仇不公等情绪出现，群体性事件增多，社会稳定存在巨大隐患。

（五）资源环境约束增强，威胁可持续发展

长期以来长三角主要依靠高能耗的第二产业推动的经济发展，能源与资源的消耗巨大，已经濒临阈值（如图 15－3）。据国家统计局，浙江省能源消费从 2000 年的 0.65 亿吨标准煤增长到 2015 年的 1.96 亿吨标准煤，江苏省从 0.85 上升至 3.02。粗放型发展模式下，高能耗与高投入、高排放相伴而生，部分地区的环境承载能力已临近阈值。以大气污染为例。环保部公布的 2014 年城市空气质量报告显示，全国 74 个重点城市中，仅有 8 个城市各项污染物年均浓度均达标，其中从 PM2.5 年均浓度来看，京津冀区域中有 12 个城市超标，长三角区域有 25 个城市超标，珠三角区域有 6 个城市超标。环境问题严重影响人们的健康和福祉，如果粗放型的经济发展方式得不到转变，增长的收益将可能无法弥补社会福利的损失。

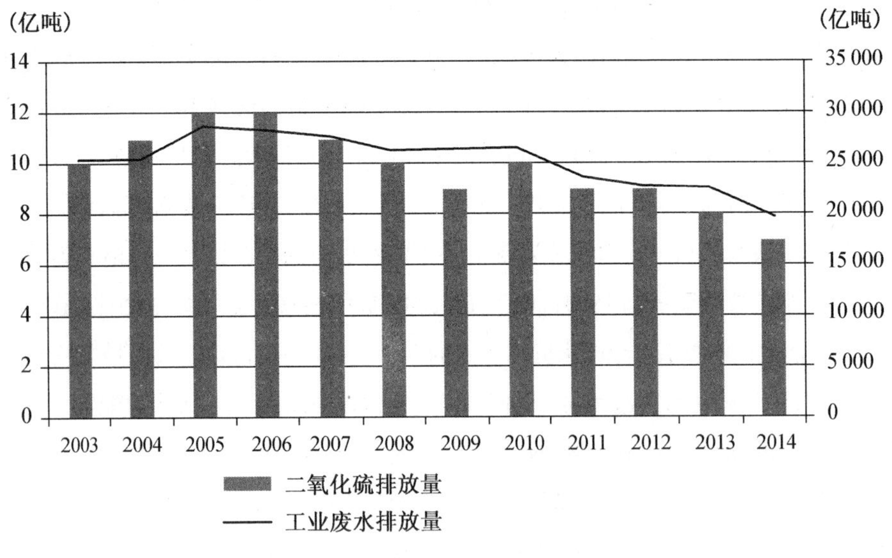

图 15－3　长三角环境污染情况

数据来源：中经网统计数据库。

二、影响中国经济增长质量的主要因素

从经济增长理论上看出，揭示经济长期增长的主要因素包括技术进步、资本和劳动力投入、生产组织方式等，这些要素可以归纳为要素禀赋、技术优势、制度环境，这几个变量都在供给侧，不仅决定着一国经济增长的数量更决定着经济增长质量。当前长三角经济增长已步入新常态，多重“结构性”问题日益突出，实质上正是上述供给侧变量发生了转换或是严重扭曲，导致经济增长的质量与数量严重不匹配。另外，支撑中国经济高速增长的国际环境正经历重大挑战，对长三角经济增长也产生了新的挑战，对增长质量影响也不容忽视。

（一）要素禀赋结构转换，供给成本上升

经过 30 多年的要素驱动型经济增长，长三角的要素禀赋结构发生了很大变化，体制转轨红利、人口红利、自然资源红利等逐步消退，其中变化最为突出的是我国的人口老龄化问题以及与之相应的劳动力成本上升。长三角已经进入老龄化快速发展时期，呈现“未富先老”的特征。比如 2015 年江苏省 60 周岁以上人口占总人口的比重达到 19.17%，上海为 30.21%，浙江为 20.7%。人口年龄结构的直接影响我国劳动力供给质量与储蓄率，老龄化与抚养比较低，居民的储蓄率上升，政府公共支出会减少，导致国民储蓄率的整体上升，进而影响整个社会的资本积累与经济发展。

根据《2016 全球制造业竞争力指数》报告，自 2005 年以来的 10 年期间，中国的劳动力成本上升了 5 倍，比 1995 年涨了 15 倍，而根据人社部劳动工资研究所的农民工薪酬课题报告，十二五期间，我国农民工月平均收入过去 5 年年均增长 12.7%，从 2010 年的 1 690 元涨至 2015 年的 3 072 元，未来仍有较大上升空间，增长比例仍可望达到 10%左右。劳动成本不断攀升，宣告过去以劳动力比较优势驱动形成的“世界工厂”风光已经结束，实际上发达国家的跨国公司已经开始把劳动密集型产业转移到劳动力成本更加低廉的其他发展中国家，就连长三角本土企业也已经进行了大规模的企业走出去，到越南、缅甸等地区办厂。

除了劳动力价格上升外，长三角资源价格也失去了优势。经济发展水平的提高使得对资源的需求上涨，而自然资源的供给往往是刚性的，需求大于供给直接拉高了其价格。另外，由于环境的约束，绿色无污染的行业如新材料、新能源等逐渐成为主流，其价格比粗放式投入高出许多，进一步抬高了资源价格。

总而言之，随着要素禀赋结构的转换，传统增长方式赖以作用的条件就会不复存在，长三角经济发展失去了原有的优势，经济增长质量在速度、体量等方面都受到较大削弱，重构发展新形势成为下一步经济发展的重中之重。

（二）自主创新能力不足，供给质量不高

技术进步是经济发展的持久源泉，是提高经济增长质量的题中应有之义。现代经济中技术进步主要来源于技术引进与自主技术创新。改革开放以来，长三角技术进步的主要方式是学习和模仿，通过引进和吸收国外科技成果提高国内生产效率，即充分利用所谓的“后发优势”。随着经济的发展和技术的进步，长三角地区的科技水平跟世界科技前沿之间的距离越来越小，学习的空间也就越来越小，“后发优势”越来越弱，可以说学习型技术进步在长三角正在迅速走向尽头。为了实现技术进步以及为未来的经济增长提供持续发展的动力，实施自主创新是根本出路。然而，长三角的自主创新能力远远滞后于发达国家。尽管专利申请量在逐年攀升，但是从反映自主创新能力的发明专利申请方面来看，长三角的原始创新并不高。技术进步“后发优势”的减弱与企业自主创新能力的不足，使得长三角缺乏高质量声誉的本土品牌，“中国制造”产品质量备受质疑，品牌竞争已成为长三角制造业企业参与国际竞争的短板。自主创新能力不强是长三角高端市场品牌“失音”、巨大的市场被国外品牌占据的重要原因。

（三）市场机制扭曲，供给结构不合理

制度对经济发展的重要作用，学术界已基本达成共识。长三角企业所处制度环境的最大特征之一，就是政府对市场干预过度、缺乏自由竞争的市场环境。在我国经济高速发展的过程中，政府起到了重要作用，是普遍公认的，但是随着市场化改革进

入深水区,市场经济体制改革的不彻底,政府职能转型滞后,已经阻碍了中国经济增长质量的提升。可以说当前的供给结构不合理,地方政府有不可推卸的责任。基本经济学理论告诉我们,在完善的市场竞争机制中,优胜劣汰所导致的竞争效应使得资源倾向于从低效率企业向高效率企业流动,而在中国,地方政府通过行政指令直接干预企业决策,导致了大量行政性垄断的存在,市场机制难以发挥资源配置的基础性作用,最终造成价格体系扭曲、经济结构不合理等问题层出不穷。比如某些传统行业严重的产能过剩问题,不仅是结构性的更是体制性的问题,地方政府为了追求 GDP 和税收收入的最大化,盲目扩张导致投资过度,既浪费了资源又遏制了创新。总之,扭曲的市场机制难能以反映供求和资源的稀缺程度,这正是我国资源配置失调、供给结构不合理的内在逻辑。

(四)国际经济环境恶化,供给数量受到限制

2008 年金融危机的爆发后,世界经济格局面临深度调整。从整体来看,发达经济体尤其是日本和欧盟复苏的前景尚不明朗,全球经济仍处在艰难复苏之中,世界经济格局变化趋势具有不确定性。毋庸置疑的是,新的国际竞争格局将恶化中国发展的国际环境,中国将面临来自发达国家和发展中国家的"全维竞争"(韩保江,2014)。在全球经济不确定性增强的情况下,为了拔得未来经济发展的头筹,重现繁荣之态,再工业化和制造业回归战略被各发达国家及地区先后采用,如美国的"再工业化"、日本的"安倍经济学"、德国的"工业 4.0 革命"和欧盟的"新工业化革命"等。由于目前我国要素禀赋优势渐失,在这种国际形势下,"中国制造",不仅在与发达国家具有较强"互补性"的劳动密集型制成品出口方面将面临竞争,在先进制造业及以新能源、新材料为代表的战略性新兴产业领域也会受到挤压。

贸易保护是发达国家挤压我国制造业出口市场空间的惯用伎俩,我国遭遇的各种反倾销案、反补贴案长期以来据全球首位。近年来,贸易摩擦形式花样翻新,由单纯的微观产品摩擦向宏观经济摩擦、投资摩擦、制度摩擦、技术贸易摩擦等领域延伸,并且手段越来越隐蔽。如美欧等国积极推动的跨太平洋伙伴关系协定(TPP),虽设立了"开放条款",但实际上通过预设规则对新加入者进行资格审查,且谈判进程对外

严格保密,在服装和鞋类产品的原产地规则上要求所用生产原料均来自 TPP 成员才能享受零关税,都是贸易保护的表现①。总之,在我国制造业处于转型的关键时期,国际环境的恶化对于长三角制造业出口乃至整体经济供给总量将产生巨大负面影响,甚至国民经济的有序健康发展可能也会被扭曲。

三、供给侧结构性改革的中国式创新

为保障经济的可持续增长,政府对经济的干预主要包括供给侧管理和需求侧管理。需求侧管理认为有效需求不足是导致产出下降的原因,提倡提高社会需求来促进经济增长,运用财政政策和货币政策共同干预需求,属于短期调控政策。而供给侧管理是通过提高生产能力,以长期潜在产出为导向促进经济增长,认为市场可以自动调节使实际产出回归潜在产出,并不需要刺激政策调节总需求,主张作用于生产领域的宏观调控政策,以实现总供给和总需求系统内部平衡,具有长期性效应。尽管供给侧管理和需求侧管理对于如何拉动经济增长有着截然不同的理念,但二者并不是尖锐对立的,而是长期与短期、相辅相成的关系,只是在不同的经济发展阶段对二者的侧重点不同。短期内需求管理政策短期内可以熨平经济波动、有效刺激经济增长,也可以倒逼供给改革,但其"重增量""轻存量"产生的消极因素却在短期内无法得到解决;供给管理政策在长期,可以创造高质量的消费需求,同时也可以有效缓解甚至消除需求管理政策遗留的负面影响。回顾世界经济发展史,在 20 世纪 30 年代大萧条时期,需求侧管理成为经济复苏的"灵丹",而到了 20 世纪七八十年代,很多经济体出现滞胀和经济停滞的情况下,供给侧管理无疑是调节经济失衡的"妙药"。

当前,长三角经济进入新常态,多重长期性的"结构性"矛盾日益凸显,经济增长面临极大下行压力,严重抑制了经济增长质量提升。在这样的背景下,继续采用需求侧管理的作用空间已明显受限,甚至加剧矛盾,于是中央密集强调要"着力加强供给

---

① 国务院发展研究中心外经部课题组:《全球化未来趋势及对我国的影响》,《中国发展观察》2013 年第 6 期。

侧结构性改革”。由于中国的供给侧结构性改革思路借鉴了西方供给学派的理论，导致许多学者照搬西方经济体尤其是美英两国的供给侧改革进行解读。事实上，我国的供给侧结构性改革是供给经济学的“中国化”创新，是在吸收精华、借鉴成功经验的基础上，结合中国实际情况提出的。我国的供给侧结构性改革和西方发达经济体的供给侧改革存在本质的不同，无论是背景、国情还是改革的任务和目标均存在很大的区别。

首先，背景不同。美英两国在20世纪70年代中期经济面临的是失业与通货膨胀并存的“滞胀”问题，同时英国也面临工会力量庞大、国企过多、政府干预过度等结构性问题，这是凯恩斯主义理论所无法解释和解决的问题，因此里根政府与撒切尔政府实施了著名的供给侧改革，通常称为“供给学派”主张。而中国面临的问题并不是“滞胀”，中国经济在新常态下仍保持中高速增长，2015年经济增长率为6.9%，通货膨胀率控制在2%以下，而是经济转轨过程中长期积累的供给侧结构性问题，比如低端产能过剩与高端供给不足并存。如果继续单纯通过“三驾马车”的需求侧管理刺激经济，不仅无法解决这些结构性问题，还可能会导致产能进一步过剩。因此，需要依靠供给侧结构性改革实现动力转换。所以，我们推进供给侧结构性改革的重点是去产能、去库存、去杠杆、降成本、补短板，建立供需相匹配的新经济结构，增强和培育经济增长的新动力，因而供给学派的理论并不适用中国当前的经济问题。

其次，国情不同。在面对国企过多、政府干预过度等问题时，西方供给学派主张加速推进国企私有化进程和减少政府管制来进行改革，这是由其财产私有化和经济自由化的市场经济体制决定的，与其政治主张有关。而我国以公有制为主体、多种所有制经济混合的社会主义性质决定了中国供给侧结构性改革不能走私有化、自由化的歪路。不仅如此，我国进行的市场化转轨是渐进式的，市场机制尚不健全，政府对市场的干预依然较多，如果简单套用西方的供给侧管理模式，激进地走“市场化＋私有化＋自由化”路子，可能会适得其反。比如一些存在产能过剩的“僵尸企业”，往往拥有大量的低技能职工，劳动力转移和再就业困难，同时因占据大量的信贷资源，如果运用市场机制自动和自我调节，让产能过剩企业自生自灭，则可能会制造人为的社会冲突（刘志彪，2016）。

另外，与西方推行减少政府干预不同的是，我国的供给侧结构性改革，并非是完全放弃政府管制，而是要发挥政府“守夜人”的职责，在存在市场失灵的地方，政府可以采取降低制度性交易成本等一些措施，如破除制约供给的政策瓶颈，降低市场准入门槛，完善市场价值形成机制，畅通供需渠道，鼓励更多市场主体进入，释放更多更大的改革红利，活化市场，振兴经济，如房地产去库存问题还是要依赖地方政府的管制。可以说政府仍是推动供给侧结构性改革目标顺利实现的重要引导者。

最后，实施手段不同。里根政府和撒切尔政府首先都采用紧缩的货币政策来控制通胀，其次里根政府通过减税，放开对部分行业的管制来降低企业运营成本，提升企业活力和竞争力；撒切尔政府则是采取税收制度改革、放松产业管制，减少政府干预，促进国企私有化等手段来改善宏观经济状况。尽管我国当前强调的“供给侧结构性改革”与其两国在减少企业负担、激发经济活力等政策目标上是一致的，但在实施手段上却不能犯教条主义错误，完全照搬供给学派理论。简政放权、减免税收等手段可以借鉴，而减少社会福利的做法是不可取的，恰恰相反，我国应该积极改善民生、扩大社会福利，增强成果共享性。我国“结构性”失衡问题是多重叠加的，并不是简单的调节供给总量，而是要联系中国特定发展阶段的实际。中国的供给侧结构性改革的实质是“供给侧＋结构性＋改革”，即“从提高供给质量出发，用改革的办法推进结构调整，矫正要素配置扭曲，扩大有效供给，提高供给结构对需求变化的适应性和灵活性，提高全要素生产率，更好满足广大人民群众的需要，促进经济社会持续健康发展”①。与此同时，我国的供给侧结构性改革超越各种类型的凯恩斯主义和供给经济学的对立与争论，不仅不拒绝需求侧管理，而且在很多环节需要需求侧管理进行配合，是“适度扩大总需求的同时，着力加强供给侧结构性改革”。任何经济政策都会产生需求侧与供给侧两方面的效应，两者的关系是长期与短期的关系，需要兼顾，既不能为了短期利益牺牲长期利益，也不能忽视当前的风险和挑战而一味追求所谓“长远利益”。

---

① 《七问供给侧结构性改革——权威人士谈当前经济怎么看怎么干》，《人民日报》，2016 年 1 月 4 日。

总之,中国提出的供给侧结构性改革不是对西方供给学派理论的简单硬套,而是针对经济发展存在的结构性问题所进行的中国化的理论集成创新,是中国经济在新时期的一次“守正出奇”的探索性改革。

四、结论与政策建议

目前,长三角的经济增长质量受到制约主要源于经济发展的“结构性”矛盾日益凸显,特别是供给端存在的问题:要素禀赋结构转换,导致供给成本太高;技术创新能力不足,导致供给质量不高;市场机制扭曲,供给结构不合理;国际环境恶化,供给数量受限。解决这些问题的关键还是要通过供给侧结构性改革,提高供给体系的质量和效率,增强经济发展的动力。好的改革思路若要变革现实,离不开政策的落地。短期内针对供给侧结构性改革当前“三去一补”五大任务,长期以提高长三角经济增长质量为目标,形成一个新的长期增长机制。由此,从供给侧结构性改革入手提高我国经济发展质量的战略手段表现在如下方面。

(一)“供给+需求”双侧调控有效配合

随着经济发展重心从需求侧向供给侧转变,供给侧结构性改革的推动力越来越重要,然而,我国的供给侧结构性改革是纠正长期以来一味强调需求侧管理的宏观政策,是在适度扩大总需求的同时进行结构性改革,不应矫枉过正,完全放弃需求侧。实质上,长三角城市群宏观调控的总体思路,应当是加强供给和需求两侧的有效配合,从两端同时发力,创新发展理念,从而有效保障和促进供给侧结构性改革不断深入。尽管当前长三角经济存在严重的产能过剩问题,但这并不是总需求不足,而是供给结构不能满足需求结构变化所带来的挑战。强调供给结构调整,并不是意味着脱离需求,而是根据需求提供有效供给。供给侧与需求侧要有效配合同时发力,源于两个方面的原因。其一,由于我国体制的特殊性,结构调整是一个漫长的过程,在新动力未充分形成之际,确保经济运行、就业环境的总体稳定,需求侧管理可以为供给侧结构性改革营造宽松的经济环境和良好的战略机遇。期望短时间内消灭十几年期间积累的结构性矛盾,关闭关停那些长期存在过剩产能的“僵尸产业”是不可取的。其二,适当的需求侧政策组合将会为形成新动力提供支撑。在需求端提高居民可支配收入,能够刺激个人消费,不仅可以提高供给侧增加有效供给的积极性,企业“去库存”“去产能”、自主创新、转型升级的动力也将随之提升,从而使实际产出回归潜在产出,社会总供给和总需求将会在一个更高、更有效的水平上达到动态平衡。

(二)抓住新型城镇化新契机

国际经验显示,合理的城镇化进程能够成为生产率提高和经济增长的重要推动力,在经合组织国家中,城镇人口密度较高的地区人均GDP水平通常高于全国平均水平。新常态下,新型城镇化是化解即期经济下行压力与推进深层次结构性改革的重要契合点。城镇化的过程本身会带动城市建设扩张,引发大规模投资,而且还有助于加速物质资本、人力资本的集聚和技术、知识的积累与传播,进而提高全要素生产率。然而,传统的城镇化战略主要是从“城市市民”角度规划的城镇化,注重城市规模扩张的“开发区化”,侧重从需求端认识城镇化,不甚关注城镇化中市场的建设和产业的协调发展,导致钢筋、水泥等建筑材料产能激增,终至过剩(李扬、张晓晶,2015)。由此,未来城镇化发展不能因循过去的老路,而要走新型城镇化道路。具体来讲:在推进新型城镇化发展中要依托产业作为支撑,高度重视实体经济的作用,实现产城融合。建立科学合理的产业布局和城市规划,充分发挥城市在产业积聚、规模经济、人力资本积累、知识外溢等方面的积极作用,并且城镇化进程中农民工等多流向服务业部门,具有低碳、低能耗等特点,这对于改善中国经济增长质量有着至关重要的影响。

此外,还可以通过新型城镇化加快房地产业的去库存进程。城镇化建设的进程和房地产业市场的发展是相互影响、相互促进的。新型城镇化的核心是农民工市民化,这将带来巨大的住房需求,有助于推动房地产业的“去库存”。在战略实施过程中,要真心实意让利于民、降低购房杠杆,努力让农民工“进得来、住得下、活得好”,只有“老有所依”,才能在供给侧结构性改革的基础上真正扩大住房消费。

(三)助力产业结构升级步伐

产业结构升级是转变经济发展方式的根本出路,也是提高经济增长质量的关键。在我国“三期叠加”的特殊时期,加快产业结构调整升级,构建现代产业体系已是解决长三角产业效率低下与升级缓慢的当务之急,也是推进供给侧结构性改革的重头戏。首先,要加快传统产业转型升级。传统产业并非夕阳产业,只要传统产业能够实现转型升级,摆脱原来的粗放的发展模式,仍是经济发展不可忽视的重要动力。要利用市场倒逼机制,积极应用技术改造,推动传统产业向高科技、高附加值的低碳和低能耗升级,从低加工环节向高加工度环节迈进,努力攀升全球价值链高端。对于存在产能过剩、过度竞争的重化工企业,在转型升级意义不大的情况下,需通过淘汰一部分产能使行业的供需趋于平衡。其次,要培育战略新兴产业。在世界发达国家正在争先恐后发展新能源、新材料、节能环保、生物医药、信息网络和互联网、高端制造业等高新技术和战略性新兴产业,抢占经济、科技、产业制高点之时,长三角在资源禀赋优势衰退的情况下,必须紧跟形势,大力发展战略新兴产业,释放供给端活力。最后,发展现代服务业。依据世界主要发达国家产业结构呈现出“工业型经济”向“服务型经济”转变的总趋势,应摈弃主要依托重化工业推动经济增长的传统思想,积极推进工业向集约型增长方式的转变,加快生产性与消费性服务业的全面发展。目前,第三次消费升级正在进行,消费者基本已经走完模仿型排浪式消费,多样化、个性化成为主流,消费性服务业如健康、养老、旅游等发展消费领域具有极大的发展潜力。同时,长三角生产性服务业发展普遍滞后,结构不合理、与制造业的关联度低一直是亟须解决的问题,为此需要整合生产性服务业的产业链,积极鼓励发展综合性服务业平台,大力培育生产性服务业。

(四)打造创新驱动新引擎

新常态下,为实现质量效益型经济增长,提高长三角增长质量,必须实现从要素驱动型向创新驱动型的转换。科技创新是提高社会生产力和综合国力的战略支撑,是创新驱动的核心,尤其要更加突出自主创新。一方面,随着我国技术水平日益接近前沿国家,只有更加注重原始性创新,才能促进全要素生产率保持长期较快增长。另一方面,也要提高原始创新、集成创新和引进消化吸收再创新能力,注重协同创新。

毫无疑问,实施创新驱动发展战略,需要构建完善的制度环境与市场机制。首先,要建立科学的政策激励机制。要着力降低企业债务负担,创新金融支持方式,加大财政对研发投入的力度,对企业的创新活动给予适当补贴,鼓励企业通过创新来提高长期竞争力,全面激发企业创新动力。其次,深化科技体制改革,着力构建以企业为主体、市场为导向、产学研相结合的技术创新体系。完善科技创新评价标准、激励机制、转化机制。再次,完善人才培育机制。创新是以知识和人才为依托,中国制造不能成为强国,与中国严重缺乏技术技能型人才密切相关,要加大教育和人力资本投入,“促进人力资本的快速增长作为构筑我国经济持续增长动力的首要战略”,同时积极吸纳海外人才,加快综合型创新人才的培育。最后,建立专利保护机制,完善知识产权机制。目前长三角创新投入不足的一个重要原因是对创新行为和专利保护不足,只有发明创造的成果得到保护,企业才会有动力去创新,因此要建立高水平知识产权和专利保护,严厉打击各种侵权行为。

(五)强化体制机制改革为保障

从经济学角度来看,通过市场竞争分配社会资源是配置效率最优的方式。然而,由于中国经济处于地方财税分权与官员政治晋升激励机制的特殊背景下,政府既作为“经济人”参与市场竞争,对相关行业造成了垄断,扭曲了价格信号,又作为“政治人”干预市场,导致了市场要素配置扭曲,使得许多制约经济增长质量的结构性矛盾直接来源于此。无论是处置“僵尸企业”、降低企业成本、化解房地产库存、提升有效供给还是防范和化解金融风险,病根都是体制问题(刘霞辉,2016)。因此,长三角在以后很长时期内要继续“围绕解决重点领域的突出矛盾和问题,加快破除体制机制障碍”,建立和完善市场机制,政府在供给侧结构性改革中多做减法,实现市场和政府功能互补。

为此,未来的体制改革包括以下几个任务:首先,简政放权,矫正由行政配置资源造成的要素配置扭曲。凡是能够依靠市场调节产生效率和效益的地方由市场做主。

政府要把更多精力用在完善市场环境上,包括户籍制度改革、国有企业改革、产权制度等,帮助企业降低交易成本,形成企业自主经营、商品自由流动、平等交换的市场环境。通过市场信号改善企业市场预期,提高有效供给能力与质量。其次,在市场失灵的地方,政府要发挥扶持作用。向市场机制转变并非要完全放弃政府管制,而是政府退居到市场失灵的地方完善配套政策。政府应重点改善交通、能源、通信和其他有助于企业生存发展的公共设施,同时做到减管制、减垄断、减税收,降低企业成本,释放企业生产力,扩大税收优惠受益面,在医疗、养老、教育、卫生等领域加强投入,缩小城乡公共服务的不当差距,实现社会均衡发展。再次,中央政府要改革以 GDP 为标杆的晋升激励机制。中央政府可以将有关人文、环境、民生等方面指标纳入业绩考核体系中,防止地方官员唯"GDP"是从的短视化行为。最后,全面实施金融改革,防范金融风险。紧紧围绕当前供给侧结构性改革的要求,进一步放松金融管制,更新监管理念;完善长期投融资机制,拓宽企业融资渠道,重塑金融市场体系与金融资产负债结构,维持金融稳定。

参考文献

[1] 韩保江.积极应对世界经济格局变化的新挑战[J].国际政治研究,2014(2):24-19.

[2] 江飞涛等.地区竞争、体制扭曲与产能过剩的形成机理[J].中国工业经济,2012(6):44-56.

[3] 李扬、张晓晶."新常态":经济发展的逻辑与前景[J].经济研究,2015(05):4-19.

[4] 刘霞辉.供给侧结构性改革助推中国经济增长:2015 年宏观经济分析及思考[J].学术月刊,2016(4).

[5] 刘志彪.中国语境下供给侧结构性改革:核心问题和重点任务[J].东南学术,2016(4):28-36.54-62.

[6] 林卫斌,苏剑.理解供给侧改革:能源视角[J].价格理论与实践,2015(12):16-19.

第十六章　基于近邻效应的泛长三角城市群俱乐部

自 2010 年 5 月国务院批准《长三角地区区域规划》以来，长三角科技投入不断增加，创新能力不断增强，目前已发展成为世界第六大城市群。随着上海、浙江、江苏之间以及与安徽经济联系和合作日趋紧密，四大地区经济可持续发展，空间的相互作用显著增强，这使得长三角从原本的江浙沪扩容到目前的江浙沪皖，即泛长三角。泛长三角整体经济实力较强，也是检验空间俱乐部收敛较为理想的城市群。本研究采用 arcGIS 统计软件进行空间数据处理，以区域劳均 GDP、劳均固定资产投资额的 Moran's I 指数和 σ 收敛指数为基础，通过 Panel Data 分析，对泛长三角自 2003 年来 30 个城市的劳均 GDP 和劳均固定资产投资额收敛性进行实证研究，为长三角区域经济均衡协调发展提供有益的政策建议。

一、文献回顾

（一）区域经济增长收敛

20 世纪 80 年代以来，国内外学术界对经济增长的收敛性问题进行大量研究。其中，区域经济增长俱乐部收敛主要用来解释区域经济增长总体上趋异而局部收敛的现象。经济增长收敛研究是 Baumol & Abramovitz 最早开始的。Baumol 采用 Maddison 数据发现工业化国家存在收敛现象；Abramovitz 提出技术追赶假说，测算了 16 个国家在 1870—1970 年间社会初始劳动生产率与各自后续劳动生产率变化之间的等级相关系数，佐证了收入收敛存在于这些国家之中。我国对区域经济增长收敛研究始于 1996 年，国内学者的研究较为集中在省份之间或者同一省份内部各市或县的分析,得出的结论存在差异性。同时,多数学者通常采用间隔一年的数据进行分析,由于间隔时间太短,得到的收敛俱乐部类型演变结论是有偏的,不利于揭示收敛俱乐部的动态演变。尽管如此,大多数学者的研究,得出的观点比较一致。

一国内部的区域之间存在联系。如果忽略了区域在空间上的相互作用,我们在考察经济发展问题的时候,就无法得出正确结论。同时,区域经济增长在空间上往往不一致,这种差异可能会导致一国内部的区域之间收入差距扩大化。因此,收敛俱乐部成员就好比一国内部的区域在空间上是彼此相连的,如我国东部、中部及西部的俱乐部收敛以及我国八大区域的俱乐部收敛等。

（二） σ 收敛

σ 收敛是指一个区域的人均收入水平差距随着时间的推移而趋于缩小,σ 表示区域人均收入的离散程度即区域差距。σ 收敛的检验可研判区域间的人均收入水平离散程度是否随时间推移趋于下降,为解决人均收入数据这一时间序列的不稳定性,目前常用的检验指标是对数人均 GDP 的标准差,即公式(1):

$$\sigma_t^2 = \frac{1}{n}\sum_{i=1}^{n}(\text{In}\, y_{i,t} - \frac{1}{n}\sum_{i=1}^{n}\text{In}\, y_{i,t})^2 \tag{1}$$

σ 值是判断在一个时间跨度内这 n 个区域的经济增长是否发生 σ 收敛,如果在年份 $t+T$ 年满足 $\sigma_{t+T}<\sigma_t$,则 n 个区域具有 T 阶段的 σ 收敛。

一个国家或区域的经济增长不仅取决于自身的经济基础和资本投入,也依赖于其他区域的经济增长,特别是其邻居区域的经济增长状况。Fujita 等也强调经济体之间存在相互作用,这种相互作用使得经济活动聚集在某一特定区位而不是在空间中均匀分布。基于空间外溢效应的考虑,收敛假说研究所遵循的基本理论主要包括:新经济地理学和新增长理论以及 Verdoorn 模型和空间 Solow 模型。其中,新经济地理学和新增长理论主要指导收敛过程中空间外溢效应作用的机制,Verdoorn 模型和空间 Solow 模型主要考虑空间外溢效应的收敛的经验性设定方面。

（三）空间外溢效应

目前空间外溢效应表现形式主要为空间外部性(1954 年 Scitovsky 提出的技术

外部性和货币外部性)、地理溢出(2003 年 Baumont 指出局部地理溢出和全局地理溢出)、空间异质性(观测单元间行为关系的不均衡)及空间依赖(即空间自相关,表现为相似变量和相似位置的耦合,Anselin,2000)等。区域是由知识溢出、前后相互关联、要素流动和贸易相互作用的结果。在经验研究方面,考虑空间外溢效应的收敛,国外研究成果主要围绕 β 收敛和俱乐部收敛。

(1) β 收敛方面,如 Lopez-Bazo 等利用空间计量经济学的相关空间检验,结果表明 70 年代末期欧盟一体化过程即收敛过程停滞,显现了区域水平上的经济不平衡问题;Rey 和 Montouri 研究发现美国各州在 20 世纪的收入有一个较低的收敛速度;Ertur,Le Gallo 和 Baumont 在估计(1980—1995)欧洲 138 个区域 β 收敛过程中,探讨了空间依赖和空间异质性的影响,得出一个给定区域人均 GDP 的平均增长率受到邻居区域平均增长率影响的结论。吴玉鸣基于 Barro 和 Sala-I-Martin 新古典增长模型,构建了区域经济增长 β 收敛的空间计量经济分析模型框架,并采用截面数据剖析了空间外溢效应和 β 收敛效应及其成因。刘生龙检验了我国区域经济增长的收敛性及其生成机制。研究结果表明,从较长时期看,我国存在绝对 β 收敛,但短期不存在绝对 β 收敛。

(2) 俱乐部收敛方面,基于区域经济体间异质性的考虑,Barro 和 Sala-I-Martin、BenDavid、Qush、Galor 等相继提出了俱乐部收敛的概念,即结构特征相似的一组区域经济增长收敛于相似的稳定性状态。国内大多数研究成果是基于马尔科夫链或空间马尔科夫链的方法来探究收敛俱乐部,通过时间序列来考察空间分布动态演进来判断俱乐部收敛情形,如蒲英霞等采用空间马尔科夫链方法,采用 1987 年江苏省 77 个县域人均 GDP 数据,剖析了江苏区域收敛的时空动态演变;王文剑、覃成林采用马尔科夫链和空间马尔科夫链法,探析了河南省各市域经济增长俱乐部收敛问题;潘竟虎等选取甘肃省 87 个县域(1991—2005)人均 GDP 数据,探讨了区域经济增长俱乐部空间收敛的演变特征。这些研究成果注重地理位置临近所产生的空间溢出效应。可惜的是,未能将区位因素所导致的溢出效应与其他影响收敛过程的效应有机结合。

国内外的相关研究成果发现,空间尺度的研究从过去侧重省级行政单元范围转变到以市县为单位的经济增长收敛,这是近年来的新趋向。诸如王启仿研究了江苏省(1978—2000 年)的经济增长收敛性,表明在这期间江苏省区域人均 GDP 增长不存在 σ 收敛,却存在较弱的条件 β 收敛。龚云腾运用非线性最小二乘估计法对江苏省 13 市的经济增长进行回归分析,得出了江苏经济增长收敛速度约为 5%的条件 β 收敛。然而,相关文献较少在分阶段方面研究得出明确的趋异结论。而本研究搜集 2002—2013 年间相关统计数据,以 4 年为一个研究阶段,采用线性回归方法,分别从整个时间段上和以 2005、2009 及 2013 为分界点的三个阶段分布格局的动态变化进行剖析,通过计算全局 Moran's Index 及 σ 收敛指数得出相应的结论,进而得出泛长三角 30 个城市逐步缩小经济差距的对策建议。

二、长三角三省一市的空间关联

空间滞后模型(SLM)(Anselin,1988)是空间计量经济模型的形式之一,其包含了空间滞后项,形式如下:

$$y=\rho W_y+X\beta+\xi,\xi:N(0,\sigma^2 I_n) \tag{2}$$

其中,y 为 $n\times1$ 阶向量,构成模型的因变量;X 为 $n\times k$ 阶矩阵,表明模型中有 k 个解释变量;W 为空间权重矩阵;参数 ρ 为空间滞后因变量 W_y 的系数;β 为解释变量的系数向量。

反映区域空间关系的空间权重矩阵 W 通常采用距离函数表示,其形式如公式(3),当采用距离函数时,矩阵元素 w_{ij} 必须满足:

$$w_{ij}=\begin{cases} f(d_{ij}),d_{ij}\leqslant k \\ 0,d_{ij}\geqslant k \text{ 或 } i=j \end{cases} \tag{3}$$

在公式(3)中,d_{ij} 表示区域 i 与 j 之间的最大圆周距离,k 为预先设定的距离关键值。如果 d_{ij} 小于距离关键值时,表明两区域间有空间关系;如果 d_{ij} 大于距离关键值时,表明两区域间无空间关系。$f(d_{ij})$为两区域间距离的函数,表示区域空间关系强弱。通常情况下,$f(d_{ij})$采用距离倒数或距离平方倒数的形式,表示随着距离增大区域空间关系减弱,即距离衰减规律。

张浩然等运用全国 268 个城市(2003—2008)的数据,应用面板模型研究地理距离因素对城市间溢出效应的影响,表明城市间溢出效应随距离的增加呈现“倒 U”形,最优的溢出距离 50 公里左右,180 公里内溢出效应极为显著,200 公里以上溢出效应逐渐减弱。2016 年 6 月,《长江三角洲城市群发展规划》明确提出,上海是超级大城市,首次提出上海的全球城市功能;南京是唯一特大城市;杭州、合肥等为大城市的城市群。从距离上看,上海与杭州、南京及合肥的距离分别约为 141 公里、304 公里、457 公里。由此可见,在长三角核心城市中,上海与杭州的距离小于 180 公里,它们之间的区域空间关系较为紧密,上海对杭州的溢出效应较为显著;而上海与南京及合肥之间的距离均大于 200 公里,上海与南京、合肥的区域空间关系不紧密,上海对南京及合肥的溢出效应很弱。

三、泛长三角 30 个城市空间数据分析

(一)研究对象与数据解释

参照 2016 年 6 月国家发改委公布《长江三角洲城市群发展规划》的 26 个城市,本研究考虑到长江经济带经济发展的整体布局,以泛长三角 30 个城市为研究对象,即上海、浙江(杭州、宁波、湖州、嘉兴、绍兴、舟山、台州、金华、衢州、丽水、温州);江苏(南京、镇江、常州、无锡、苏州、扬州、泰州、南通、徐州、宿迁、淮安、盐城、连云港);安徽(合肥、马鞍山、芜湖、滁州、淮南)。本研究所用数据来自上海、浙江、江苏及安徽统计年鉴(2003—2014),选取了从 2002 年到 2013 年的从业人员、GDP、全社会固定资产投资等数据。本研究所用的主要变量分别为各年份劳均 GDP(GDP 除以从业人员数)(图 16 - 1)、各年劳均投资量(全社会固定资产投资除以从业人员数)(见图 16 - 2)。由图 16 - 1、图 16 - 2 可以看出,从 2002 到 2013 年泛长三角 30 个城市无论是劳均投资量还是劳均 GDP 呈现了逐年不断增长的趋势,仅仅上海近几年劳均投资量有所下降,但是劳均 GDP 依然增长。从省级层次来看,浙江省劳均投资量最多、上海次之、再者江苏,最后是安徽。劳均投资量的增长也对应了相应的劳均 GDP 的增长。从泛长三角市域角度来看,徐州、宿迁劳均投资量在江苏的较少且增长较慢,相应的

劳均 GDP 也很低；安徽的芜湖、马鞍山；浙江的温州同样得出相似的结论。浙江省域在泛长三角的劳均投资量一直较高，带动劳均 GDP 的增长也较快，近几年来舟山、衢州及丽水较为突出，在劳均投资量上，舟山>衢州>丽水；但是在劳均 GDP 上，衢州>丽水>舟山。

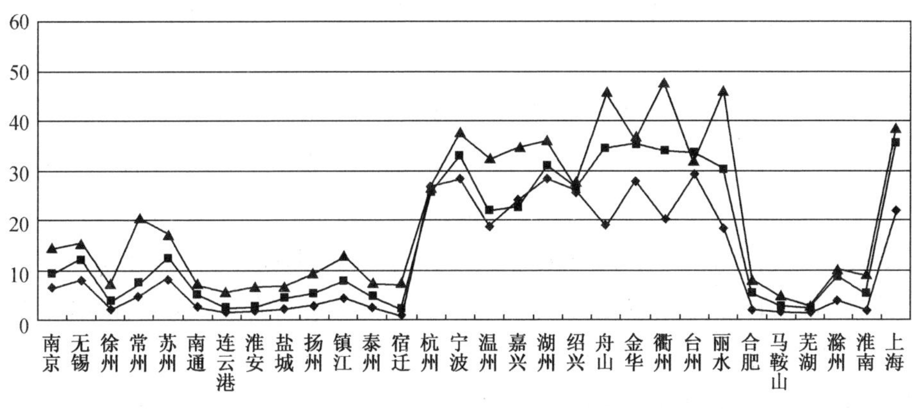

图 16－1　泛长三角 30 个城市劳均 GDP

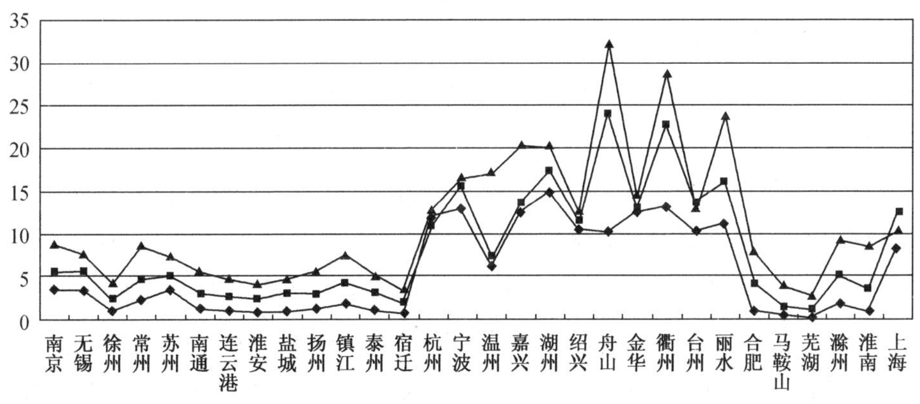

图 16－2　泛长三角 30 个城市劳均投资量

（二）泛长三角城市群空间分布格局的动态变化

本研究对泛长三角各市空间数据进行分析，应用 arc GIS 软件研究泛长三角整体经济空间分布特征，并判断区域空间外溢效应是否具有显著性。统计结果显示，第一，上海作为泛长三角最核心的城市，泛长三角的引领者，其劳均 GDP 虽然处在第三层次，仅仅在 2009 年处于第一层次，但是一直保持引领地位；第二，浙江有 11 市基本上处于第二、第三层次(2009 年表现最好，5 个市处于第一层次，其余处于第二层次)，而且各市之间在层次上争夺激烈，经济发展迅速，增幅显著，既体现了浙江经济发展强劲且活跃，也彰显了上海对浙江的较强的辐射能力；第三，2005 年江苏 13 市(除了无锡、苏州在第四层次)均处于第五层次，随后逐年有个别城市进入第四层次，常州发展较快，在 2013 年进入了第三层次，显示江苏经济发展稳健有序，上海对江苏的辐射能力不强；第四，安徽 5 市劳均 GDP(除了 2013 年的滁州)虽然有所增长，但是仍然处在第五层次，表明安徽经济发展缓慢。总而言之，泛长三角整体上呈现收敛发展的格局，只是在发展速度上存在差异性。上海经济发展平稳，上下波动不大，但仍有较大的发展空间；浙江因其区位优势，经济发展迅猛，向上波幅较大；江苏经济发展稳步提升，循序渐进，向上波幅中等；安徽经济发展迟缓，向上波幅不大。从时间角度来看，这种空间格局渐渐得到强化。

近十几年来，上海的劳均投资量相对比较稳定，其劳均投资量基本处在第三层次；其次，浙江的 11 市中的衢州和舟山一直保持高水平的投入(处于第一层次)，故产出也处于高水平，杭州、嘉兴、湖州在 2005 年前高投入，但投资效果欠佳，2005 年以后投资力度下降，2013 年前后丽水也出现类似情形。再次，2003 年以来，南京、无锡、苏州(即江苏苏南大部分地区)一直保持较高的劳均投资量，并且获得较高的劳均 GDP，江苏苏中、苏北多年来劳均投资量不大，故劳均 GDP 水平也不高。最后，安徽 5 市劳均投资量基本上水平较低，然而 2009 年来，滁州引领合肥、淮南劳均投资量在不断加大(滁州临近江苏)。总而言之，泛长三角呈现逐渐收敛发展格局，这种格局将逐年得到强化。

为深入研究泛长三角 30 个城市空间自相关程度、劳均 GDP 差距及劳均投资量动态性变化，本研究应用 MATLB 软件计算出反映空间自相关的 Moran's I 指数以及反映收入差距和投资差距的 σ 收敛指数。

（三）Moran's I 指数时序变化

一般而言，Moran's I 指数是用来测度空间自相关程度的重要指标。为深入对泛长三角 30 个城市劳均 GDP 及劳均投资量的非均衡性和全局空间自相关进行剖析，本部分引入全局 Moran's I 指数，全局 Moran's I 指数反映空间邻接或空间邻近的区域单元观测值整体的相关性和差异性程度，其计算公式为：

$$I=\frac{\sum_{i=1}^{n}\sum_{j\neq i}^{n}w_{ij}(x_i-\bar{x})(x_j-\bar{x})}{S^2\sum_{i=1}^{n}\sum_{j\neq i}^{n}w_{ij}} \tag{4}$$

其中，I 表示全局 Moran's I 指数；x_i 表示区域 i 的劳均 GDP 和劳均投资量；$S^2=\frac{1}{n}\sum_{i=1}^{n}(x_i-\bar{x})^2$；$\bar{x}=\frac{1}{n}\sum_{i=1}^{n}x_i$；$w_{ij}$ 表示空间权重矩阵 i 行 j 列的元素，x_i 和 x_j 是区域 i 和区域 j 观测值，一般写成 N 维矩阵 $W(n\times n)$，通过空间邻近和空间距离来确定，在这里，n 是样本区域的个数。本部分采用 *Rook* 空间邻接方式，如果区域 i 与 j 属于邻接关系，则 $w_{ij}=1$；反之，$w_{ij}=0$，表示区域 i 与其自身不属于邻接关系，即 $w_{ii}=0$。w_{ij} 是空间权重矩阵 S_0 是标准化参数，数值上等于空间权重矩阵各要素之和，即 $s_0=\sum_{i=1}^{n}\sum_{j=1}^{n}w_{ij}$。对空间权重矩阵进行标准化处理，即令 $w'_{ij}=\frac{w_{ij}}{\sum_{i=1}^{n}w_{ij}}$，这里 w'_{ij} 为标准化空间权重矩阵 i 行 j 列的元素，则(4)式可以变换为：

$$I=\frac{\sum_{i=1}^{n}\sum_{j=1}^{n}w'_{ij}x_ix_j}{\sum_{i=1}^{n}x_i^2} \tag{5}$$

用矩阵形式表示为：

$$X'WX=X'IX \tag{6}$$

在这里，W 表示标准化的空间权重矩阵，X 表示各样本区域观测值的离差列向量。Moran's I 指数介于[-1,1]区间范围。当 Moran's I 指数大于 0 时，区域 i 的观

测值和由 W 所规定的空间关系对应的邻居区域的观测值具有一致性，即存在正的空间自相关。数值越大，正向空间自相关程度越强，泛长三角劳均 GDP 较高(较低)及劳均投资量较高(较低)的城市在空间上区域集聚；当 Moran's I 指数小于 0 时，区域 i 的观测值和由 W 所规定的空间关系对应的邻接区域的观测值具有反差性，即区域 i 的观测值离差与其邻接区域观测值离差符号相反，存在负的空间自相关，泛长三角劳均 GDP 及劳均投资量的城市存在空间差异。若数值越大，负向空间自相关程度越强；当 Moran's I 指数等于 0，表明空间不相关，泛长三角劳均 GDP 及劳均投资量的城市在空间上随机分布。

如果求解全局 Moran's Index，运用公式(2)进行 Z 检验。

$$Z=\frac{I-E(I)}{\sqrt{VAR(I)}} \tag{7}$$

应用 MATLB 软件可以算出泛长三角 30 个城市劳均 GDP 全局 Moran's I 指数和劳均投资量全局 Moran's I 指数，见表 16-1 和表 16-2。

表 16-1　泛长三角市域劳均 GDP 全局 Moran's Index

年份	2002	2003	2004	2005	2006	2007
Moran's Index	0.556 5	0.555 4	0.564 1	0.540 6	0.522 7	0.526 1
Z 值	2.348 5	2.343 9	2.378 6	2.285 3	2.213 8	2.227 4
P 值	0.018 8	0.019 1	0.017 4	0.022 3	0.026 8	0.025 9
年份	2008	2009	2010	2011	2012	2013
Moran's Index	0.517 5	0.518 0	0.511 5	0.507 2	0.499 9	0.473 3
Z 值	2.193 2	2.195 4	2.169 5	2.152 4	2.123 4	2.017 8
P 值	0.028 3	0.028 1	0.030 0	0.031 4	0.033 7	0.0436

注：(1) 表中的统计推断基于 Ansen Lin 提出的 999 次随机排列；(2) 全局 Moran's I 指数在所在年的期望值为：$E(I)=-0.034\ 48$。

表 16－2　泛长三角市域劳均投资量全局 Moran's Index

年份	2002	2003	2004	2005	2006	2007
Moran's I	0.512 5	0.541 2	0.550 1	0.519 8	0.472 3	0.465 0
Z 值	2.371 2	2.495 6	2.533 9	2.402 7	2.196 7	2.165 3
P 值	0.017 7	0.012 6	0.011 3	0.016 3	0.028 0	0.030 4
年份	2008	2009	2010	2011	2012	2013
Moran's I	0.452 0	0.454 2	0.473 0	0.449 3	0.437 0	0.433 0
Z 值	2.108 9	2.118 4	2.200 0	2.097 2	2.043 6	2.026 3
P 值	0.035 0	0.034 1	0.027 8	0.036 0	0.041 0	0.042 7

注:(1) 表中的统计推断基于 Ansen Lin 提出的 999 次随机排列;(2) 全局 Moran's I 指数在所在年的期望值为:$E(I)=-0.0344\,8$。

上表中的 Moran's I 指数均大于 0,且至少通过 5%显著性水平检验,反映了泛长三角市域劳均 GDP 全局 Moran's I 指数逐年收缩的变化趋势,而泛长三角市域劳均投资量全局 Moran's I 指数,2000 年以前呈现波动下降,2000 年以后逐年呈现下降趋势,主要原因在于上海、浙江劳均投资量的下降。这种空间收敛效应在这 12 年间愈发明显,可能表明某区域的劳均 GDP 增长依赖于邻近区域的劳均 GDP 增长状况;泛长三角市域劳均 GDP 和劳均投资量呈现集聚效果,这种空间收敛效应越来越明显,这可能也表明了泛长三角各市之间渐渐呈现近邻效应。

(四) σ 收敛指数的空间收敛

下面公式(8)反映劳均 GDP 和劳均投资量差距的 σ 收敛指数:

$$\sigma_t^2 = \frac{1}{n}\sum_{i=1}^{n}(\lg y_{i,t} - \frac{1}{n}\sum_{i}^{n}\lg y_{i,t})^2 \tag{8}$$

在公式(8)中,$y_{i,t}$ 为区域 i 在时间 t 的观测值,σ_t 表示 n 个区域之间观测值的标准差。如果在 $t+T$ 年满足 $\sigma_{t+T}<\sigma_t$,则称这 n 个区域在 T 阶段的 σ 收敛。如果对于任意年份 $s>t$,均有 $\sigma_s<\sigma_t$,则称这 n 个区域具有一致 σ 收敛。

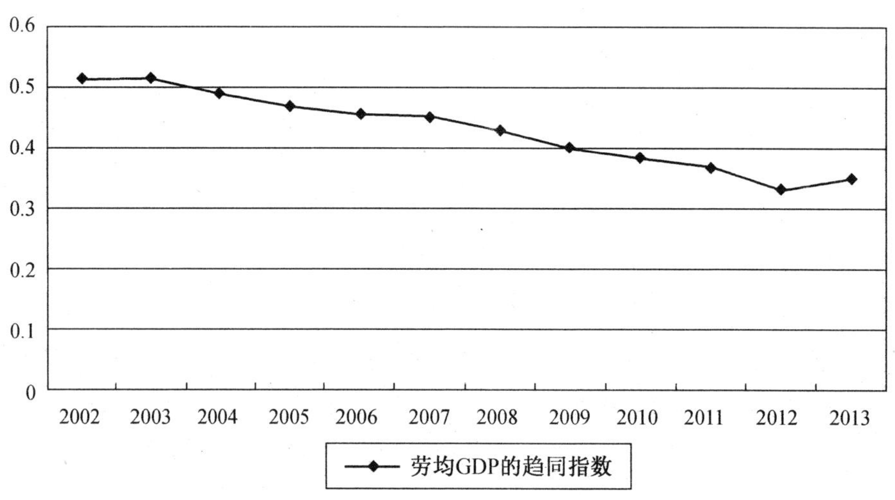

图 16-3 劳均 GDP 收敛指数

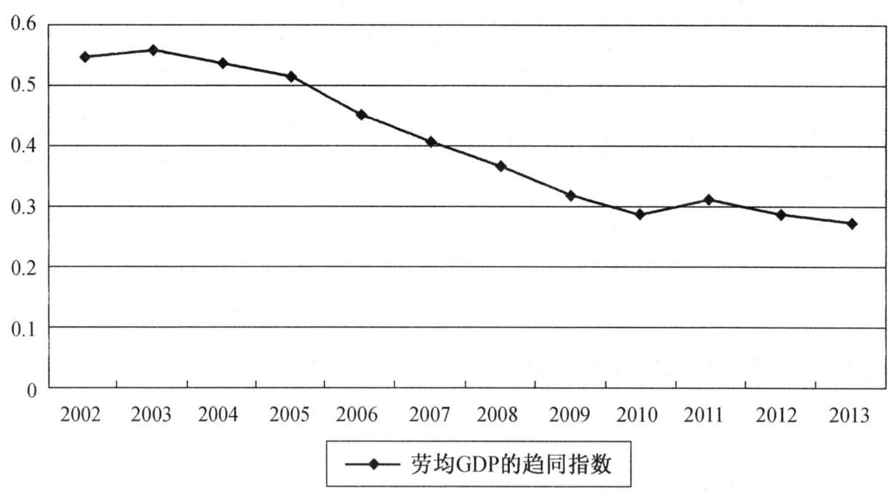

图 16-4 劳均投资量收敛指数

由图 16-3、图 16-4 可知,泛长三角 30 市劳均 GDP 和劳均投资量差距的 σ 收敛指数呈下降趋势,表明泛长三角 30 个城市劳均 GDP 和劳均投资量在 12 年间具有收敛性。

表 16-1、表 16-2 及图 16-3、图 16-4 给出 2002—2013 年泛长三角 30 个城市 Moran's I 指数和 σ 收敛指数。表明这两个指数的动态特征和相互关系。为进一步阐释泛长三角 30 市劳均 GDP 和劳均投资量具有收敛性。下一个部分运用投入产出法和 panel data 模型做较为深入的研究。

四、实证检验

本研究运用统计软件,采用面板数据(Panel Data)分析方法,这一方法是传统的横截面数据和时序数据分析方法的结合,反映研究对象在时间和截面单元两个方向上的变化规律及不同时间、不同单元的特性,以及变量和解释变量的相关性,使得估计结果稳健性增强。

(一) 数据描述

本研究选取泛长三角 30 个城市(2002—2013)年劳均投入量以及劳均 GDP 的数据。相关数据来源于 2003—2014 年中国统计年鉴。考虑到取自然对数以后的面板数据既可以消除回归过程中的异方差问题,又不会改变原变量的基本特征,对变量均取对数进行研究,并运用投入-产出法。本研究采用含有总体均值截距项的固定影响变截距模型,构建的模型形式如下:

$$LNLJGDP_{it}=b_0 LNLJTZL_{it}+\alpha_{it}+\xi_{it},(i=1,2,3,\cdots,N;t=1,2,3,K,T) \quad (9)$$

其中,$LJGDP$ 表示劳均 GDP,$LJTZL$ 表示劳均投资量,i 表示不同的市,t 表示时间,b_0,α 分别表示弹性系数和截距项,残差 $\xi_{it}:I(0)$。

(二) 协整分析

本研究应用 Fisher-ADF 检验方法进行单位根检验,并且检验通过,$LNLJGDP$ 和 $LNLJTZL$ 两个变量均为 $I(1)$ 过程,满足面板协整分析的要求,接着进行协整分析。

其中 α 为泛长三角 30 个市的平均投资水平,α_i 为各市的对外投资水平对平均投资水平的偏离，用来表示各市之间投资的差异。因为泛长三角各市投资水平存在差异，对所在市的GDP产生的影响也会存在差异，这里选择截面加权的广义最小二乘GLS(cross-section weights)进行估计，其结果为：

$$LNLJGDP_{it}=1.149LNLJTZL_{it}+6.988+\alpha_{it}$$
$$(42.908)^{***} \quad (29.033)^{***} \qquad (10)$$

其中括号内的数字是t统计量，“***”表示在1%水平上拒绝原假设。其中α_i值见表16-3所示。

表16-3 长三角30个市的平均投资水平(值)对比

城市	α_i	城市	α_i
南京	-3.682	温州	5.680
无锡	-1.233	嘉兴	2.263
徐州	-5.363	湖州	4.768
常州	-5.574	绍兴	6.329
苏州	-0.330	舟山	0.860
南通	-5.752	金华	10.998
连云港	-6.766	衢州	2.346
淮安	-5.997	台州	10.287
盐城	-5.608	丽水	4.943
扬州	-4.817	合肥	-6.714
镇江	-3.537	马鞍山	-5.969
泰州	10.287	芜湖	-6.446
宿迁	-5.651	滁州	-5.575
杭州	4.768	淮南	-6.462
宁波	8.831	上海	13.119

说明：根据(10)公式进行测算。

从协整关系的结果来看，泛长三角 30 个城市劳均投资量对劳均 GDP 的影响较为显著，存在正向的促进作用为 1.149%，这种作用比较明显且长三角 30 个城市均具有一致的变化趋势。从这个意义上来讲，泛长三角 30 个城市应进一步加大固定资产投资力度，加速泛长三角区域经济的快速发展；模型采用变截距的形式表明劳均投资量对泛长三角 30 个城市的影响不同，但表明劳均投资的变化量却对劳均 GDP 的影响相同，从表 16－3 可以看出，劳均投资量对上海、浙江经济发展影响较大，而对江苏、安徽的影响相对较小。其主要原因在于上海具有较强的国际竞争力，浙江相对于江苏、安徽而言，具有区位优势，其受上海的辐射较为显著。

五、结论与政策建议

（一）结论

本研究选取 2005 年、2009 年、2013 年三个时间节点，分析了泛长三角城市群俱乐部收敛现象，得出以下结论。

第一，泛长三角整体上呈现收敛发展格局，只是在发展速度上存在差异性。上海经济发展平稳，上下波动不大，但仍有较大的发展空间；浙江因为区位优势而经济发展迅猛，向上波幅较大；江苏经济发展稳健而循序渐进，向上波幅中等；安徽经济发展迟缓，向上波幅不大。从时间角度来看，这种空间格局渐渐得到强化。随着距离增大区域空间关系减弱，上海与杭州的区域空间关系较为紧密，上海对杭州的溢出效应较为显著，而上海与南京、合肥的区域空间关系不紧密，上海对南京及合肥的溢出效应很弱。

第二，从 2003 到 2014 年泛长三角 30 个城市无论是劳均投资量还是劳均 GDP 呈现了逐年不断增长的趋势，虽然上海近几年劳均投资量有所下降，但是劳均 GDP 依然增长。从省级层次来看，浙江省劳均投资最多、上海次之、再者江苏，最后是安徽。劳均投资量的增长也对应了相应的劳均 GDP 的增长。

第三，面板数据实证模型采用变截距的形式，其研究结果表明，泛长三角 30 个城市劳均投入量对劳均 GDP 的影响具有正向作用且变化的趋势相同。因此，泛长三角 30 城市应进一步加大固定资产投资，进而推动泛长三角 30 个城市经济发展会更快。

（二）对策建议

目前，泛长三角已成为我国经济区域中经济增长最快、投资环境最佳的区域，到 2020 年可能发展成为世界第一经济区。然而泛长三角无论从省级层次还是从市域角度考虑，均存在经济差距，而且较为明显，这样不利于增加泛长三角集聚性的经济能量。缩小区域经济差距，促进区域经济共同发展，需要进一步加强泛长三角城市之间经济发展的协调性。因此，本研究政策建议如下。

一是"十三五"时期，上海将落实建成"四个中心"和现代化国际大都市的战略规划。发挥上海服务泛长三角乃至全国的中心作用，使上海成为吸引全球流动资本、传递辐射功能的综合性全球城市。上海作为泛长三角超级大城市应继续强化引领作用，代表泛长三角乃至国家参与国际竞争，把握全球发展趋势，提升国际竞争力，进而增强超级大城市的综合服务功能。

二是泛长三角城市群通过城市之间产业深度互补合作以及高铁、高速公路、城铁等基础设施的建设，打破城市之间的市场相对分割，促进上海、浙江、江苏及安徽之间要素的自由流动，发挥资源配置的决定性作用，形成统一的开放市场。简言之，泛长三角各城市应明确自身层次和地位，从而定位清晰，发挥各城市自身比较优势，注重产业结构和经济效益。

三是泛长三角城市群要打造以上海为龙头，以南京为主副中心，以杭州、合肥为次副中心，构建浙江、江苏及安徽其他城市为支撑的层次分明、布局合理、功能齐全的世界级城市群。因此，鼓励城市之间展开竞争与合作，依托上海，错位发展，提升副中心城市的生产、贸易及服务功能；上海是超级大城市，在泛长三角城市群中处于龙头地位，应充分发挥上海的辐射功能，带动泛长三角整体协调发展。

参考文献

[1] Cassar L. Convergence, inequality and education in the Galor and Zeira Model[J]. Rivista di Politica Economica, 2007(6): 229 - 254.

[2] Baumol, W. Productivity Growth, Convergence, and Welfare: What the Long-Run Data Show[J]. American Economic Review, 1986(76): 1072 - 1085.

[3] Abramovitz, M1, Catching Up, Forging Ahead, and Falling Behind[J]. Journal of Economic History, 1986(46): 385 - 406.

[4] 徐现祥,舒元. 物质资本、人力资本与中国地区双峰趋同[J]. 世界经济,2005(1): 47 - 57.

[5] 李建平,邓翔. 中国地区经济趋异的非参数分析[J]. 财经科学,2012(3):34 - 42.

[6] 蒲英霞,马荣华,罗浩,等. 基于马尔科夫链的江苏省"俱乐部收敛"演变特征[J]. 南京社会科学,2006(7):110 - 106.

[7] 覃成林,唐永. 河南区域经济增长俱乐部趋同研究[J]. 地理研究,2007,26(3): 548 - 555.

[8] 陶晓红,齐亚伟. 中国区域经济时空演变的加权空间马尔科夫链分析[J]. 中国工业经济,2013(5):31 - 43.

[9] Fingleton, B. Beyond Neoclassical orthodoxy: a View Based on the New Economic Geography and UK Regional, Wage Data[J]. Regional Science, 2006(84): 351 - 375.

[10] 沈坤荣,马俊. 中国经济增长的"俱乐部收敛"特征及其成因研究[J]. 经济研究,2002(1):33 - 39.

[11] 汤学兵,陈秀山. 我国八大区域的经济收敛性及其影响因素分析[J]. 中国人民大学学报,2007(1):106 - 113.

[12] Martin R. and Sunley P., Pual Krugman's Geographical Economics and Its Implications for Regional Development Theory: A critical assessment[J]. Economic Geography, 1996(V72): 259 - 292.

[13] Fujita M., P. R. Krugman and A. J. Venables, The Spatial Economy: Cities, Regions and international Trade[M]. Cambridge, Mass: MIT Press, 1999: 227 - 236.

[14] Rey, S. J. and B. D. Montouri. US Regional Income Convergence: A Spatial Econometric Perspective[J]. Regional Studies, 1999(2): 143 - 156.

[15] Ertur C, Le Gallo J, Baumont C. The European regional convergence process, 1980 - 1995: do spatial regimes and spatial dependence matter? [J]. Int Reg Sci Rev, 2006(29): 3 - 34.

[16] 吴玉鸣. 大学、企业研发与区域创新的空间统计与计量分析[J]. 数理统计与管理,2007(3):318 - 324.

[17] 刘生龙,胡鞍钢. 基础设施的外部性在中国的检验:1988—2007[J]. 经济研究,2010(3):4 - 15.

[18] 王文剑,覃成林. 财政分权、地方政府行为与地区经济增长——一个基于经验的判断及检验[J]. 经济理论与经济管理,2007(10):60 - 64.

[19] 潘竟虎,任皓晨,秦晓娟等. 嘉峪关市瞬时热力场空间格局的遥感分析[J]. 城市环境与城市生态,2007(5):39 - 42.

[20] 王启仿. 区域经济增长收敛假说与现实考察—以江苏省为例[J]. 农业技术经济,2004(1):39 - 43.

[21] 龚云腾. 江苏区域经济增长的收敛性分析[J]. 南京审计学院学报,2007(2):11 - 15.

[22] Sokal R R, Oden N L. Spatial Autocorrelation in Biology: Methodology[J]. Biological Journal of the Linnean Society, 1978,10(2): 199 - 228.

[23] Anselin L. The Moran scatterplot as an ESDA tool to assess local instability in spatial association. In: Fischer M, Scholten H J, Unwin D. (eds.). Spatial Analytical Perspectives on GIS[M]. London: Taylor & Francis, 1996: 111 - 125.

[24] Cliff A, Ord J. Spatial Processes: Models and Applications [M]. London: Pion, 1981: 266.

图书在版编目(CIP)数据

全球价值链演变与中国长三角创新实践 / 吴福象等著. -- 南京 ：南京大学出版社，2019.12
(创新发展丛书 / 洪银兴主编)
ISBN 978-7-305-22721-9

Ⅰ. ①全… Ⅱ. ①吴… Ⅲ. ①长江三角洲—区域经济发展—研究 Ⅳ. ①F127.5

中国版本图书馆 CIP 数据核字(2019)第 257668 号

出版发行 南京大学出版社
社　　址 南京市汉口路 22 号　　邮　编 210093
出 版 人 金鑫荣

丛 书 名 创新发展丛书
丛书主编 洪银兴
书　　名 全球价值链演变与中国长三角创新实践
著　　者 吴福象 等
责任编辑 徐　媛

照　　排 南京南琳图文制作有限公司
印　　刷 南京鸿图印务有限公司
开　　本 787×960　1/16　印张 20.5　字数 330 千
版　　次 2019 年 12 月第 1 版　2019 年 12 月第 1 次印刷
ISBN 978-7-305-22721-9
定　　价 60.00 元

网址：http://www.njupco.com
官方微博：http://weibo.com/njupco
官方微信号：njupress
销售咨询热线：(025) 83594756